IT kompakt

Die Bücher der Reihe „IT kompakt" zu wichtigen Konzepten und Technologien der IT:

• ermöglichen einen raschen Einstieg,
• bieten einen fundierten Überblick,
• eignen sich für Selbststudium und Lehre,
• sind praxisorientiert, aktuell und immer ihren Preis wert.

Weitere Bände in der Reihe http://www.springer.com/series/8297

Christof Ebert

Verteiltes Arbeiten kompakt

Virtuelle Projekte und Teams.
Homeoffice. Digitales Arbeiten.

2., vollständig neu bearbeitete Auflage

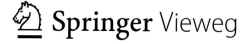 Springer Vieweg

Christof Ebert
Vector Consulting Services
Stuttgart, Deutschland

ISSN 2195-3651   ISSN 2195-366X   (electronic)
IT kompakt
ISBN 978-3-658-30242-9   ISBN 978-3-658-30243-6   (eBook)
https://doi.org/10.1007/978-3-658-30243-6

Die Deutsche Nationalbibliothek verzeichnet diese Publikation in der Deutschen Nationalbibliografie; detaillierte bibliografische Daten sind im Internet über http://dnb.d-nb.de abrufbar.

Die erste Auflage erschien unter dem Titel „Outsourcing kompakt"

Planer: Sybille Thelen
Springer Vieweg ist ein Imprint der eingetragenen Gesellschaft Springer Fachmedien Wiesbaden GmbH und ist ein Teil von Springer Nature.
Die Anschrift der Gesellschaft ist: Abraham-Lincoln-Str. 46, 65189 Wiesbaden, Germany

Geleitwort

Verteiltes Arbeiten funktioniert nicht auf Knopfdruck – weder im Projekt noch im Home-Office. Die Post-Corona Zeit verlangt, dass jeder von uns verteiltes Arbeiten beherrscht. Ein Zurück zum trauten Büro wird es nicht geben.

Wer nicht flexibel ist, hat bereits verloren. Doch die meisten Projekte und Teams schaffen es nicht. Die Produktivität sinkt, denn plötzlich fehlen Struktur und klare Vorgaben. Wer sich gezielt auf verteiltes Arbeiten vorbereitet ist produktiver und zufriedener.

„Verteiltes Arbeiten kompakt" zeigt, wie es geht. Mit Fallstudien und praxiserprobten Tipps für virtuelle Teams, verteilte Projekte, aber auch für Freelancer.

Christof Ebert zeigt seine langjährige Erfahrung in Führung und Optimierung verteilter Unternehmen. Bereiten Sie sich jetzt vor, um Globalisierung, Digitalisierung und Coronomics zu Ihrem Vorteil zu nutzen.

Daniel Stelter

Dr. Daniel Stelter berät seit 1990 internationale Unternehmen, bis 2011 unter anderem als Senior-Partner bei The Boston Consulting Group (BCG), zu strategischen Fragen. Er ist Gründer des auf Strategie und Makroökonomie spezialisierten Forums Beyond the Obvious. think-beyondtheobvious.com.

Vorwort

What keeps us moving is that we can be replaced any time.
Christof Ebert

Verteiltes Arbeiten schafft Effizienz und Flexibilität. Verteiltes Arbeiten bedeutet die Chance, Abläufe und Zusammenarbeitsmodelle zu modernisieren und damit Motivation und Produktivität massiv zu verbessern. Kein Wunder, dass kaum noch ein Projekt oder Unternehmen an nur einem Standort arbeitet. Wer an nur einem Ort arbeitet, verliert rasch den Kontakt zu Menschen und Märkten. Die weltweit führenden Universitäten sind heute in USA und Asien. Wir haben das lange Zeit ignoriert und sonnten uns auf den Erfolgen der Vergangenheit. Mit dieser Behäbigkeit verlagern sich Innovationen. Deutschland wird zum Zaungast in Branchen, in denen wir bisher geführt hatten. Damit wandert auch die Arbeit in andere Regionen, was eine Abwärtsspirale anstößt. Denn wo die Einnahmen fehlen, lässt sich auch nichts mehr umverteilen. Für Deutschland ist verteiltes Arbeiten Pflicht, um im weltweiten Wettbewerb mithalten zu können.

Verteiltes Arbeiten hat eine lange Lernkurve. Praktisch kein Unternehmen kommt auf die theoretisch möglichen Potenziale und viele bezahlen jahrelang Lehrgeld. Wo verteilt gearbeitet wird, lauern auch Fallstricke. Verteiltes Arbeiten, egal ob im globalen Projekt oder im Homeoffice, reduziert oftmals die Produktivität. Die Gründe sind offensichtlich. Schnittstellen, Dokumente, Infrastruktur und vieles mehr müssen definiert werden und die Arbeit muss sehr viel systematischer sein, als wenn man mal kurz den Kollegen im Nebenzimmer dazu ansprechen kann. Da gibt es Reibungsverluste durch Zeitzonen und kulturelle Divergenzen. Im Homeoffice fehlen Struktur und geregelte Abläufe. Man lässt sich leicht ablenken und stellt abends fest, dass kaum etwas erledigt wurde.

Es geht besser. Das habe ich in vielen Projekten über die vergangenen zwei Jahrzehnte festgestellt, in denen ich Unternehmen für verteiltes Arbeiten optimiert habe. *Verteilte Teams kompakt* fasst die Möglichkeiten und Grenzen, Chancen und Risiken, Vorteile und Nachteile von verteilten und virtuellen Teams und Projekten zusammen. Profitieren Sie von den Erfahrungen, die bis heute schon gesammelt wurden. Nur dann werden Sie in der Lage sein, verteilte Teams, virtuelle Ökosysteme und eigenes Arbeiten im Homeoffice optimal zu nutzen.

Diese Zeilen schreibe ich in Korea, während Corona anwächst und unsere Arbeitswelt massiv verändert. Flexibles, verteiltes Arbeiten ist die einzige Lösung, um weiterhin produktiv zu bleiben. Doch wie gelingt eine solche Umstellung? Wie erreiche ich Ziele in einem verteilten Team und Projekt? Was heißt das für bewährte Arbeitsabläufe, die nun plötzlich online sind? Braucht man überhaupt noch Geschäftsreisen?

Verteiltes Arbeiten—Kompakt gibt alle relevanten Infos rund um verteiltes Arbeiten. Viele Beispiele aus Beratungsprojekten zeigen, wie man erfolgreich in räumlich, zeitlich oder kulturell verteilten Situationen arbeitet. Praxiserprobte Tipps nebst Werkzeugen und Checklisten erlauben die einfache Umsetzung in Ihre spezifische Umgebung.

Mit diesem Buch in der nun völlig überarbeiteten zweiten Auflage liegt erstmals im deutschsprachigen Raum eine praxisnahe und leicht umsetzbare Sammlung von konkreten Vorgehensweisen, Tipps und Tools für verteiltes Arbeiten vor.

Das Buch hilft Ihnen dabei:

- Verteiltes Arbeiten vorzubereiten, einzuführen und ständig zu optimieren
- Ihre eigene Produktivität im Homeoffice und in virtuellen Teams zu optimieren

- Global verteilte Standorte situativ zu bewerten und zu optimieren
- Komplexität von verteilten Projekten und Lieferanten beherrschen zu können
- Konkrete Lösungen für Ihre aktuelle Situation auszuwählen und produktiv einzusetzen.

Verteiltes Arbeiten kompakt liefert praxiserprobte Lösungen für diese Herausforderungen, damit Sie im virtuellen Team effizient arbeiten können. Das Buch bringt Ratschläge zu Aufbau und Führung eines Teams, Lieferantenauswahl, Vertragsrecht, der Infrastruktur über die Koordination der Arbeit bis hin zur Beherrschung der nötigen Soft Skills. Und Sie finden Tipps, wie Sie den typischen Problemen begegnen können, mit denen Sie konfrontiert werden, beispielsweise zum Arbeitsplatz zuhause oder zur konstruktiven Gesprächsführung.

Danken möchte ich meinen Kollegen und Kunden weltweit sowie den vielen Teilnehmern an meinen Seminaren, mit denen gemeinsam ich sehr viel lernen konnte. Alle genannten Praktiken werden erfolgreich genutzt und sind daher direkt anwendbar. Verteiltes Arbeiten ist ein sehr lebendiger Prozess, bei dem man ständig lernen muss. Franco Cuoco, Alan Davis, Philip De Neve, Dave Gustafson, Ulrich Hemel, B.V.S. Krishna Murthy, Ludwig Nieder, Ipek Ozkaya, Maria Paasivaara, Rafael Prikladnicki, Manuel Ramos, Elisabeth Schick, Diomidis Spinellis, Michael Weyrich sowie Zhou Mei möchte ich für ihre Impulse über viele Jahre hinweg danken. Die IEEE International Conference on Global Software Engineering (ICGSE), die ich 2006 mitgegründet und einige Jahre geleitet habe, ist immer wieder inspirierend. Schließlich geht mein Dank an den Springer-Verlag und Sybille Thelen, die mich dazu stimuliert haben, dieses Buch zu schreiben und es gut zu schreiben.

Verteiltes Arbeiten ist eine der tragenden Arbeitsweisen im 21. Jahrhundert. Räumliche Distanz braucht geistige Nähe. Nur der optimale Einsatz als Methode und Werkzeug versichert, dass man den internationalen Wettbewerb um immer kürzere Zykluszeiten und besser Produktivität und Innovationskraft gewinnen kann. Gerne stehe ich Ihnen, verehrte Leser, nach der Lektüre des Buchs für weitere Fragen zur Verfügung.

Nun wünsche ich Ihnen viel Erfolg mit diesem Buch und mit verteilter Arbeit!

Seoul, Korea   Christof Ebert
Februar 2020

Inhaltsverzeichnis

Über den Autor

 **Christof Ebert** ist Geschäftsführer der Vector Consulting Services. Er unterstützt Kunden bei Produktstrategie, Entwicklung und agiler Transformation und arbeitet in verschiedenen Aufsichtsgremien von Unternehmen. Zuvor war er zwölf Jahre bei einem IT Konzern in weltweiten Führungsaufgaben. Viele Fortune-100-Unternehmen haben seine Kompetenz bereits genutzt, um ihre Leistungsfähigkeit zu verbessern. Seine Bücher zu Requirements Engineering und globales Software Engineering dienen als Branchenreferenzen. Als Business Angel und Professor an der Universität Stuttgart und der Sorbonne in Paris fördert er Innovationen. Er ist in den Herausgeber-Komitees von Zeitschriften wie IEEE Software, Software Quality Journal und dem Journal of Systems and Software. Als Musiker spielt er Klavier und Kirchenorgel.

Folgen Sie ihm auf Twitter:
@ChristofEbert.
Er ist zu erreichen unter:
christofebert@ieee.org,
www.vector.com/consulting

Herausforderung verteiltes Arbeiten

1

Übersicht

Es gibt nur zwei Probleme mit verteiltem Arbeiten: damit anzufangen und gute Ergebnisse zu liefern. Verteiltes Arbeiten muss heute jeder beherrschen, egal ob Freelancer, Kleinunternehmen oder Großkonzern. Wer es nicht schafft, hat seine Zukunft verspielt. Doch mit den Chancen wachsen die Herausforderungen. Viele Unternehmen erreichen nicht, was sie wollen. Im Homeoffice geht die Produktivität um ein Drittel zurück. Die Hälfte der Sourcingprojekte wird vor Abschluss abgebrochen. Lieferanten werden im Beschaffungsprozess vom Einkauf geknebelt und rächen sich später durch Lock-in ihres Kunden. Die Liste ist endlos. Dieses Kapitel gibt einen Überblick zu den Chancen und Risiken von verteiltem Arbeiten. Sie lernen darin, was sich realistisch erreichen lässt, welche Geschäftsmodelle in welchen Situationen passen, und bekommen eine Orientierungshilfe im Begriffsdickicht von Gig Economy bis zu Rightshoring.

Wichtig: Verteiltes Arbeiten ist mehr als nur Online-Arbeit und ein paar Werkzeuge. Erfolg mit virtuellen Projekten und Teams ist ein massiver Change. Und der beginnend im eigenen Kopf. Bauen Sie die nötigen Kompetenzen schrittweise aus: Soft Skills, Kultur, Prozesse, Persistenz und viel Geduld.

© Springer Fachmedien Wiesbaden GmbH, ein Teil von Springer Nature 2020
C. Ebert, *Verteiltes Arbeiten kompakt,* IT kompakt,
https://doi.org/10.1007/978-3-658-30243-6_1

1.1   Motivation: Warum verteilte Teams?

„Du warst draußen, klar? Ich war drin, klar? Und du warst der, der mit ihnen in Verbindung bleiben sollte… Ja, und da habe ich mir eben erlaubt, dir Scheiße zu erzählen, ok?" Dieser Satz aus dem Film „Blues Brothers" zeigt, dass verteiltes Arbeiten hohe Anforderungen an Kooperation, Kollaboration und Kommunikation stellt. Rollen und Schnittstellen werden vereinbart, und sie müssen verlässlich umgesetzt werden. Probleme unter den Teppich zu kehren, macht sie größer und ruiniert Vertrauen. Es gibt Lösungen. Die werden im Buch prägnant und klar dargestellt.

„Across the Great Wall we can reach every corner in the world" war der Text der ersten E-Mail, die jemals aus China gesandt wurde. Dies war am 20. Sep. 1987, und interessanterweise ging diese erste chinesische E-Mail nach Deutschland, an die Universität Karlsruhe. Dieser bescheidene Satz, der es in seiner Tragweite leicht mit demjenigen von Neil Armstrong anlässlich des ersten Schritts eines Menschen auf dem Mond aufnehmen kann, drückt das gesamte Spannungsfeld verteilten Arbeitens aus. Verteiltes Arbeiten kennt keine Grenzen, hier bildhaft dargestellt mit der Chinesischen Mauer. Insbesondere Dienstleistungen rund um IT, Produktentwicklung, aber auch in der Lehre oder Forschung kennen weder Landesgrenzen noch physikalische Limits und lassen sich über die ganze Erde verbreiten. Die kurze Zeitdauer von dieser Internetsteinzeit bis heute zeigt, wie dynamisch und praktisch nicht vorhersehbar die Entwicklung der Informationstechnik wirklich ist.

Diese erste Mail aus China zeigt natürlich auch die Risiken im Zusammenhang mit verteiltem Arbeiten. Nicht nur Viren erreichen jede Ecke der Welt, wie die Coronapandemie zeigte. Der Wettbewerbsdruck und häufig verzerrte Marktbedingungen und versperrte Marktzugänge, wie wir sie auch in China beobachten, erschweren das verteilte Arbeiten. Schließlich haben wir (Selbst-)Ausbeutung, wie beispielsweise in der Gig Economy, und Lohndumping als große Herausforderungen, denen man auf regionaler Ebene und selbst politisch kaum begegnen kann – es sei denn, man stoppt den freien Dienstleistungsverkehr.

1. **Flexibilität**
   Skalierung,
   Zugriff auf
   aktuell nötige
   Kompetenzen,
   Just-in-Time
   Netzwerke,
   Ökosysteme

3. **Effizienz**
   Wettbewerbs-
   fähigkeit,
   Kosten,
   Exzellente
   Prozesse,
   Geschwindigkeit

2. **Innovation**
   Neue Ideen,
   Globale Strategie
   für Wachstum,
   Zugang zu
   lokalen Märkten
   und Ideen

Abb. 1.1   Motivation: Flexibilität, Innovation und Effizienz

Warum also verteiltes Arbeiten? Die wesentlichen Treiber
sind schnell benannt: Flexibilität, Innovation und Effizienz.
Abb. 1.1 zeigt den Zusammenhang dieser Faktoren. Klar ist die
Priorisierung. Für die meisten Unternehmen – und auch für Freelancer, denkt man beispielsweise an Alleinerziehende – steht
die Flexibilität im Vordergrund. Vorbei sind die Zeiten, wo es
ausschließlich um Kostenreduzierung ging. Heute ist klar, dass
erfolgreiche verteilte Geschäftsmodelle alle drei Dimensionen
berücksichtigen müssen.

Kostenreduzierung und Flexibilität sind die typischen Aus-
löser für verteiltes Arbeiten. Unternehmen wollen Spezialisten-
wissen flexibel und auf Abruf einsetzen. Das reduziert Fixkosten
und gibt flexiblen und schnellen Zugriff auf Kompetenzen, die
im eigenen Unternehmen nicht greifbar sind. Man lässt Software
dann entwickeln, wenn man die entsprechende Leistung braucht,
und muss keine Arbeitsplätze oder Personal kontinuierlich vorhalten. Der Bedarf an Flexibilität wächst ständig. Unternehmen
hoffen auf Qualitätsverbesserungen, indem sie in Asien Software
entwickeln oder pflegen lassen. Ständige Prozessverbesserung
ist auch ein wichtiger Grund. Verteiltes Arbeiten braucht

systematische Methodik und Dokumentation, und das wiederum hilft dem gesamten Projekt und Unternehmen in seiner Arbeitsweise. Prozessfähigkeit und Disziplin sind kulturspezifisch. Früher sprach man gerne von der „preußischen Disziplin", während man heute eher die eiserne Disziplin und Einsatzbereitschaft asiatischer Länder als Vorbild hat.

Hier die wesentlichen Treiber für verteiltes Arbeiten
Flexibilität: Um wettbewerbsfähig zu bleiben, benötigen Projekte und Unternehmen Zugriff auf die nötigen Ressourcen, möglichst in Echtzeit und ohne sie aufwendig vorhalten zu müssen. Das geht auch immer weniger, denn Anforderungen und Bedarfe ändern sich ständig. Diese Anforderung ist in westlichen Ländern des 21. Jahrhunderts oft nicht ausreichend zu befriedigen, denn es fehlen sowohl die Nachwuchskräfte als auch die Tarifverträge, die ein solch atmendes Arbeiten zulassen.

   Innovation: Verteiltes Arbeiten bringt Unternehmen dichter an die Märkte. Wenn ein Produktmanager oder Entwickler in Asien arbeitet, dann kennt er die dortigen Märkte und Kaufentscheidungen besser, als wenn alle an einem Standort sitzen. Bereits in den 1990er-Jahren gingen Unternehmen nach New York, Singapur und Sydney, nur weil sie das Konsumverhalten der Folgegeneration frühzeitig erkennen wollten. Später kam Schanghai dazu. Um ja nicht den Innovationszug zu verpassen, pilgern auch viele Führungskräfte regelmäßig ins Silicon Valley nach Palo Alto und Umgebung. Dort dreht sich die Welt einfach schneller. Trends sind besser erkennbar als im zögerlichen Europa. Ein Blick auf die Patente zeigt das Dilemma [17]. Asien ist heute der Hauptanmelder internationaler Patente. Innovation hat sich von West nach Ost verlagert. Damit wandert auch die Arbeit in diese Region, was einen selbstverstärkenden Effekt mit sich bringt. 2018 wurden weltweit 3,3 Mio. Patente angemeldet, wie die Weltorganisation für Geistiges Eigentum (WIPO) in ihrem Report 2018 zu IP-Statistiken berichtet. Dies ist eine Steigerung um 5,2 % zum Vorjahr. Klare Führung ist China. Das chinesische Patentamt akzeptierte 2018 insgesamt 1,5 Mio. Patentanmeldungen, gefolgt von USA, Japan, Korea und Europa (EPA). Damit hat China ein zweistelliges Wachstum, während die Patentanmeldungen in den USA und Japan leicht zurückgingen. Führend ist Huawei aus China, während unter den Top-10 nur noch Ericsson und Bosch für europäische Innovation stehen.

Effizienz hat im verteilten Arbeiten zwei Dimensionen: Kosten und Performanz. Unterschiedliche Lohnkosten und Nebenkosten verschiedener Regionen sind der Hauptantrieb. Die Argumentation ist einfach. Die Kosten sind in Deutschland sehr hoch. In den meisten Kostenrechnungen für IT- und Softwareprojekte tragen die direkten Lohnkosten zu zwei Dritteln zu den Produktkosten bei. Hier liegt also ein großes Sparpotenzial. Arbeitsintensive Dienstleistungen in Ländern mit minimal möglichen Lohnkosten reduzieren die Gesamtkosten. Paradebeispiel sind die zahlreichen Softwareunternehmen in Asien, Osteuropa und Nordafrika. Offensichtlich muss man dabei die Gesamtkosten betrachten, denn der Tagessatz eines Softwareentwicklers ist nur ein Teil der Gesamtkosten für die ausgelagerte Softwareentwicklung oder -pflege. Dieses Potenzial wird daher in der Realität kaum erreicht, denn es kommen neue Kosten durch verteiltes Arbeiten hinzu. Aber man kann bei der Auslagerung ganzer Geschäftsprozesse immer noch eine Ersparnis von 30 bis 40 % erreichen. Mit zunehmender Fragmentierung der ausgelagerten Tätigkeiten und schlechteren eigenen Prozessen reduziert sich diese Marge beträchtlich und beträgt beispielsweise für reine Softwareentwicklung ungefähr 10–20 %. Bessere Performanz als zweiter Effizienztreiber hat mit dem viel höheren Antrieb zu tun als in gesättigten Regionen. Beispiel Korea oder China. Dort arbeiten die Schüler das Wochenende durch, weil sie ein klares Ziel haben, nämlich besser zu sein als ihre westlichen Mitbewerber. Dieses Ziel ist zwar inzwischen erreicht, aber das Moment zu ständiger Leistungssteigerung bleibt bestehen. Es zeichnet uns Menschen aus und ist Grundantrieb für verteiltes Arbeiten.

Effizienz und Flexibilität werden durch zwei weitere Faktoren befruchtet, nämlich Transparenz und Risikomanagement.

Transparenz: Häufig sind die exakten Prozess- und Transaktionskosten innerhalb des eigenen Unternehmens unbekannt. Erst mit der Auslagerung erkennt man, wie hoch die tatsächlichen Kosten sind. Häufig sind die Unternehmen dann überrascht, wenn sie das erste Angebot des Lieferanten bewerten.

Beispielsweise erfassen nach wie vor die wenigsten Unternehmen die effektiven Kosten der Softwareentwicklung nach Aktivitäten. Man kennt globale Kosten aus den Projektberichten und weiß, wie teuer die Softwareentwicklung insgesamt ist. Da aber unklar ist, wie sich die Kosten aufteilen, kennt man keine Sparpotenziale. Der Lieferant dagegen hat diese Kostentransparenz und hat die eigenen Prozesse auch bereits hinsichtlich der Kosten so stark optimiert, dass er in praktisch allen Fällen noch Vorteile erreichen kann.

Risikomanagement: In dem Moment, wo ein anderes Unternehmen eine Aufgabe übernimmt, lässt sich das Risiko dafür teilweise oder ganz auf diesen Lieferanten verschieben. Ähnlich wie eine Versicherung das Risiko im Haftpflichtfall trägt, übernimmt der Lieferant gewisse Risiken, die beispielsweise mit verzögerter Lieferung oder unzureichender Qualität zusammenhängen. Das heißt natürlich nicht, dass das gesamte Geschäftsrisiko übertragen werden kann, aber immerhin können kritische Arbeiten auf diese Weise besser und zielsicherer durchgeführt werden. Im Minimalfall wird der Auftraggeber im Vertragsprozess dazu gezwungen, sich Gedanken zum Risikomanagement zu machen und es über SLAs und Zielvorgaben zu steuern.

1.2   Willkommen in der Gig Economy

Zusammenarbeitsmodelle sind zunehmend flexibel und werden daher auch als „Gig Economy" bezeichnet. Arbeit ist partitioniert in „Gigs", also kurze Auftritte, die bezahlt werden, ohne Nachhaltigkeit und Perspektive. Das Wort kommt aus der Kulturszene, wo ein Gig ein Konzertauftritt oder eine Performanz ist. Die meisten Unternehmen sind heute in flexiblen Ökosystemen eingebunden, oftmals mit Mitarbeitern und Lieferanten, über denen ständig das Damoklesschwert der ständigen Austauschbarkeit schwebt. Was auf den ersten Blick flexibel wirkt, ist bei genauerem Hinschauen mit starken Reibungsverlusten und fehlender Identifikation der Mitarbeiter mit der eigenen Arbeit verbunden. Wichtig ist, dass man die Spielregeln des verteilten Arbeitens kennt und beherrscht. Das ist der Zweck dieses Buchs.

Verteiltes Arbeiten und flexibles Sourcing tragen maßgeblich zur Flexibilität und Innovationskraft aller Branchen bei. Neben der Konsolidierung, d. h. Zusammenschluss von Unternehmen, Wachstum im Kerngeschäft anstatt Fragmentierung, und der Industrialisierung, d. h. mehr Standardisierung der Abläufe, Automatisierung, ist die Globalisierung der dritte wichtige Baustein erfolgreicher IT im 21. Jahrhundert.

Begonnen hat das verteilte Arbeiten mit „Outsourcing" in den 1960er-Jahren. Schon damals ging es nicht primär um niedrige Kosten, sondern um mehr Flexibilität und Kompetenz. „Outsourcing" selbst ist ein Kunstwort, das sich aus den englischen Begriffen „outside", „resource" und „using" zusammensetzt (also „outside resource using"). Outsourcing ist ein Beschaffungskonzept, das externe Bezugsquellen heranzieht und sie direkt in die Geschäftsprozesse einbindet. Ausgewählte Prozesse werden von einem externen Dienstleister erbracht, wobei im Unterschied zum Einkauf von Software auch ein Verantwortungsübergang auf den Dienstleister stattfindet. Der bevorzugte Partner von heute kann verhältnismäßig einfach gegen einen neuen Partner in einem anderen Land ausgetauscht werden.

Outsourcing ist untrennbar mit dem Namen Ross Perot verbunden. Er entwickelte das Geschäft und baute den amerikanischen IT-Konzern EDS seit 1962 mit dem erklärten Ziel auf, IT-Dienstleistungen auszulagern. Der Werbeslogan von damals ist auch heute noch Programm des IT-Outsourcings: „You are familiar with designing, manufacturing and selling furniture, but we're familiar with managing information technology. We can sell you the information technology you need, and you pay us monthly for the service with a minimum commitment of two to ten years." Bereits damals spielte es keine Rolle, um welche Art von IT-Outsourcing es ging, ob Anwendungsprogrammierung, Systemanalyse oder sogar die Entwicklung eingebetteter Software in das „furniture" des Auftraggebers. Der Outsourcinglieferant übernimmt die Dienstleistung und liefert gegen Bezahlung. Daher wollen wir im Buch nicht künstlich

zwischen IT und Software unterscheiden. Sicherlich gibt es
Unterschiede im Produkt und in den Geschäftsprozessen – was
gemeinsam bleibt ist der Bedarf, verteiltes Arbeiten effektiv und
produktiv umzusetzen. Das ist unser Fokus.

**In den 1980er-Jahren begann eine zweite Phase mit dem
Outsourcing in Niedriglohnländer.** Das sogenannte Offshore Outsourcing wurde ursprünglich aus einem Mangel
an qualifizierten Informatikern heraus eingeführt. Weltweit
relevant wurde Offshore Outsourcing mit der Umstellung von
unzähligen IT-Anwendungen und eingebetteten Systemen für
das sogenannte Jahr-2000-Problem. Man stellte fest, dass die
Fähigkeiten, solche teilweise uralten Systeme zu warten, in
eigenen Unternehmen nicht mehr vorhanden waren. Also begann
die weltweite Suche nach Fachkräften, die willens waren, sich
auf Wartungsarbeiten einzulassen, dies akkurat und verlässlich
machten sowie schnellstmöglich und flexibel zur Verfügung
standen – Anforderungen also, die vor allem indische Softwareunternehmen zum damaligen Zeitpunkt in großem Maßstab
befriedigen konnten. Und damit begann der stetige Aufschwung
dieses Geschäfts. Verschiedene Länder haben sich in den vergangenen zwei Jahrzehnten für bestimmte Dienstleistungen
positioniert. Noch heute ist Indien das wichtigste Land weltweit, wenn es um Softwareoutsourcing geht. Vietnam und andere
asiatische Länder, aber auch Ägypten und Brasilien haben die
Sättigung des indischen Markts zum Anlass genommen, ebenfalls günstige Dienstleistungen anzubieten. Osteuropa wurde
kurzfristig interessant aufgrund der geringen Zeitzonenunter-
schiede, ist aber inzwischen auch zunehmend gesättigt. China
hat mit der eigenen vorausschauenden Strategie ganze Märkte
als Sourcinglieferant schrittweise übernommen, beispielsweise
Hardware, Automobil und Telekommunikation.

**In der dritten Phase, in der wir uns heute befinden, haben
sich weltweite Ökosysteme entwickelt.** Auch hier war und
ist die IT sowohl die treibende Kraft als auch der zugrunde
liegende Katalysator. Erst weltweite Cloudlösungen haben es
erlaubt, Marktplätze aufzubauen, in denen Lieferanten und

Kunden zusammenkommen und gezielt Geschäftsmodelle aufbauen und in eigene Wertschöpfungsketten integrieren können. Begriffe wie Crowdworking, Crowdsourcing, Clickworking und Gig Economy sollen das neue Phänomen beschreiben. Aber was ist damit gemeint? Es geht wie auf jedem Marktplatz darum, Anbieter und Nutzer zusammenzubringen. Das können alle möglichen Aufgaben sein, Voraussetzung ist nur, dass sie ein Computer allein nicht leisten kann. Das sind Tätigkeiten wie Programme entwickeln, Marketingideen testen, Visitenkarten abtippen, Produktbeschreibungen erstellen, Filme untertiteln.

Erfinder der Gigökonomie ist Amazon. Amazon ist nicht nur Onlinehändler und Cloudanbieter, sondern auch wesentlicher Treiber der **Plattformökonomie,** das heißt der digitalen Vermittlung von Transaktionen oder Dienstleistungen. Amazon schaffte mit dem Mechanical Turk 2005 eine der ersten Plattformen für die digitale Vermittlung menschlicher Arbeit. Das Modell ist schnell zum Vorbild für sehr viele Unternehmen geworden, die Dienstleistungen anbieten, von der Vermietung von Ferienwohnungen wie Airbnb über Personentransport wie Uber, Lieferdiensten wie Lieferando, haushaltsnahen Dienstleistungen wie helpling, Handwerkern wie myhammer, Kurierdiensten wie mydaylivery, bis zur Datenbearbeitung wie crowdguru.

1.3 Geschäftsmodelle

Verteiltes Arbeiten wird anhand der Wertschöpfung und Kosten optimiert. Den Zusammenhang zeigt Abb. 1.2. Distanz (horizontal) und Effizienz (vertikal) sind die wesentlichen Dimensionen, die die Geschäftsmodelle bestimmen. Ganz offensichtlich gibt es einen Anteil im rechten oberen Quadranten, der ein sehr großes Potenzial bietet. Es geht um solche Geschäftsprozesse, bei denen nicht nur eine arbeitsintensive Aktivität opportunistisch hin zu den geografisch geringsten Lohnkosten verschoben wird, sondern um die Auslagerung von Verantwortung für ein Ergebnis.

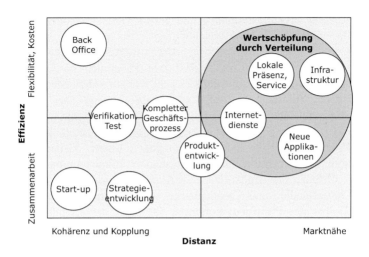

Abb. 1.2 Distanz und Flexibilität entscheiden über Verteilung

Die grundsätzlichen Geschäftsmodelle lassen sich anhand der bereits genannten Treiber einteilen. Abb. 1.3 zeigt die Einflüsse von Effizienz und Flexibilität (senkrecht) und Kompetenzen und Innovation (waagrecht). Unternehmen, die schnell Effizienz heben wollen und Kosten reduzieren müssen, werden Prozesse und Aufgaben verkaufen oder auslagern. Wer primär innovative Ideen sucht und Zugriff auf Kompetenzen braucht, wird von einem Consultingunternehmen am besten bedient. Unternehmen, die ihre Wettbewerbsfähigkeit in einem umkämpften Markt (d. h. „red ocean") verbessern müssen und dazu flexibel Zugriff auf Kompetenzen brauchen, setzen auf Freelancer und Sourcing in Niedriglohnländern.

Lokale Präsenz ohne direkte Vorteile für Kosten oder Fähigkeiten wird dann gewählt, wenn ein Markt erschlossen werden soll. Beispiele sind:

- Kunden in dieser Region oder diesem Land bestehen auf einem lokalen Lieferanten.
- Staatsunternehmen in einem Land sind gezwungen, Aufträge primär an einheimische Unternehmen zu vergeben.

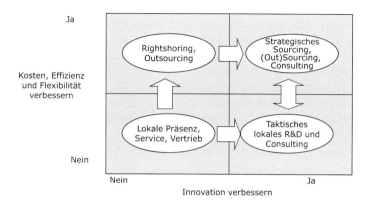

Abb. 1.3 Strategien für verteiltes Arbeiten und Sourcing

- Ein Markt ist so spezifisch, dass man ihn nur verstehen kann, wenn eigene Mitarbeiter dort nicht nur mit Kunden sprechen können, sondern sie auch schulen können und im Tagesgeschäft mit den Kunden lernen können, was der wirkliche Bedarf ist und wie sich Wettbewerber lokal darstellen.

Das Standardbeispiel ist die Präsenz in China und USA, aber es gilt auch für viele andere Länder, selbst in Europa. Häufig wird in diesem Fall ein Service- und Vertriebszentrum gegründet, das je nach Potenzial und Bedarf anwachsen kann. Diese Aufgabe kann sowohl intern als auch durch einen externen Lieferanten wahrgenommen werden. Im Falle eines sehr kleinen Unternehmens oder zu einem schnellen und erfolgreichen Start ist es immer von Vorteil, mit einem lokal anerkannten Lieferanten zusammenzuarbeiten.

Lokale Präsenz aus den genannten Gründen bleibt nie langfristig relevant. Entweder wird der Markt erfolgreich erschlossen, sodass es naturgemäß zu einer Weiterentwicklung kommt, oder aber er hält nicht, was man sich versprach, und das Engagement wird zurückgefahren. Im Erfolgsfall ist lokale Präsenz häufig von der Kostenstruktur (z. B. Aufbau und Vorhaltung replizierter Kompetenzen; ineffiziente kleine Entwicklungslinien, die sich nicht skalieren lassen) und dem Kostenbeitrag aus gesehen nicht tragbar. Sie muss sich entwickeln, sie muss wachsen. In Niedriglohnländern verläuft das normale Wachstum in Richtung des linken oberen Quadranten, also hin zu messbarer Kostenreduzierung des ausgelagerten Prozesses. Man kennt das Land, hat eigene Mitarbeiter assimiliert (vor allem ein Managementteam) und eine Anzahl loyaler und gut ausgebildeter lokaler Mitarbeiter und Manager aufgebaut. Dem Wachstum steht also aus dieser Sicht nichts im Weg. Der weitere Aufbau kann sowohl intern durch Gründung einer lokalen Gesellschaft oder auch extern durch einen Lieferanten erreicht werden. Diese Entscheidung hängt davon ab, wie kritisch Präsenz aus technischen oder Vertriebsgründen ist oder wie gut und effektiv Sie Ihr geistiges Eigentum schützen wollen. Gerade in der Softwareentwicklung wird man in dieser Phase vorzugsweise einen (lokalen oder global aktiven) im Niedriglohnland lokalisierten Dienstleister nehmen und spezielle Expertise gezielt aufbauen. Handelt es sich allerdings um kundenorientierte Lösungen mit viel Bedarf an Konfigurationswissen und technischem Know-how, kann es sich lohnen, sofort mit einem eigenen Entwicklungszentrum zu beginnen.

Ein Zwischenschritt ist das **Outsourcing,** wie es der linke obere Quadrant in Abb. 1.3 darstellt, und das **Consulting** im rechten unteren Quadranten. Consulting und taktisches Outsourcing verbessern kurzfristig die eigenen Fähigkeiten. Man braucht lokale Präsenz in größerem Umfang und findet nicht genügend Mitarbeiter für das eigene Unternehmen, sodass zu vergleichsweise hohen Kosten Softwareentwickler kurzfristig als Leiharbeiter eingestellt werden. Bestimmte Geschäftsprozesse an den Schnittstellen zur Softwareentwicklung werden häufig taktisch ausgelagert, beispielsweise die technische Dokumentation. Man braucht einen lokal erfahrenen Lieferanten, der flexibel und mit den richtigen Kompetenzen präsent ist. So etwas lässt sich kaum intern aufbauen, vor allem nicht in verschiedenen Regionen gleichzeitig. Selten wird man einen einzelnen Prozess innerhalb des Softwarelebenszyklus taktisch auslagern, denn die Lernkurve ist teuer und die Kosten sind hoch, während der Erfolg nicht garantiert ist. In diesem Fall sollten Sie auch die Möglichkeit der Akquisition eines kleineren Unternehmens berücksichtigen.

Ein stabiler Endzustand ist mit dem **strategischen Sourcing** erreicht. Gezielt werden Lieferanten in bestimmten Ländern ausgewählt, um eine anhaltende Geschäftsbeziehung aufzubauen. Technologie und Wissen werden transferiert, sodass der Lieferant sich in seiner Planung ganz auf Ihr Geschäft einstellen kann. Dies führt nicht nur zu niedrigen Kosten, sondern auch zu einer verlässlichen Flexibilität, die es erlaubt, kurzfristig Mitarbeiterzahlen an veränderte Markt- und Kundenbedürfnisse anzupassen. Strategisches Sourcing spielt für deutsche Unternehmen eine große Rolle, denn es hilft, verschiedene arbeitsrechtliche, steuerliche und tarifliche Modelle gemeinsam zu optimieren.

Verteilte Arbeit erhöht die Komplexität. Zusatzkosten und Friktionen wie klare Schnittstellenabstimmungen bedingen eine teilweise lange Lernkurve. Lernen Sie daher schrittweise und gemeinsam mit Ihren verteilten Partnern, für die *Sie* ja auch in gewisser Weise Neuland darstellen. Optimieren Sie Prozesse und Werkzeuge, bevor Sie den nächsten Schritt gehen.

Muten Sie sich daher nicht zu viel auf einmal zu. Abb. 1.4 zeigt, wie sich die Handhabungskomplexität abhängig vom Umfang der Verteilung und Auslagerung verändert. Globale Entwicklungsprojekte, bei denen ein Partner Teile der Entwicklung übernimmt, während beispielsweise Spezifikation, Architektur und Integration im eigenen Unternehmen verbleiben, stellen hohe Anforderungen an das Schnittstellenmanagement. Einfacher wird es, wenn ein kompletter Geschäftsprozess oder die gesamte Produktentwicklung ausgelagert werden. Das Gleiche gilt in die andere Richtung, wo einzelne Arbeitspakete nur dann die Komplexität signifikant verringern, wenn sie onshore (d. h. vorzugsweise im eigenen Unternehmen oder durch lokale Lieferanten) ausgeführt werden.

Unternehmen erhöhen die Wertschöpfung durch verteilte Prozesse schrittweise, wie es Abb. 1.5 zeigt. Damit wachsen Nutzen und Risiko durch Komplexität und Distanz symmetrisch.

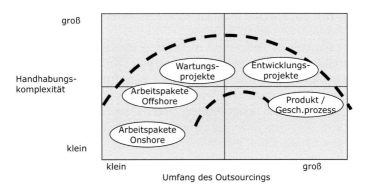

Abb. 1.4 Handhabungskomplexität optimieren

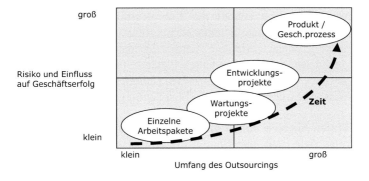

Abb. 1.5 Komplexität schrittweise vergrößern

Einzelne Arbeitspakete sind harmlos, versprechen aber auch keine große Kostenersparnis. Wartungsprojekte lassen sich leichter transferieren als Entwicklungsprojekte, da Sie die technologischen und Prozesskompetenzen bereits besitzen und die Abhängigkeiten für das laufende Geschäft während des Transfers geringer sind. Nur wenn Sie diese Stationen erfolgreich gemeistert haben, sollte ein komplettes Produkt oder ein Geschäftsprozess innerhalb des Lebenszyklus ausgelagert werden.

Bei sehr **kleinen Unternehmen** lohnt sich verteiltes Arbeiten nur im Falle von Consulting. Das Schnittstellenmanagement ist zu hoch. Ausnahmen sind solche Unternehmen, die sich kennen und vertrauen und als „Genossenschaft" gemeinsam nach einem Lieferanten schauen. In diesem ganz speziellen Fall könnte es also interessant sein, dass Sie sich einmal mit Ihrer regionalen IHK in Verbindung setzen, um herauszufinden, ob es weiteren ähnlich gelagerten Bedarf gibt.

Für **mittelständische Unternehmen** macht Sourcing Sinn, um Kosten zu sparen, Flexibilität zu steigern und Innovationen zu beschleunigen. Wählen Sie Lieferanten, die auch in Ihrer Heimat präsent sind. Sie können nicht wegen jedes Problems ins Ausland fliegen.

Gehen Sie in Länder und zu Unternehmen, die Sie kennen und bewerten können. Lassen Sie sich Zeit zur Auswahl. Bestehen Sie auf Referenzen von anderen Kunden Ihrer Branche und Größe. Fragen Sie nach deren Erfahrungen. Sagen Sie allerdings nicht, dass Sie zum gleichen Lieferanten wollen.

Wie viel das verteilte Geschäftsmodell bringt, hängt nicht nur vom Zuschnitt der konkreten Aufgabe ab, sondern auch vom Aufgabenspektrum. In der Regel wird nicht nur eine einzelne Aufgabe zu einem bestimmten Lieferanten ausgelagert, sondern

Kriterium	Geschäftsmodell	Lernkurve	Vertrags- dauer	Zahl der Partner
Konzeption und Analyse von Geschäftsprozessen	Onshore, Zusammenarbeit	lang	lang	wenige
Produktdefinition und Konzeption von Software für externe Produkte	Onshore, Zusammenarbeit	lang	lang	wenige
Entwicklung von internen Anwendungen	Offshore, Outsourcing	kurz	mittel	wenige-viele
Entwicklung von Produkten	On- / Near- / Offshore	mittel	mittel-lang	wenige
Entwicklung eingebetteter Software für Produkte	On- / Near- / Offshore	kurz	mittel-lang	wenige
Validierung von Software (z.B. verschiedene Teststrategien)	On- / Near- / Offshore, Outsourcing	mittel	mittel	wenige
Wartung von Anwendungssoftware	Offshore, Outsourcing	mittel	mittel-lang	viele
Wartung von Produkten	Near- / Offshore, Outsourcing	mittel	lang	wenige
Auswahl und Installation von Software und Infrastruktur	On- / Nearshore, Zusammenarbeit	kurz	kurz-mittel	wenige
Betrieb von Infrastruktur	On- / Nearshore, Outsourcing	kurz	kurz-mittel	sehr wenige
Betrieb von internen Anwendungen	On- / Near- / Offshore, Outsourcing	kurz	mittel	sehr wenige

Abb. 1.6 Aufgabenspektrum in verteilten Geschäftsmodellen

man entscheidet sich global für das Sourcing von bestimmten IT-
Aufgaben, Produktentwicklungen oder Entwicklungsprojekte und
sucht dann für jede dieser Aufgaben einen optimalen Zuschnitt.
Abb. 1.6 skizziert für solch detaillierte Aufgaben den Einfluss
auf das Geschäftsmodell, die Lernkurve, bis das Geschäft auf
Lieferantenseite völlig verinnerlicht ist, daraus abgeleitet eine
optimale Vertragsdauer (die natürlich auch länger sein kann als
angegeben) sowie die Anzahl bevorzugter Partner.

1.4   Was wird wirklich erreicht?

**Nicht alle hochgesteckten Erwartungen an das verteilte
Arbeiten werden erreicht.** Häufig bleiben Unternehmen auf
halber Strecke zum Erfolg stecken, weil sie ihre Hausaufgaben
vor dem Start nicht gemacht hatten. Weder werden Kosten wie
erhofft reduziert, noch wird mehr Flexibilität erreicht. Große
Kostenreduzierungen werden vor allem für das Outsourcing
eines Geschäftsprozesses mit wenig Fremdsteuerung erreicht.
Dazu gehören Einrichtung und Betrieb eines Helpdesks zur
Beantwortung von Fragen an den technischen Kundendienst
(und andere ähnliche Internetdienstleistungen), die Betreuung
von Infrastruktur (auch solche beim Kunden), die Wartung von
Software, die Erstellung, Verpackung, Übersetzung und Verteilung technischer Dokumentationen sowie die Entwicklung
einer Komponente, Plattform oder eines Produkts durch externe
Lieferanten. Effizienz und damit Kostenreduzierung wird
natürlich auch erreicht, wenn fixe Personalkosten flexibilisiert
werden.

**Verteiltes Arbeiten muss immer dazu beitragen, dass Unter-
nehmen ihre eigene Wertschöpfungspyramide optimieren.**
Das können Rechenzentren sein, die in die Cloud ausgelagert
werden, oder Dienstleistungen, die von darauf spezialisierten
Unternehmen   erbracht   werden.   Bestimmte   Tätigkeiten
wurden in Hochlohnländern wie Deutschland abgebaut – und
fehlten danach in einer Krise. Mit dem Wegfall von China als
Lieferant für IT und von Indien im Pharmabereich während

der Coronakrise wurde schmerzhaft klar, dass Dual Sourcing sich nicht nur auf verschiedene Lieferanten, sondern auf ganze Regionen beziehen muss. Plötzlich zählt auch wieder der heimische Lieferant, dem man wirklich vertraut. Er steht auch in der Krise zur Verfügung und bemüht sich um lokal brauchbare Lösungen.

Werden nur Teile des Geschäftsprozesses ausgelagert, sind die Kostenpotenziale sehr viel geringer. Für verteilte Softwareprojekte werden 10–20 % Kostenreduzierung berichtet, die nach einer zweijährigen Lernkurve erreicht werden. Beispiele sind Teilprozesse mit hohem Zeitaufwand, wie Codierung, Verifikation oder Validierung von Software. Allerdings bringen diese Teilprozesse mehr Schnittstellenaufwand in der Implementierung, da sehr viel mehr Arbeitsergebnisse zwischen Auftraggeber und Lieferant hin- und herwandern müssen. Wird beispielsweise die Verifikation von Code ausgelagert, dann müssen nicht nur das Design und der Code transferiert (und erklärt) werden, sondern auch Spezifikationen, Testfälle und Testergebnisse. Je mehr ein Prozess fragmentiert wird, um Teile davon auszulagern, desto geringer sind die Nutzeffekte des Outsourcings.

Beispiel

Ein weltweit führender IT-Konzern hatte Teile des Tests an einen indischen Lieferanten ausgelagert. Doch die Kosten blieben hoch, und es gab zunehmend Reibungsverluste. Mitarbeiter in Deutschland hatten begründete Angst, dass sie ihre Nachfolger in Indien ausbildeten, und ließen sie bei Fragen auflaufen. Die Kollegen in Indien auf der anderen Seite erhielten eher schlecht dokumentierte Software, mit der sie ohne Kontext und Systemwissen nichts anfangen konnten. Der Test blieb oberflächlich und ohne Wirksamkeit. In dieser Situation wurden wir geholt, um die verteilten Standorte zu optimieren. Da bereits viel Vertrauen zerstört war, brauchte es einen Neustart. Der erste Schritt war die belastbare Klärung der beiderseitigen Perspektiven. Das war nicht einfach, denn

offensichtlich gab es Führungskräfte im Konzern, die der
Illusion nachhingen, dass sich Arbeiten beliebig kleinteilig
über den Zaun nach Indien werfen lassen. Vor allem musste
das Damoklesschwert des Stellenabbaus entschärft werden.
Nachdem wir eine gemeinsame Basis und vor allem Verständnis für wirkungsvolles Zusammenarbeiten geschaffen
hatten, konnten wir technisch optimieren, also Testprozesse,
Methodik, Werkzeuge, Transparenz mit KPI, SLA sowie
Wissensmanagement. Wenig überraschend für Insider, dass
die Testmethodik radikal geändert werden musste. Mehr
automatische Verifikation in der Continuous Build Pipeline
und testorientiertes Requirements Engineering (TORE) für
die Integration und Systemtests. Die Performanz verbesserte
sich in dem Maß, wie beide Teams Vertrauen ineinander auf-
bauten. ◄

**In der Einführung kostet verteiltes Arbeiten 20–50 % der
Produktivität.** Die Produktivitätseinbußen kommen von
Reibungsverlusten an neuen Schnittstellen, Prozessdefiziten im
Projektmanagement und Änderungsmanagement, die erst nach-
gearbeitet und verbessert werden müssen, sowie von Lernkurven
auf beiden Seiten. Dies ist eine Dunkelziffer, da Unternehmen
selten exakte Zahlen präsentieren, bis sie dann erfolgreich sind
– oder das Abenteuer verärgert aber stillschweigend abbrechen.
Über 20 % der Unternehmen brechen den Vertrag mit einem
Partner im ersten Jahr ab. Sie sollten also zumindest Ihren Vertrag so gestalten, dass er einen verfrühten Ausstieg erlaubt. Auf
die Risiken und ihr Management werden wir noch detaillierter
eingehen. Vor allem Homeoffice kostet immens Produktivität, da viele Menschen ohne die Struktur und auch den direkten
Gruppendruck der Kollegen zu Hause weniger arbeiten und sich
schnell ablenken lassen. Umgekehrt wächst dort die Produktivität, wo Menschen realisieren, dass sie wirklich austauschbar
sind. Das führt inzwischen zu vielen prekären Arbeitsverhält-
nissen, wo Mitarbeiter auf Zeit eingestellt werden und im gegenseitigen Wettbewerb aufgerieben werden. Viele unserer Kunden
berichten vom „Hamsterrad", in dem heute Mitarbeiter und
ganze Unternehmen gefangen sind.

Unsere Beratungsprojekte zeigen, dass über zwei Drittel aller Unternehmen mit der verteilten Entwicklung massive Probleme haben. Gründe dafür sind:

- häufige Änderungen der Anforderungen mit einem Pingpong von ungelösten Tickets,
- fehlende Zusammenarbeitsmodelle, wobei Aufgaben einfach über den Zaun geworfen werden,
- unzureichende Kommunikation, z. B. räumliche Distanz, Zeitzonen und kulturelle Barrieren,
- Abfluss von Know-how, insbesondere an neue Wettbewerber,
- unzureichende Prozesse und Managementpraxis mit verteiltem Arbeiten, vor allem Planung und Monitoring,
- fehlender Datenschutz,
- rechtliche Unsicherheiten, wie Vertragsmanagement, Lohndumping, Arbeitnehmerüberlassung und Urheberrechte, und mangelndes Verständnis der ausländischen,
- unvollständige Integration von Prozessen, Werkzeugen, Mitarbeitern sowie Werkzeugbrüche und fehlende Kollaborationsumgebungen,
- Demotivation der Leistungsträger, da sie überall ausputzen müssen, ohne wirklich Fortschritt zu bemerken.

Die Konsequenzen für verteilte Teams und Projekte sind, dass Zeitpläne und Budgets nicht eingehalten werden können. Unzureichende eigene Entwicklungsprozesse zu externalisieren bringt Zusatzkosten – auf beiden Seiten. Diese Zusatzkosten machen ungefähr 20–40 % der regulären Entwicklungskosten aus. **Über die Hälfte aller Outsourcingprojekte scheitert,** wie die Studien zur Erfolgsquote von IT- und Softwareoutsourcing von Bitkom, McKinsey und Quostar zeigen. Das bedeutet, dass die Hälfte aller Projekte nicht hält, was ursprünglich angenommen wurde, und nach einiger Zeit ohne Erfolg beendet wird. Dies gilt vor allem für solche Outsourcingprojekte, die einzig mit dem Ziel der Kostenreduzierung gestartet werden. De Grund ist immer wieder der gleiche: naive Annahmen der Führungskräfte gepaart mit unzureichenden Prozessen und fehlender Erfahrung im verteilten Arbeiten. Damit sind natürlich die Sparpotenziale sehr viel geringer als erwartet, während die Zusatzkosten für Nacharbeiten stetig klettern.

„Lass uns das im Ausland machen – die sind billiger" steht am Beginn des Scheiterns. Wer nur auf die Kosten schaut, wird kurzfristige Strohfeuer anzünden, um später in unzureichender Qualität und Kompetenzstreitigkeiten unterzugehen. Hand aufs Herz: Welches Team baut schon gerne seine Nachfolger in einem Niedriglohnland auf? Und wer hat nicht schon erlebt, wie Teams ihre internen Wettbewerber über die Klinge springen lassen? Da wird Pingpong mit unzureichenden Dokumenten gespielt, und am Ende scheitern beide Standorte.

Verteilte Projekte scheitern schrittweise. Projekte scheitern selten mit einem Donnerschlag durch einen offensichtlichen Grund. Zu lange glauben Führungskräfte, dass es sich schon noch einrenkt, da die Erfahrungen und Kennzahlen für verteiltes Arbeiten fehlen. Abb. 1.7 zeigt eine typische Situation, wie verteilte Teams und Projekte schrittweise scheitern. Es beginnt durchaus sinnvoll, indem ein Projekt auf Standorte verteilt wird, um von verschiedenen Kompetenzen zu profitieren. Die Teams werden autark aufgestellt, und die Basis wird gemeinsam abgestimmt. Doch das Scheitern kündigt sich früh an, beispielsweise in unzureichender gemeinsamer IT. Das erleben viele Unternehmen, die nie den Mut hatten, ihre Infrastruktur und Arbeitsvorlagen und Prozesse zu vereinheitlichen. Fehlende Standards sind daher auch ein Hauptgrund für Misserfolge. Die gut gemeinte Eigenverantwortung ist der nächste Sargnagel. Menschen im Allgemeinen und lokale Gruppen im Speziellen verhalten sich normalerweise egozentrisch und orientieren sich nicht an gemeinsamen „höheren Zielen". Ohne Teambuilding wird es krachen, und das passiert auch in diesem Beispiel. Es schaukelt sich hoch, bis das verteilte Projekt nach gerade einem Jahr abgebrochen wird.

Projekte, die mit gemeinsamen Zielen wie verbesserter Qualität, mehr Flexibilität oder einem gemeinsamen Produkt für den Weltmarkt begonnen werden, sind erfolgreicher. Nicht primär,

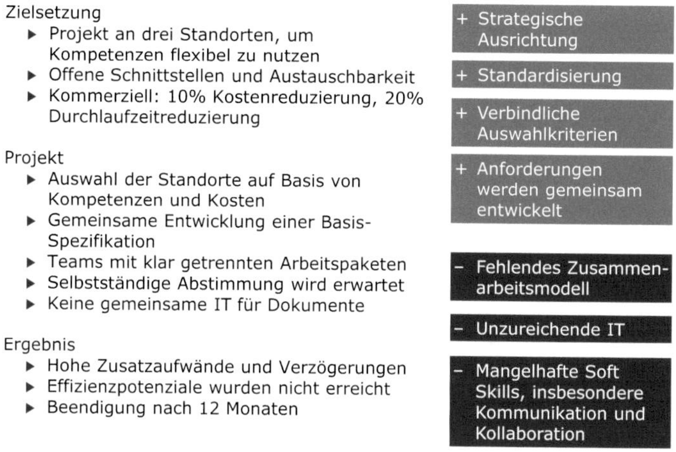

Zielsetzung
- Projekt an drei Standorten, um Kompetenzen flexibel zu nutzen
- Offene Schnittstellen und Austauschbarkeit
- Kommerziell: 10% Kostenreduzierung, 20% Durchlaufzeitreduzierung

Projekt
- Auswahl der Standorte auf Basis von Kompetenzen und Kosten
- Gemeinsame Entwicklung einer Basis-Spezifikation
- Teams mit klar getrennten Arbeitspaketen
- Selbstständige Abstimmung wird erwartet
- Keine gemeinsame IT für Dokumente

Ergebnis
- Hohe Zusatzaufwände und Verzögerungen
- Effizienzpotenziale wurden nicht erreicht
- Beendigung nach 12 Monaten

+ Strategische Ausrichtung

+ Standardisierung

+ Verbindliche Auswahlkriterien

+ Anforderungen werden gemeinsam entwickelt

– Fehlendes Zusammen-arbeitsmodell

– Unzureichende IT

– Mangelhafte Soft Skills, insbesondere Kommunikation und Kollaboration

Abb. 1.7 Fallstudie: Was können wir lernen?

weil die Ziele weniger aggressiv sind, sondern, weil man mit realistischen Annahmen startet und entlang der Lernkurve auf beiden Seiten lernt, was auch bei den eigenen Prozessen noch zu verbessern ist, um wirklich effizienter und effektiver zu werden.

1.5 Check: Chancen und Risiken verteilter Teams

Wir haben in der Einführung bereits die ganz unterschiedlichen Gründe für verteiltes Arbeiten kennengelernt. Nun ist es an der Zeit, dass Sie für sich und Ihr Unternehmen klarmachen, was Sie selbst mit verteiltem Arbeiten erreichen wollen. Wollen Sie primär die Kosten reduzieren oder aber die eigenen Fähigkeiten und Möglichkeiten (Kapazität, Flexibilität) verbessern? Sind Sie an einer kurzfristigen Reaktion auf ein drängendes Problem aus oder aber an einem langfristigen Engagement mit einem Partner interessiert, der für Sie Teile Ihrer Geschäftsprozesse übernimmt? Müssen Sie in einem bestimmten Land präsent sein, um dort Märkte zu erschließen, oder geht es darum, eine Region zu

wählen, die langfristig ein interessantes Mitarbeiterreservoir für
Sie bietet? Die Frageliste lässt sich beliebig ausdehnen, was wir
hier nicht machen wollen. Stattdessen wollen wir systematisch
einige wichtige Ansätze betrachten, die Ihnen helfen, die
richtigen Fragen zu stellen und dann auch zu beantworten.

**Wie steht es eigentlich um Ihre Bereitschaft und Befähigung
zum verteilten Arbeiten?** Dazu wollen wir eine kleine Checkliste bearbeiten, die Ihnen zeigt, was die wesentlichen Faktoren
sind, die Sie bei dieser Grundentscheidung berücksichtigen
sollten. Dazu betrachten wir Ihre strategische (Abb. 1.8) und
operative (Abb. 1.9) Bereitschaft für das verteilte Arbeiten. Es
sind zwei Checklisten, die diese beiden Dimensionen hinterfragen. Einmal mehr geht es natürlich um ehrliche Antworten,
da Sie nachher das Ergebnis allein ausbaden müssen. Keine
Bange, wenn einzelne Fragen anspruchsvoll klingen. Es ist noch
kein Meister vom Himmel gefallen – aber es ist gut und wichtig,
seine Risiken zu kennen.

Die erste Checkliste (Abb. 1.8) betrachtet strategische
Aspekte, beispielsweise die Offenheit der Mitarbeiter für
Änderungen und Ihre Kultur. Die zweite Checkliste (Abb. 1.9)
betrachtet eher operative Fragestellungen, wie beispielsweise
Ihre Prozessfähigkeit oder das Requirements Management.
Die Fragen werden jeweils auf einer Skala zwischen 0 und 3
beantwortet. Der Wert 2 wurde bewusst ausgelassen, um das
Ergebnis aussagekräftiger zu machen. Sie beantworten die
jeweils zwölf Fragen also nur mit einer 0, einer 1 oder einer 3 in
der letzten Spalte. Diese Werte werden jeweils aufsummiert, was
ein Ergebnis zwischen 0 und 36 für beide Tabellen liefert.

Mit diesem Ergebnis können Sie Ihre Position im folgenden
Portfolio (Abb. 1.10) identifizieren und damit Ihre eigene
Situation bewerten.

Fragen zur strategischen Bereitschaft	Ergebnis
Existiert eine klare Strategie für das Outsourcing? (0: In Vorbereitung, 1: Kommuniziert, 3: Abgestimmt und praktiziert)	
Was sind die Erfahrungen mit Outsourcing? (0: Keine, 1: Einzelne Projekte, 3: Positive Erfahrungen seit Jahren)	
Haben Sie Erfahrungen im Ausland und mit ausländischen Lieferanten? (0: Ja, 1: Wir arbeiten mit ausländischen Lieferanten, 3: Management rotiert regelmäßig ins Ausland)	
Sind Manager und Management am Outsourcing interessiert? (0: Nicht alle, 1: Neutral, 3: Sehr positiv mit konkreten Gründen)	
Sind die relevanten externen Interessengruppen am Outsourcing interessiert? (0: Nein, 1: Ja, 3: Alle haben den Wunsch erklärt)	
Sind Teamwork und Zuverlässigkeit gelebte Werte im Unternehmen? (0: Selten, 1: Ja, 3: Auf allen Stufen ständig sicht- und fühlbar)	
Setzen Sie ein zielorientiertes Management ein? (0: Nein, 1: Ziele sind beschrieben, 3: Periodische Reviews zur Zielerreichung	
Hat Ihr Unternehmen eine Prozess- und Qualitätskultur? (0: Ja, 1: Kunden und Management fordern es ein, 3: Wird eingefordert und regelmäßig überprüft)	
Sind Kostenoptimierung und Prozessverbesserungen üblich? (0: Manchmal, 1: Ständig, 3: Wir sind führend in Produktivität und Qualität)	
Sind Mitarbeiter und das Unternehmen offen für Änderungen? (0: Ja, 1: Änderungsprogramme laufen, 3: Sehr gute Erfahrungen und konkrete Ergebnisse erreicht)	
Orientiert sich die Mitbestimmung an den Unternehmenszielen? (0: Gewerkschaften dominieren, 1: Oft, 3: Unternehmen folgt seinen eigenen Zielen)	
Sind Softwareentwicklung oder IT zentralisiert ? (0: Nein, 1: In den Geschäftsbereichen, 3: Im ganzen Unternehmen)	
Summe	

Abb. 1.8 Checkliste zur Bereitschaft (strategisch)

Fragen zur operativen Bereitschaft	Ergebnis
Sind Ihre Projekte bei der Lieferung pünktlich? (0: < 50 %, 1: um 80 %, 3: 95 % der Projekte sind pünktlich)	
Werden Ergebnisse mit Zielvorgaben verglichen? (0: Ja, 1: Alle Projekte haben finanzielle Kennzahlen, 3: Alle Projekte haben eine balancierte Scorecard für wichtige Indikatoren und Ziele)	
Haben Sie gute Projektmanagementfähigkeiten (0: Keine, 1: Formales Training, 3: Alle Projektleiter sind zertifiziert)	
Sind Ihre Geschäftsprozesse und Organisationsstrukturen hinreichend stabil? (0: Ständige Änderungen, 1: Beschrieben, 3: Beschrieben, robust, stabil)	
Haben Ihre Projektleiter Erfahrungen mit Unterauftragsmanagement? (0: Nein, 1: Ja, 3: Jeder Projektleiter hat diese Erfahrungen)	
Sind die Geschäftsprozesse standardisiert? (0: Nein, 1: Dokumentiert, 3: Standardisiert)	
Sind Ihre Prozesse optimiert? (0: Nicht alle, 1: CMMI-Reifegrad 3 erreicht, 3: CMMI-Reifegrad 4 erreicht)	
Existiert ein formales Requirements Management? (0: Nein, 1: Beschrieben, 3: Ständig und formalisiert ausgeführt)	
Werden Projektvereinbarungen und Anforderungen formal überprüft? (0: Ja, 1: Alle Projekte prüfen Vereinbarungen und unterschreiben sie zu Beginn; 3: Alle Projekte prüfen die Vereinbarungen regelmäßig)	
Existiert ein formales Änderungs-Management? (0: Nein, 1: Beschrieben, 3: Ständig und formal)	
Setzen Sie formalisierte Schätz- und Planverfahren ein? (0: Oft, 1: Formalisierte Verfahren, 3: Systematisch und kontinuierliche Rückmeldung zum Ergebnis	
Haben Sie eine optimierte Werkzeuglandschaft? (0: Ja, 1: Standardisierte Werkzeuge durch den Lebenslauf, 3: Weitgehende Automatisierung)	
Summe	

Abb. 1.9 Checkliste zur Befähigung (operativ)

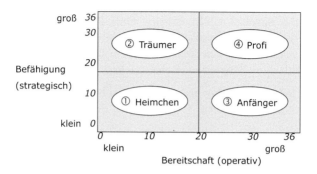

Abb. 1.10 Befähigung und Bereitschaft zum verteilten Arbeiten

Wir unterscheiden vier Fälle anhand Ihrer Bereitschaft und Befähigung für verteiltes Arbeiten. Abb. 1.10 zeigt deren relative Positionierung und Entwicklungsmöglichkeiten.

(1) **Heimchen:** Sie sind noch nicht reif für das verteilte Arbeiten. Das ist nicht schlimm, denn vielleicht besteht gar kein Bedarf dazu. Aber es kann Sie über Nacht erreichen, und dann sollten Sie sich der Risiken bewusst sein und schnell hochfahren können. Falls ein starker Druck zum Sourcing besteht, sollten Sie anhand der Ergebnisse aus den Checklisten diejenigen Kriterien systematisch verbessern, die aus den folgenden Kapiteln dieses Buchs für Sie den größten Nutzen darstellen. Kritisch ist es vor allem, wenn Sie in einigen für Sie wichtigen Checks mit 0 antworten mussten. Nehmen Sie einen erfahrenen Dienstleister, der Ihre Branche, Ihre Aufgaben und auch Ihre Situation versteht. Oftmals hilft er Ihnen bei Ihrer eigenen Lernkurve hin zu Position (4).

(2) **Träumer:** Aus unserer Erfahrung müsste diese Position eigentlich nahezu leer sein. Nur solche Unternehmen befinden sich dort, die zwar hehre Ziele setzen, aber sehr schwach in der Umsetzung sind. Ihr Vorteil ist, dass Sie wissen, was Sie eigentlich machen müssen – aber nicht so genau, wie. Das Buch zeigt Ihnen an vielen Stellen, auf was

Sie operativ achten müssen. Gute Prozesse sind wichtig für Sie. Soweit Sie keine systematischen Prozesse haben, beginnen Sie eine solche Initiative und verbinden Sie sie mit Ihren konkreten Geschäftszielen.

Vor jedem Sourcing müssen Sie nachhaltige interne Verbesserungen auf den Weg bringen. Holen Sie sich einen Coach für das Mittelmanagement und die Geschäftsführung, damit Sie auf Geschwindigkeit kommen. In vielen Fällen genügt ein stark zielorientiertes Management, um aus den Träumen Realität zu machen. Sollten Sie in dieser Situation unbedingt bereits Sourcing machen wollen, brauchen Sie externe Expertise, die mit der vollen Unterstützung Ihrer Geschäftsführung schrittweise all das einführt, was operativ überlebensnotwendig ist.

(3) **Anfänger:** Aller Anfang ist wichtig und in Ihrem Fall auch richtig. Sie bewegen sich auf der natürlichen Entwicklungskurve. Beachten Sie Ihre Schwächen im strategischen Bereich, um nicht noch weiter nach rechts zu wandern, sondern, um auch nach oben zu kommen. Oftmals werden Sie die mittelfristigen Risiken nicht kontrollieren können und viele Fehler wiederholen. Das Buch zeigt Ihnen, auf was Sie achten müssen. Nehmen Sie einen Lieferanten, der Ihre Lernkurve unterstützt und sich gut auskennt. Sie werden Lehrgeld bezahlen müssen, aber wenn Sie auf den Lieferanten hören und offen für Änderungen sind, wird es gut gehen.

(4) **Profi:** Glückwunsch zu Ihrem sehr balancierten Ergebnis! Sie werden an einzelnen Stellen noch Schwächen haben, die in diesem Buch diskutiert werden. Aber insgesamt haben Sie gute Chancen, zu den Gewinnern zu gehören – auch bei widrigen Verhältnissen. Sie wissen, dass es beim verteilten Arbeiten nicht nur um Steuerung von Mitarbeitern und Lieferanten geht, sondern dass es ein ganz natürliches Element jedes Unternehmens ist. Scheuen Sie sich nicht, die Feinabstimmungen gemeinsam mit Ihrem Lieferanten zu machen, denn er kann Ihnen immer noch weitere Verbesserungsmöglichkeiten aufzeigen.

1.6   Virtuell, verteilt, vermaledeit: Was ist was?

Wir wollen zum Abschluss dieses einführenden Kapitels noch kurz auf einige Fachbegriffe eingehen und sie erläutern. Ein vollständiges Glossar befindet sich am Ende des Buchs. Wir empfehlen, dass Sie sich damit befassen oder ab und an einen Begriff nachschlagen. Häufig beginnt die Verwirrung nämlich bereits in der falschen Verwendung von Fachbegriffen.

Prüfen Sie Ihr Verständnis vorab einmal selbst an zwei vordergründig harmlosen Begriffen und deren Bedeutung für Ihr Unternehmen und das Sourcing: Was ist der Unterschied zwischen Verifikation und Validierung? Und, um es ganz praktisch zu halten, eine Folgefrage: Können Sie in der Verifikation oder in der Validierung Geld im eigenen Unternehmen oder Produkt sparen? Um den Ball niedrig zu halten, hier gleich die Antwort: Bei Verifikation geht es um eine Überprüfung von Arbeitsergebnissen gegen deren Spezifikation, also beispielsweise ein Code Review oder einen Unit Test. Bei der Validierung geht es um den Test eines Systems gegen seine Anforderungen. Das Sparpotenzial ist bei den meisten Unternehmen im Bereich von 10 bis 30 % der Produktentwicklungskosten, wenn die Validierung reduziert wird und die Verifikation verbessert wird. Das Sourcing der Validierung bringt zumeist keinen großen Kostenvorteil, außer man lagert Tests aus, die große Infrastrukturinvestments erfordern würden, die Sie selbst gar nicht bringen wollen. Hier kann es zu interessanten Skaleneffekten durch einen dafür spezialisierten Partner kommen (z. B. bei Interoperabilitätstests).

Nun zu den wichtigsten Begriffen im verteilten Arbeiten.

Verteiltes Arbeiten. Während klassische Zusammenarbeit auf direkter Kommunikation aufbaut, wie im traditionellen Büro, hat sich dieses Paradigma grundsätzlich gewandelt. Zusammenarbeit braucht keine räumliche Nähe und geht auch über Distanz, selbst zeitlicher und kultureller Natur. Bei allen Vorteilen lokaler Teams wie kurzen Wegen und spontanen Meetings sind Remoteteams im Zweifel kreativer, produktiver und kostengünstiger.

Virtuelles Team. Mehrere Mitarbeiter vom selben oder von unterschiedlichen Unternehmen arbeiten mit demselben Ziel an verschiedenen Orten zusammen. Virtuelle Teams arbeiten über regionale, nationale und kulturelle Grenzen sowie Zeitzonen hinweg zusammen. Virtuelle Teams bringen im Projektmanagement gegenüber den traditionellen Teams Vorteile: Das Team kann aufgrund bester Fachkompetenz ausgesucht werden. Durch Kommunikation mittels Videokonferenz und Kollaborationswerkzeugen gestaltet sich das Arbeiten unkompliziert und effizient.

Distanz. Distanz ist die Basis aller verteilten Arbeit. Distanz kann räumlich sein als Abstand und Entfernung. Räumliche Distanz beginnt dort, wo man sich nicht mehr spontan trifft, sondern zunächst prüft, ob der andere erreichbar ist. Sie beginnt bei ungefähr 10 Metern oder einem Stockwerk Abstand. Teams erkennen Distanz daran, ob man eine Kaffeeliste braucht. Distanz ersetzt Empathie mit formalen Werkzeugen, wie Strichlisten und Offene-Punkte-Listen. Es gibt auch zeitliche Distanz, beispielsweise bei Zeitzonen in verschiedenen Regionen der Welt. Zudem gibt es kulturelle Distanz, die sich in verschiedenen Handlungsmustern äußert. Distanz entsteht zwischen verschiedenen Gruppen beziehungsweise zwischen Angehörigen dieser Gruppen, beispielsweise Mitarbeiter an einem Standort gegenüber jenen an einem anderen Standort.

Plattformökonomie. Internetbasiertes Geschäftsmodell, das Anbieter im weitesten Sinne mit Interessenten bzw. Kunden auf einem digitalen Marktplatz zusammenbringt. Beispiel: Selbstständige werden durch Freelancer- und Projektseiten mit Auftraggebern zusammengebracht. Die Transaktionskosten sind gering. Preise und Qualität durch Bewertungen oder Kommentare sind transparent. Flexible Bezahlmodelle erlauben innovative Geschäftsmodelle, z. B. Pay-per-Use oder Fahrdienstleister.

Gig Economy. Ein Gig ist ursprünglich englisch und steht für „Auftritt". Die Gig Economy bezeichnet einen Teil des Arbeitsmarktes, bei dem kleine Aufträge kurzfristig an unabhängige Selbstständige, Freiberufler oder geringfügig Beschäftigte vergeben werden. In der Regel werden diese Aufträge über Internetplattformen als Broker vergeben.

Freie Mitarbeiter oder Freelancer. Freie Mitarbeiter sind im Arbeitsrecht selbstständige Arbeitskräfte, die aufgrund eines freien Dienst- oder Werkvertrages Aufträge selbstständig und in der Regel persönlich ausführen, ohne dabei Arbeitnehmer des Auftraggebers zu sein.

Sourcing. Die Beschaffung einer Leistung. Dienstleistungen werden von einem externen Lieferanten bezogen. Dazu gehören die Auswahl, Bewertung, vertragliche Bindung und das Management von Lieferanten für Waren und Dienstleistungen. Die Beschaffung umfasst verschiedene Arten von Waren, Komponenten und Lizenzmodellen. Dies beginnt bei Commercial Off-the-Shelf (COTS), über eine Vielzahl von maßgeschneiderten Lösungen bis hin zu den flexiblen Ökosystemen. Eine wichtige Differenzierung ist das zugrunde liegende Vertragsmodell, beispielsweise ein Dienstvertrag für eine Dienstleistung, ein Werkvertrag für ein definiertes Ergebnis oder Arbeitnehmerüberlassung mit den Randbedingungen des Kunden.

Outsourcing. Eine   anhaltende   und   ergebnisorientierte Beziehung mit einem Lieferanten, der Aktivitäten übernimmt, die traditionell innerhalb des Unternehmens ausgeführt wurden (deutsch: „auslagern"). Outsourcing ist heute eine eigenständige Managementdisziplin, so wie Personalwesen oder Informationstechnik. Outsourcing beschreibt nicht, wohin ausgelagert wird. Outsourcing lässt offen, ob es sich um einen Geschäftsprozess (sogenanntes Business Process Outsourcing) oder um die Verlagerung einer einzelnen Aktivität (sogenanntes Body Shopping) handelt. Outsourcing unterscheidet sich vom Sourcing durch einen Fokus auf den ausgelagerten Prozess, während ein Auf-

trag primär von einem Projekt aus lanciert wird und daher
immer eine Projektperspektive hat. Der Lieferant ist typischerweise außerhalb des eigenen Unternehmens (z. B. spezialisiertes
IT-Unternehmen), kann aber auch eine Tochtergesellschaft sein
(internes Outsourcing).

Offshoring. Die Ausführung einer betrieblichen Aktivität außerhalb des Stammlands des Unternehmens. Offshoring
und Outsourcing sind zwei verschiedene Dimensionen in
der Optimierung von Geschäftsprozessen im Unternehmen.
Offshoring heißt nicht nötigerweise Sourcing, und Sourcing
muss nicht immer ins Ausland gehen. Das Offshoring kann
sowohl intern als auch extern geschehen. Internes Offshoring
beschreibt die Situation, wenn Unternehmen Niederlassungen
oder Tochtergesellschaften in einem asiatischen Niedriglohnland
gründen, um dorthin Arbeiten auszulagern, die im Ursprungsland
zu teuer geworden sind. Beim externen Offshoring oder Offshore
Sourcing überträgt ein Unternehmen Aktivitäten oder Geschäftsprozesse an dafür spezialisierte Lieferanten im fernen Ausland.

Onshore Sourcing. Der Lieferant kommt aus dem gleichen
Land wie der Kunde. Diese Form des Sourcings spielt vor allem
dann eine Rolle, wenn größtmögliche Flexibilität gewünscht
wird, ohne die kulturellen, technischen oder rechtlichen Risiken
einer Arbeit im fernen Ausland in Kauf nehmen zu müssen.

Nearshore Sourcing. Der Lieferant kommt aus einem Nachbarland. Ähnlich wie beim Onshore Sourcing geht es auch hier vor
allem um das Arbeiten in der gleichen Zeitzone, um kulturelle
Ähnlichkeiten und um kurze Reisewege. Sowohl das Onshore als
auch das Nearshore Sourcing bieten den Vorteil, dass man sich
schneller mit dem Lieferanten abstimmen kann und damit auch
bei unzureichenden Prozessen und Werkzeugen durch direkte
Gespräche schnelle Lösungen finden kann.

Offshore Sourcing. Hier geht es um eine große geografische
Distanz des Kunden zum Lieferanten (z. B. nach Indien oder
Südamerika). Das Offshore Sourcing wird vor allem dann ein-

gesetzt, wenn es um große Sparpotenziale bei bestehenden Produkten oder Dienstleistungen durch dafür spezialisierte Dienstleister in einem Niedriglohnland geht.

Taktisches Sourcing oder Just-in-time-Sourcing. Lieferanten werden fallweise für begrenzte Aktivitäten in Projekte eingebunden. Auf Projektbasis werden jene Lieferanten ausgewählt, welche die Aufgabe am besten erledigen können. Taktisches Sourcing dient der operativen Effizienzverbesserung, beispielsweise, damit ein Unternehmen bei Aufträgen oder speziellen technischen Fähigkeiten „atmen" kann und damit flexibel bleibt, ohne dauerhaft Personal einstellen zu müssen.

Strategisches Sourcing. Ein Geschäftsprozess wird anhaltend ausgelagert, um die eigenen Ressourcen auf Kernkompetenzen zu fokussieren. Dies kann in Entwicklungsprojekten eine Aufgabe (z. B. Wartung, Test) oder aber auch die gesamte Systementwicklung sein. Strategisches Sourcing soll die Wertschöpfung anhaltend ändern.

Business Case. Konsolidierte Informationen für Entscheidungsträger, die eine Geschäftsidee (hier: Sourcing oder Offshoring) aus verschiedenen Perspektiven begründen.

SLA (Service Level Agreement). Sourcing ist eine Dienstleistung. Das SLA definiert die erwartete Qualität dieser Dienstleistung und beschreibt, wie sie operativ gemessen wird (z. B. Kosten, Fehlerzahlen, Flexibilität bei Änderungen). Die Grenzwerte sind Vertragsbestandteil und dienen der anhaltenden Qualitätssicherung. Ein SLA hat drei Elemente: die Messvorschrift, eine Zielsetzung und eine SLA-Verrechnungsgrundlage, die Zielerreichung oder Leistung mit dem Preis in Beziehung setzt.

Verteilte und virtuelle Teams

2

Übersicht

„Zusammenkommen ist ein Beginn. Zusammenbleiben ist ein Fortschritt. Zusammenarbeiten ist ein Erfolg." Henry Ford hat nicht nur die Massenproduktion erfunden und damit das Auto für jedermann erschwinglich gemacht, sondern auch die Team-Arbeit. Erfolgreiches Arbeiten im Team benötigt Teambuilding und ein Zusammenwachsen. Wir wollen in diesem Kapitel daher ganz bewusst auf die „weichen" Randbedingungen im Team schauen. Leitprinzip ist das agile Arbeiten, das uns nützliche Methoden, aber auch eine Menge an Werten mitgibt.

Wichtig Verteiltes Arbeiten braucht agile Prozesse mit einem hohen Anteil an Selbststeuerung. Verteilte Agilität bedeutet Zusammenarbeit und gemeinsame Verantwortung für Ergebnisse. Erfolgreiches agiles Arbeiten heißt, dass man den Werkzeugkasten der Methoden kennt und bestmöglich nutzt. Ein täglicher Scrum mit belastbarer Selbstverpflichtung bringt mehr als jedes geschlossene Modell.

© Springer Fachmedien Wiesbaden GmbH, ein Teil von Springer Nature 2020
C. Ebert, *Verteiltes Arbeiten kompakt,* IT kompakt,
https://doi.org/10.1007/978-3-658-30243-6_2

2.1   Arbeiten in verteilten Teams

Verteilte Teams definieren sich über die Distanz der Menschen im Team. Dafür gibt es keine mathematischen Formeln. Distanz ist Wahrnehmung und hat verschiedene Dimensionen: Raum, Zeit und Kultur. Die Erfahrung zeigt, dass Verteilung früher beginnt, als man wahrhaben will. Es sind nicht Zeitzonen, sondern einige Meter. Ab ungefähr 15 Meter Entfernung schreibt man eher eine Mail, als dass man sich auf den Weg macht, um dann eventuell ein leeres Büro oder den Kollegen am Telefon anzutreffen.

Distanz beeinflusst Performanz. Das muss nicht grundsätzlich eine negative Korrelation sein, wie man es naiverweise annehmen könnte, d. h., größere Distanz reduziert die Produktivität. Oft ist sogar das Gegenteil der Fall, d. h., die Produktivität wächst mit der Distanz – außer die Zeitzonen verhindern jede Kommunikation. Abb. 2.1 zeigt die Performanz eines Teams abhängig von der Distanz. Interessant aus der empirischen Forschung des Autors, dass die Performanz in der Regel mit Distanz besser wird, wenn die Prozesse und

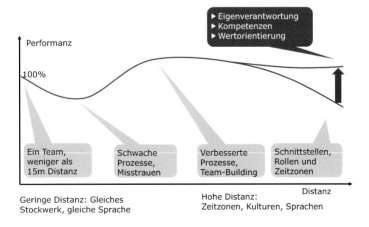

Abb. 2.1 Performanz und Distanz

Rollen gemeinsam abgestimmt sind. Ein verteiltes agiles Team mit Eigenverantwortung und klaren Aufgaben ist sehr viel produktiver als eine starre Linienorganisation im Großkonzern mit Taylorismus und unmotivierten Mitarbeitern.

Verteilte Teams verlangen Disziplin – und schaffen mehr Disziplin
Dazu braucht es drei Erfolgsfaktoren, die systematisch verankert werden müssen:

- **Kompetenz,** also harte und weiche Fähigkeiten, Training, Wissensmanagement, Lieferantenmanagement, Lieferanten-auswahl, optimale Entwicklungsprozesse, Schnittstellen, Verantwortungen,
- **Kommunikation,** also kulturelles Verstehen, Aufeinanderzu-gehen, Ressourcenmanagement, betriebswirtschaftliches und technisches Controlling, Prozessüberwachung, Fortschritts-kontrolle in Projekten, SLA-Management,
- **Kollaboration,** also effiziente Geschäftsprozesse, Teamwork, gemeinsame Ziele und Zielerreichung, Zusammenarbeit über Landesgrenzen und Zeitzonen, effektive Werkzeugunter-stützung.

Abb. 2.2 zeigt, wie diese drei Erfolgsfaktoren gemeinsam dazu beitragen, die typischen Ziele Flexibilität, Innovation und Effizienz zu erreichen. Ein starkes Team ist zweifels-ohne zwingend nötig und zeigt, wie Flexibilität erreicht wird. Kollaboration mit optimierter IT-Infrastruktur schafft Effizienz, da die Mitarbeiter sich häufiger abstimmen und damit Fehler früher entdeckt werden. Alle neun Kreuzungspunkte gemeinsam sind ein Zeichen für ein nachhaltig erfolgreiches verteiltes Team.

Erfolgreiche Arbeit im verteilten Team heißt, dass diese drei Eckpfeiler gleichermaßen gut verankert und verstanden sind. Wir wollen im Folgenden einige spezielle Fragestellungen betrachten, die in verteilten Teams immer wieder Probleme auf-werfen.

Erfolgs- Faktoren Nutzen	Kompetenz	Kommunikation	Kollaboration
Flexibilität	Starkes Team	Ergebnis-orientierte Führung	Ständig aufgefrischte Soft Skills
Innovation	Kontinuierliches Wissens-Management	Klare Aufgaben	Verlässliche Partner
Efizienz	Gute Prozessfähigkeit	Transparente Organisation und Schnittstellen	Optimierte IT-Infrastruktur

Abb. 2.2 Balance der Erfolgsfaktoren

Klare Prozesse und Verantwortungen sind das Rückgrat jedes Teams. Achtung: Sie bezahlen, was Sie verlangen! Wenn Sie vom Lieferanten verlangen, dass er sich an Ihre Prozesse anpasst, wird er dies machen, aber mit Sicherheit dafür zusätzliche Kosten geltend machen. Sauberer sind klar vereinbarte Schnittstellen, die von beiden Seiten an die lokalen Prozesse angepasst werden können. Dies gilt natürlich nur, wenn keine enge Kollaboration (wie beispielsweise im Body Shopping) verlangt wird.

Schlechte eigene Prozesse lassen sich nicht externalisieren oder skalieren. Verbessern Sie daher vorher die eigenen Prozesse oder nehmen Sie einen sehr erfahrenen Partner, der Ihnen die „richtigen Prozesse verschreibt". Reifegradmodelle wie ASPICE und CMMI sind ein nützlicher Maßstab. Planen Sie ausreichend Zeit und Aufwand für Schulungen auf beiden Seiten. Normalerweise sind Ihre Lieferanten daran stark interessiert. Vereinbaren Sie unabhängige Prozess- und Qualitätsaudits als Maßnahme des Risikomanagements. Wenn Sie dies bereits im Vorfeld (z. B. während der Vertragsverhandlungen) und als Teil der Leistungsvereinbarungen klären, vermeiden Sie einen „Polizeieffekt".

Soweit Sie bereits solide Prozesse für Entwicklung und Management installiert haben, können Sie den externen Mitarbeitern ein interaktives Prozessmodell online zur Verfügung stellen, das dann zusätzlich zu Schulung und Transparenz beiträgt. Ebenfalls gute Schulungseffekte und auch ein solides Prozessfeedback erreichen Sie, wenn Sie eine kurze Fragerunde wie beim Scrum in jede Team- oder Projektbesprechung einbauen.

Ein wesentlicher Erfolgsfaktor ist ein starkes Team. Ein Team wird nicht durch die Mitarbeiter zum Team, sondern durch gute Führung! Verteilte Teams brauchen mehr Führung, vor allem von innen aus dem Team heraus (Abb. 2.3). Verteilte Teams brauchen ein verteiltes Management. Dazu gehört ein gutes Teambuilding zu Beginn. Kritische unverzichtbare Kompetenzen brauchen eine Back-up-Lösung. Das Dilemma: Verteilte Projektteams brauchen zwar eine bessere Kommunikation, aber ihre Möglichkeiten zur Kommunikation sind aufgrund der Verteilung schlechter. Balancieren Sie daher Distanz, d. h. Kommunikationskanäle, Vertrautheit, Informationszugriff: Push versus Pull und Diversität, d. h. Sprachen, Kulturen, Werte, Arbeitsweisen. Im Regelfall

Umsetzung
▶ Mitarbeiter auswählen
▶ Werte und Regeln werden abgestimmt und eingefordert: Verlässlichkeit, Leidenschaft, Erreichbarkeit, Geduld
▶ Kommunikationsregeln
▶ Team-Bildung konsequent aufgreifen (Forming, Storming, Norming, Performing)
▶ Standort-/Bereichsübergreifende Integration der relevanten Interessengruppen

Ergebnis
▶ Vereinbarungen werden eingehalten
▶ **Termintreue hat sich mehr als verdoppelt**

Tipps:
Zeit für Team-Bildung nehmen: Wir-Gefühl

Virtuelles Nest bauen: Nur der Kaffeeduft fehlt

Agile Regelbesprechungen täglich zur Abstimmung durchführen

Vereinbarungen und Status transparent an einer Stelle dokumentieren

Abb. 2.3 Erfolgsfaktor: starkes Team

sollten Sie mit zusätzlichen Betreuungskosten von 5 bis 10 %
rechnen. Falls kleine, separate Arbeitspakete ausgelagert werden,
kann dieser Overhead auf 20 bis 40 % anwachsen. Bei schlechten
eigenen Prozessen wachsen der eigene Betreuungsaufwand und
die Kosten auf Lieferantenseite stark an, beispielsweise aufgrund
von Nacharbeiten oder zusätzlichen qualitätssichernden Aktivitäten.

**Das Wissensmanagement verändert sich mit verteiltem
Arbeiten massiv.** Die gute Nachricht ist, dass auch Vorlesungen
und Trainings inzwischen virtuell und auf Distanz angeboten
werden. Spätestens mit der Coronakrise hat jeder Onlinewissens-
vermittlung kennengelernt. Moodle ist kein Fremdwort mehr.
Ein Onlinetraining ist noch lange kein virtuelles Training. Es
braucht völlig neue Strukturen mit kurzen Modulen, viel Interaktion und häufige Abstimmungen mit den verteilten Teilnehmern.

**Kontinuierliches Training ist wichtig, um die Teams zu
synchronisieren und um Unklarheiten zu erkennen und
sofort auszuräumen.** Gutes Training motiviert und fördert
Beziehungen und Bindungen der Mitarbeiter – vor allem, wenn
sie aus unterschiedlichen Kulturen und Unternehmen kommen.
Technische Details müssen intensiv trainiert werden (z. B.
Architektur, Bibliotheken, Prozesse, Werkzeuge, Altsysteme).
Der Trainingsaufwand muss explizit geplant und budgetiert
werden, beispielsweise Zeit und Aufwand, Trainerleistungen.
Das gilt gerade für Trainer, also in der Regel erfahrene Mitarbeiter Ihres Hauses, für die dies häufig einen Zusatzaufwand
bedeutet. Trainingspläne sollten pro Mitarbeiter existieren, um
gezielt die jeweiligen Fähigkeiten hochzufahren und voraus-
schauend anzupassen. Training muss an Diversität und Distanz
angepasst werden, wobei sicherlich der persönliche Kontakt zum
Trainer am besten ist, obwohl nicht immer realisierbar, wenn
der Lieferant sehr schwer zu erreichen und die Fragestellung
dringend ist.

In verteilten Teams ist Kommunikation einer der wichtigsten Erfolgsfaktoren. Oftmals wird etwas nicht verstanden, und der jeweilige Kulturmix erlaubt nicht, Zweifel sofort zu klären. Führen Sie daher ein verbindliches Kommunikationsprotokoll ein. Stellen Sie eine gemeinsame Projekthomepage oder ein Projektportal für alle Projektinformationen, beispielsweise Anforderungen, Data Dictionary, Metriken, Fortschrittsberichte etc. zur Verfügung. Zur Vereinfachung sollte dieses Portal für alle Ihre Projekte identisch in Struktur und Aussehen sein. Eröffnen und nutzen Sie sowohl regelmäßige als auch spontane Kommunikationskanäle, beispielsweise für ein bestimmtes Projekt, für Prozessverbesserungen, für Reviewergebnisse etc.

Verteilte Teams brauche klare Aufgaben. Egal, ob die Aufgaben aus dem Team oder von außen kommen, sie müssen klar beschrieben sein (Abb. 2.4). Dazu gehören Ergebnis, Verantwortung und Zeit. Nutzen Sie verschiedene Kommunikationskanäle und kommunizieren Sie nicht nur per E-Mail und Telefon. Unterschätzen Sie die Feinheiten einer effektiven Kommunikation nicht. Beispielsweise darf eine Videokonferenz

Umsetzung

▶ Aufgaben und Vereinbarungen sind an einer Stelle dokumentiert

▶ Kernteam mit definierten Verantwortungen ist gemeinsam ergebnisverantwortlich

▶ Coaching und Moderation für verteilte Workshops

Ergebnis

▶ Fehler und Unklarheiten in den Anforderungen werden frühzeitig entdeckt und behoben

▶ Kein Pingpong zwischen Mitarbeitern

▶ Bessere Abstimmung zwischen den verschiedenen Interessengruppen

▶ **Späte Änderungen wurden auf ein Drittel reduziert**

Tipps:

Konsistente Standardvorlagen für Dokumente nutzen

Diszipliniertes Vorgehen für Anforderungen und Änderungen einfordern

Dokumentation pflegen

Implizite Anforderungen und Annahmen dokumentieren

Abb. 2.4   Erfolgsfaktor: klare Aufgaben

nicht nur Ihre eigene Agenda behandeln, sondern muss sich auf die verschiedenen anwesenden Kulturen einstellen. Soweit Sie mit einem Lieferanten in einer schwer erreichbaren Region zusammenarbeiten, stellen Sie Einreise, Anstellung und Wohnsitznahme von Spezialisten in beide Richtungen sicher. Oftmals dauert es einige Wochen, bis Mitarbeiter aus China oder Indien für eine längere Zeit ins westliche Ausland einreisen dürfen.

Während man im lokalisierten Team klassischer Prägung mal schnell mit einem Kollegen sprechen kann, erfordern verteilte Teams eine systematische Fortschrittskontrolle. Der Teamleiter ist verantwortlich für den Aufbau des Teams, die Umsetzung der vereinbarten Prozesse, das Schnittstellenmanagement, eine effektive Kommunikation, optimierte Zusammenarbeit mit den richtigen Werkzeugen, Beschaffung und Verteilung von Komponenten und Lizenzen, Projektkontrolle, Kostenkontrolle, Erfolgskontrolle, Konfliktmanagement, schnelle lokale Präsenz, falls nötig.

Messbare Ziele werden erreicht. Standardisierte Kennzahlen, wie ein Service Level Agreement (SLA) schaffen transparente Kontrolle von Projektfortschritt, Qualität, Produktivität, Liefertreue oder Mitarbeiterfluktuation. SLAs haben das Wort „Service" im Namen, sind also nicht nur für externe Lieferanten nützlich, sondern für alle Dienstleister, die voneinander abhängen. Ein SLA hat drei Elemente:

- Messvorschrift: Die Messvorschrift beschreibt exakt, wie die jeweilige Kennzahl definiert ist und wo sie abgegriffen werden kann. Wichtig sind Wiederholbarkeit, Objektivität und Robustheit der Kennzahl, sodass sie unter veränderten Randbedingungen trotzdem aussagekräftig bleibt.
- Zielsetzung: Sie beschreibt für die Kennzahl eine Vorgabe, die zu erreichen ist. Zielsetzungen sollen „SMART" („specific", „measurable", „accountable", „realistic", „timely") sein, also spezifisch am konkreten Prozessziel orientiert, messbar, an der Verantwortung für den Prozess orientiert, realistisch oder erreichbar sowie rechtzeitig oder pünktlich, um reagieren zu können.

- Verrechnungsgrundlage: Das SLA muss die Zielerreichung oder vereinbarte Leistung mit dem Preis in Beziehung setzen, sodass Abweichungen in der Liefertreue oder Qualität aufgrund des SLA eindeutig, objektiv und ohne Diskussionen mit dem zu bezahlenden Preis korreliert werden können. Ein gutes SLA kompromittiert den Lieferanten nicht, sondern stimuliert ihn zu kontinuierlichen Verbesserungen, ohne die Transparenz einzuschränken.

Sie erhalten im verteilten Arbeiten, was Sie vereinbaren und einfordern. Vereinbaren Sie daher konkrete Qualitätsziele pro Arbeitsergebnis bei einem verteilten Projekt. Definieren Sie diese Ziele explizit, also schriftlich als SLA, und messbar. Ein SLA ist im verteilten Team kein schwerfälliges Instrument, sondern eine abgestimmte Schnittstellenbeschreibung. Qualität braucht allerdings mehr als nur Abnahmekriterien am Ende. Vereinbaren Sie nachvollziehbare, kaskadierte qualitätssichernde Maßnahmen und Freigabekriterien an den Schnittstellen. Wenn Ergebnisse als Abnahmeprozedur nur in ein Archiv gestellt werden, kann Qualität nicht gesichert werden. Regelmäßige Statusreviews, Audits und Eingangskontrollen – auf beiden Seiten – sind unabdingbar, um Qualitätsbewusstsein zu erreichen und aufrechtzuerhalten. Vereinbaren Sie daher konkrete qualitätskontrollierende und -sichernde Prozessschritte im SLA, um Abnahmeprobleme zu eliminieren oder aber sie zu eskalieren. Benennen Sie einen Qualitätsmanager, der ggf. projektübergreifend die nötigen Befähigungen, aber auch den richtigen Einfluss hat, um rechtzeitig einzugreifen, wenn ein Qualitätsrisiko droht. Legen Sie ein Berichtswesen fest, beispielsweise Templates, das beim Nachvollziehen der qualitätssichernden Maßnahmen hilft.

Vereinbarungen bringen gar nichts, wenn dahinter kein Monitoring steckt. Gutes Monitoring der Erreichung von Vereinbarungen ist der Schlüssel für verteiltes Arbeiten. Eine konsequente Verfolgung der (Zwischen-)Ergebnisse ist bei verteilten Projekten wichtig, denn Sie haben keine Möglichkeit, mal nebenbei mit den Beteiligten zu sprechen. Vereinbaren Sie messbare SLAs und halten Sie sie vertraglich fest. Knebeln Sie den

Lieferanten nicht primär durch SLAs, sondern durch Beteiligung am wirtschaftlichen Erfolg (oder Misserfolg). Setzen Sie operative Frühwarnindikatoren ein. Diese geben Handlungsspielraum, um rechtzeitig und proaktiv einzugreifen. Erfolg, Projektverfolgung und Schnittstellenmanagement müssen sich an messbaren Kennzahlen orientieren. Dazu gehören **Kennzahlen und KPI,** beispielsweise Inkremente, Earned Value, Risiken und Linderungsmaßnahmen sowie Qualitätskennzahlen gegenüber vereinbarten Standards und Vorgaben.

Nutzen Sie bei Kennzahlen immer auch die passende statistische Analyse. Zahlen stehen in jedem Telefonbuch. Zahlen werden erst zu Information, wenn sie Kontext und Interpretation haben. Nutzen Sie Trendlinien und Vorhersagen, um proaktiv handeln zu können. Betrachten Sie die Kostenstruktur beim Lieferanten, soweit Sie keinen Festpreisvertrag abgeschlossen haben. Verfolgen Sie, ob das vereinbarte Personal rechtzeitig und mit den richtigen Fähigkeiten zur Verfügung steht. Bei längerfristigen Engagements sollten Sie sich über die Messung und Bewertung der erreichten Produktivität Gedanken machen. Produktivität misst man langfristig für definierte Aktivitäten, die über die Zeit (oder über Projekte oder Unternehmen hinweg) verglichen werden können. Beschreiben Sie für jede Kennzahl, wie sie konkret gemessen wird!

Forcieren Sie auch bei ausgelagerten Tätigkeiten standardisierte Metriken und Reporting. Lieferanten sind es gewöhnt und verteilte Teams müssen es lernen, ihr Reporting schnell anzupassen. Installieren Sie ein echtzeitfähiges Portal, das alle laufenden Projekte mit den Plandaten, derzeitigen Ergebnissen und Mitarbeitern intern und extern zeigt. Vermeiden Sie bei alldem administrative Bürden. Gerade das Monitoring kann gut automatisiert werden.

Das **Risikomanagement** im verteilten Team sollte die folgenden Risiken bewerten und gegebenenfalls abschwächen:

• Mitarbeiter oder Lieferanten verlassen Ihr Projekt.
• Unzureichendes Projektmanagement, d. h. Planung, Verfolgung, Schnittstellen.

- Unvollständige oder unbrauchbare Spezifikationen und technische Dokumente, die Sie liefern.
- Qualitätsdefizite werden zu spät erkannt.
- Verzögerungen und Kostenexplosion durch häufige Änderungen und unzureichendes Lieferantenmanagement.
- Reibungsverluste, Ineffizienz, Inkonsistenzen, Inkompatibilitäten und Nacharbeiten durch unterschiedliche Prozesse und Werkzeuge.
- Verletzung der Urheberrechte und anderer Schutzrechte.
- Lieferant oder wichtige Mitarbeiter beim Lieferanten fallen plötzlich aus.
- Preiserhöhungen durch ungewollte Abhängigkeiten vom Lieferanten.
- Politische Instabilitäten und Epidemien im gewählten Land.

Verteiltes Arbeiten braucht die passende IT-Infrastruktur. Abb. 2.5 zeigt die wesentlichen Voraussetzungen für die nötige IT-Infrastruktur. Abgestimmte Werkzeuge sind Pflicht, denn sonst gibt es ständige Reibungsverluste. IT-Infrastruktur für Kommunikation, Zugriff auf Dokumente und für das Anforderungs- und Änderungsmanagement ist dabei wesentlich. Dies sind die Fallstricke bei verteilten Teams. Was in der internen Entwicklung gern vernachlässigt wird, beispielsweise versteckte Zusatzkosten oder Nacharbeiten, kommt im verteilten Arbeiten unweigerlich auf den Tisch. Anforderungsänderungen sowie Änderungen im Projektplan sind in der Regel Vertragsänderungen. Häufig werden Änderungen „stillschweigend vereinbart", also durch Projektmitarbeiter beider Seiten im laufenden Geschäft, weil die Änderungen kurzfristig nötig sind, Ihrem Lieferanten aber später als Rechtfertigung dafür dienen, Termine und Qualitätsvorgaben nicht einzuhalten. Details zur IT-Infrastruktur im verteilten Team beschreiben wir in Kap. 7.

Umsetzung

▸ Abgestimmte Werkzeuge für verbesserte Zusammenarbeit in einer gewachsenen Umgebung

▸ Konsistente Datenhaltung

▸ Optimale Nutzung der Werkzeuge (z.B. China ohne Skype)

Ergebnis

▸ Verbesserte Zusammenarbeit, da die Mitarbeiter wissen, wer gerade wie erreichbar ist

▸ Standards bei Werkzeugen schaffen Skaleneffekte bei Lizenzkosten

▸ **Qualität sowie Termintreue bei Lieferungen und Änderungen hat sich mehr als verdoppelt**

Tipps:

Zum Start zumindest Screen-Sharing, Video-Konferenz / Skype, Team-Umgebungen, Dokumenten-Wikis nutzen

Gemeinsame Methodik und Infrastruktur abstimmen und nutzen

Ausreichend Netzwerk-Bandbreite vorsehen

Mitarbeiter für IPR und IT-Sicherheit sensibilisieren

Abb. 2.5 Erfolgsfaktor: optimierte IT-Infrastruktur

Beispiel

Der Teamleiter sollte *alle* intern wie extern vorgeschlagenen Änderungen prüfen und formal genehmigen. Dies gilt sowohl für Änderungen an Anforderungen oder Projektinhalten als auch für vertragsrelevante Änderungen. Nur was von dieser Person kommuniziert wird, darf implementiert werden. Legen Sie diese Regelung im Vertrag fest, damit Ihre eigenen Mitarbeiter aus Unachtsamkeit oder falsch verstandener Flexibilität den Projekterfolg nicht gefährden. ◄

Installieren Sie im Projekt ein rigides Änderungsmanagement und dokumentieren Sie die Änderungsgeschichte. Eine Änderung kann den Projektplan, den Teamerfolg beeinflussen oder infrage stellen. Wägen Sie ab, ob sich das lohnt. Falls ja, versichern Sie durch die Konfigurationsprozesse und den Konfigurationsmanager, dass alle Einflüsse dediziert berücksichtigt werden und mit den Projektplänen synchronisiert sind. Projektintern sollten Sie versichern, dass alle akzeptierten Änderungen konsistent kommuniziert werden, beispielsweise

auf der Teamhomepage. Es hilft nichts, wenn die Design-
änderung auf Ihrer Seite mit der Testabteilung vereinbart ist, im
verteilten Team oder beim Lieferanten aber nur bruchstückhaft
ankommt. Änderungen bedeuten immer Mehrarbeit und Mehrkosten. Was Sie bisher in Bezug auf Produktivitätseinbußen und
Nacharbeit in Ihrem Unternehmen höchstens erahnten, wird nun
schwarz auf weiß dokumentiert.

**Ihren Kunden ist es egal, wo und mit wem Sie produzieren
– solange das Ergebnis stimmt.** Verspätungen und schlechte
Qualität haben immer Sie zu vertreten! Die Produkthaftung verlangt, dass Sie lückenlos nachweisen können, dass Sie den Stand
der Technik kennen und einhalten. Die Abnahme von Arbeitsergebnissen zur Sicherung von Vertragsleistungen, d. h. Gewährleistung Ihres Partners, sollte daher formalisiert sein. Formale
Abnahmekriterien müssen gegenseitig abgestimmt sein, beispielsweise, ob Sie auf Empfängerseite selbst abnehmen oder ob
Sie dies auch auslagern und stattdessen Prüfberichte einfordern.
Sie gehören zu den Anforderungen (d. h. SLA) und sind damit
vertragsrelevant. Die Abnahme kann bei größerem Umfang von
ausgelagerten Tätigkeiten auch an dafür spezialisierte andere
Lieferanten ausgelagert werden, beispielsweise Robustheitstest,
Protokolltests, Interworkingtests, Bedienbarkeitstests. Dies hat
den Vorteil, dass Sie bei komplexen Softwarekomponenten nicht
alle Fähigkeiten selbst vorhalten müssen. Alle Abnahmeschritte
müssen formalisiert sein und ein komplettes und nachvollzieh-
bares Reporting liefern. Abnahmetests müssen im Projektplan vorgesehen werden, denn sie befinden sich auf dem kritischen Pfad.

2.2   Agile Teams

Verteiltes Arbeiten braucht agile Prozesse. Jeder, der bereits
verteilt gearbeitet hat, kennt das Dilemma. Man sagt eine
Lieferung zu und stellt zum Abgabezeitpunkt fest, dass es nicht
fertig ist. Das hat viele Gründe, beispielsweise überschätzt man
seine Fähigkeiten oder unterschätzt die Komplexität der Aufgabe. Häufig sind es auch externe Gründe, wie Änderungen

an den Lieferinhalten. Am häufigsten allerdings sind es ganz einfache menschliche Ursachen. Man fängt zu viele Dinge an und wird nicht fertig. Oder man nimmt Absprachen auf die leichte Schulter. Das kann man im lokalen Team eher unter den Teppich kehren, indem Termine nicht nachgefasst werden, bis es irgendwo kracht und die Ursachen dann bereits zu vielfältig sind, um noch zu erkennen, wer wann wo geschlampt hat. Beim verteilten Arbeiten wird es dagegen sofort sichtbar. Agile Techniken wie ein täglicher Scrum mit einem Kanbanboard helfen durch Selbstverpflichtung und gehören in verteilten Teams zur Grundausrüstung.

Agil ist kein Dogma, sondern ein Baukasten, der situativ angepasst wird. Daher passen die geschlossenen Modelle auch nicht. Konzentrieren wir uns auf die fünf Grundprinzipien agilen Arbeitens, um daraus konkrete Impulse für verteiltes Arbeiten abzuleiten (Abb. 2.6):

- Kundenwert schaffen,
- Verschwendung vermeiden,
- Wertflüsse optimieren,
- Eigenverantwortung stärken,
- kontinuierlich verbessern.

Abb. 2.6 Die fünf Grundprinzipien agiler Entwicklung

Kundenwert schaffen
Kundenorientierung heißt, dass eine Tätigkeit immer auf einen externen oder internen Kunden und Nutzen ausgerichtet sein muss. Betrachten Sie die Entwicklung mit den Augen Ihrer Kunden. Wo wird wirklich Wert geschaffen und wo entsteht Blindlast? Identifizieren Sie wenige kritische Kostentreiber. Eigentlich wissen Sie es selbst, aber nun muss es auf den Tisch. Ganz wichtig: Nehmen Sie nichts als gegeben hin, nur weil heute so gearbeitet wird. Effizienzverbesserung beginnt damit, seine eigene Position infrage zu stellen. Wie würde ein Wettbewerber arbeiten, der auf der grünen Wiese beginnt und schnell Produkte auf den Markt bringen will?

Verschwendung vermeiden
Verschwendung wird vermieden, wenn Tätigkeiten konsequent an der Wertschöpfung ausgerichtet werden. Konzentration auf die wertschöpfenden Prozesse bedeutet, dass das organisch gewachsene Verhalten rigoros und systematisch abgespeckt wird. Die Wertstromanalyse entdeckt versteckte Unwirtschaftlichkeiten, zum Beispiel Nacharbeiten aufgrund mangelnder Qualität, komplexe Entscheidungsprozesse oder Verschwendung durch Aktivitäten, die keinen Beitrag zur Wertschöpfung leisten. Analysieren Sie gezielt die Kostentreiber in der Entwicklung. Anknüpfungspunkte sind aus unserer Erfahrung eine durchgängige Plattform- und Variantenstrategie, gezielte Wiederverwendung von Komponenten, Testfälle, Testumgebungen etc. sowie frühzeitige Fehlerentdeckung.

Wertflüsse optimieren
Tätigkeiten müssen prozessübergreifend im Fluss bleiben. In vielen Unternehmen wird nur innerhalb der Abteilungsgrenzen optimiert, während es an den Schnittstellen zu Missverständnissen und Abstimmungsproblemen kommt. Der Wertfluss in der Entwicklung beginnt mit der Produktstrategie und endet mit der Produktion, Evolution und Pflege. Wir entdecken viele Verbesserungspotenziale beispielsweise in nicht ausgerichteten Roadmaps, zu späten Anforderungsänderungen oder fehlender Abstimmung über Bereichs- und Landesgrenzen hinweg. Zu oft

werden Konzepte, Spezifikationen und Anforderungen nur über
den Zaun geworfen, ohne einen durchgängigen Eigentümer zu
haben, der am erreichten Wert gemessen wird. Standardisieren
Sie Ihre Technologien, Prozesse und Werkzeuge. Überlappende
Aktivitäten, unklare Aufgaben, heterogene Werkzeugland-
schaften und ständig neue Ideen, die nie umgesetzt werden, verschwenden Energie und demotivieren die Mitarbeiter.

Eigenverantwortung stärken
Wert in der Entwicklung entsteht durch engagierte und
motivierte Mitarbeiter. Doch viel zu oft werden Aufgaben kleinteilig bearbeitet, und Teams haben kaum Entscheidungsspiel-
räume. Ständige Unterbrechungen und neue Aufgaben stören
die Kreativität und führen zu Fehlern. Mit dem Pullprinzip
(japanisch: „kanban") ziehen Teams die Projekte oder Teilauf-
gaben termingesteuert selbstständig. Sie legen fest, wer was
wann macht, und fordern die gemachten Abstimmungen im
Team ein. Verspätung gilt nicht, denn das Team hat die Zeitvor-
gaben untereinander vereinbart. Das aus der agilen Entwicklung
bekannte Scrum unterstützt dieses Vorgehen im Kleinen sowie
auf Projektebene. Beachten Sie, dass Verantwortung nur dann
delegiert werden kann, wenn die Teams dazu befähigt werden.
Bauen Sie Kompetenzen gezielt auf und stimulieren Sie das
Lernen aus gemachten Erfahrungen. Fehler sind möglich, aber
sie sollten sich nicht wiederholen.

Kontinuierlich verbessern
Pflegen Sie Ihre Prozesse kontinuierlich. Prozesse sind kein
Buch, das primär der Zertifizierung dient. Ständige Prozessverbesserung ist in Zeiten von hohem Kostendruck in der Soft-
warebranche überlebensnotwendig. Prozesse „altern", denn
ihre Umgebung entwickelt sich weiter. Auch die Prozesse des
Requirements Engineerings müssen von Zeit zu Zeit kritisch
überprüft und verbessert werden. Schaffen Sie immer eine
direkte Verbindung von Verbesserungsinhalten mit Ihren Unter-
nehmenszielen (z. B. Qualität, Durchlaufzeit, Kosten). Verbesserungen von Prozessen werden nicht um ihrer selbst willen
durchgeführt. Ein kontinuierlicher Verbesserungsprozess (KVP)

fordert die Mitarbeiter ständig dazu auf, die Abläufe zu hinter-
fragen und neue Ideen einzubringen. Denn sie haben ihre
Arbeitsplätze und die alltäglichen Prozesse am besten im Blick.
Stimulieren Sie die Teams, mit Kennzahlen zu arbeiten und
daraus kontinuierliche Verbesserungen abzuleiten und deren
Umsetzung zu messen.

**Viele Unternehmen meinen, agil zu arbeiten. Doch die Reali-
tät täuscht und zeigt, dass man eher ein Chaos verwaltet.** Oft
werden wir von Unternehmen gerufen, die Agilität intern eingeführt haben, aber mit den Ergebnissen unzufrieden sind. Das
liegt oftmals daran, dass komplexe Modelle wie SAFe als All-
heilmittel eingeführt werden und die Unternehmen nachher in
der dadurch verursachten Komplexität ersticken. Bereits die
Einführung der Methoden ist aufwendig, da sie viel Anpassungs-
aufwand brauchen. Später stellt man häufig fest, dass man
die Modelle mit Vorlagen und Taylorismus gespickt jegliche
Kreativität ersticken.

Beispiel

Ein Kunde führte Scrum in einem über zwei Standorte verteilten Unternehmensbereich selbstständig ein. Es klappte
nicht, und wir sollten das Projekt kurzfristig reparieren.
Einige Probleme fielen sofort auf. Die Stand-up-Meetings
hatten zu viele Teilnehmer und waren dadurch lang-
wierig und wenig wirksam. Es gab kaum Verständnis für
Zusammenhänge außerhalb der Teams, und Nachfragen
brauchten viel Zeit. Die Koordination der vom Kunden
geforderten Arbeitsergebnisse mit den internen Sprints der
verteilten Teams klappte nicht und lähmte den Fortschritt.
Als Maßnahmen gestalteten wir zunächst den Zuschnitt der
Teams um. Scrum funktioniert am besten mit kleinen eigen-
verantwortlichen Teams. Die Teams wurden daher anhand
der Funktionsgruppen neu strukturiert. Jedes Feature-
team plante dann autonom seine Sprints und den Backlog
und nutzte Burndown Charts für die Umsetzung. Auch
bestimmte jedes Team einen Verantwortlichen, der zwischen

den Teams hinweg synchronisierte. Wir coachten diese
Feature-Team-Verantwortlichen und halfen vor allem in
der Zusammenarbeit und Abstimmung nach außen. Nach
einem Jahr hatten wir eine reibungslose agile Entwicklung
umgesetzt. Die Teams identifizierten sich mit den Inhalten
und konnten so auch einfacher zusammenarbeiten. Die
Kunden waren zufrieden, da weniger Fehler geliefert wurden
und die Fehler rasch abgebaut wurden. Die Produktivität
gemessen anhand der Burndown Charts stieg um 30 %. ◄

Aktivitäten wie Projektmanagement, Vorentwicklung und
Produkttechnik sind aufgrund der Vielfalt der Beteiligten mit
individuellem Wissen über Projekte, Produkte und Prozesse
selten gut integriert. Daher sind die Ergebnisse der Entwicklung wie Spezifikationen, Dokumentationen und Testfälle inkonsistent, und Elemente wie Signale und Parameter
werden willkürlich gekennzeichnet. Änderungen verursachen
eine Menge zusätzlicher Arbeit, um sicherzustellen, dass nichts
übersehen wird. Eine Wiederverwendung ist aufgrund der vielen
heterogenen Inhalte kaum möglich. Dieses Muster wird verstärkt, wenn die Zusammenarbeit über Lieferantennetzwerke
und komplexe Arbeitsabläufe hinweg stattfindet. Verteilte, agile
Teams und die Beschaffung ohne angemessene Werkzeuge und
IT-Infrastruktur führen sofort zu Problemen und hohen Gemeinkosten. Die Zusammenarbeit über Unternehmen und verteilte
Teams hinweg führt oft zu fragmentierten Prozessen und Werkzeugen mit heterogenen Schnittstellen und redundanter und
inkonsistenter Datenverwaltung. Dies führt zu unzureichender
Transparenz.

Der Übergang zu globalen, agilen Teams ist ein nützlicher
Katalysator, um den Bestand an solchen Legacy Tools schrittweise zu bereinigen. Eine effektive Toolunterstützung für die
Zusammenarbeit ist eine strategische Initiative für jedes Unternehmen mit verteilten Ressourcen. Software muss gemeinsam
genutzt werden, und eine angemessene Toolunterstützung ist der
einzige Weg, dies effizient, konsistent und sicher zu tun.

2.3   Rollen und Verantwortungen

Alle Arbeitsplätze brauchen Prozesse und Regeln. Verteiltes Arbeiten braucht davon noch mehr – und mehr Systematik. In verteilten Teams gilt noch mehr als im traditionellen Arbeitsleben, dass ohne Linienverantwortung geführt wird. Sobald Sie eine Aufgabe mit mehreren Kollegen bearbeiten, braucht es Führung. Man muss Aufgaben einteilen, planen und sich auf Ergebnisse und den Weg dorthin verständigen.

Beispiel

Die Geschichte von Everybody, Somebody, Anybody und Nobody zeigt, wie es nicht laufen soll. Ich lasse sie im englischen Original, da sie wie auch „Dinner for One" nur im Original wirkt. „There was an important job to be done and Everybody was asked to do it. Everybody was sure Somebody would do it. Anybody could have done it but Nobody did. Somebody got angry about that because it was Everybody's job. Everybody thought Anybody could do it but Nobody realized that Everybody would not do it. It ended up that Everybody blamed Somebody when actually Nobody asked Anybody." Was in der Kürze vielleicht plakativ wirkt, wird in der Tragweite schnell klar. Wer kauft in Ihrer Kaffeeküche den Nachschub oder räumt das gebrauchte Geschirr weg? Das klappt kaum ohne Aufgabenliste. Manch einer hat es leidvoll in der WG erlebt, aber es verfolgt einen durch das ganze Leben: Gemeinsames Arbeiten braucht definierte Verantwortungen. ◄

Klären Sie die Verantwortungen und Rollen im verteilten Team und Projekt frühzeitig und verbindlich
Erfolgreiches Arbeiten braucht definierte Verantwortungen und definierte Schnittstellen. Dies ist vor allem dann relevant, wenn Aufgaben ausgelagert werden und verschiedene Lieferanten umfassen. Klären Sie im Team, wer für welche Ergebnisse zuständig ist – auch auf der Seite des Lieferanten (mit dessen

Einverständnis). Dies verhindert, dass sich in Ihrem Unternehmen plötzlich Mitarbeiter zu Häuptlingen berufen fühlen, was oftmals zu starken Spannungen mit der Mannschaft des Lieferanten führen kann.

Verpflichten Sie das Team auf eine gemeinsame Charta. Kommunizieren Sie Ihre Pläne klar und deutlich an die beteiligten Personen und, wo möglich, an das gesamte Team. Zumeist geht das nur im Telefongespräch oder Videochat. Daher sollten Sie Ergebnisse immer als Referenz für die Zukunft zur Verfügung stellen.

Definieren und bestätigen Sie die Aufgaben im Team. Egal, ob Sie Personal neu zuweisen, streichen oder hinzufügen, stellen Sie sicher, dass jeder im Team klar definierte und gegenseitig abgesprochene Rollen hat. Erstellen Sie ein Dokument mit einer Beschreibung der Rollen, die auch regelmäßig im Team durchgesprochen wird. Ermutigen Sie alle Mitarbeiter, Unklarheit über ihre Rollen zu klären, indem Sie Fragen an Sie und die anderen Teammitglieder stellen.

Die folgenden Regeln helfen Ihnen, im Team ergebnisorientiert zu kommunizieren

- Begrenzte Wahlmöglichkeiten präsentieren („Sollen wir A oder B machen?").
- Erstellen Sie ein Dokument, wie z. B. Besprechungsnotizen oder eine Brainstormingliste, das als Referenz (für Sie) und als Arbeitsergebnis dient.
- Fassen Sie offene Punkte und Aufgaben rigoros nach.
- Stellen Sie keine offenen Fragen („Was sollten wir tun?"), denn das zeugt von fehlendem Konzept. Und wenn Sie es tun, dann im agilen Kontext, das heißt, wer mitentscheidet, wird auch daran gemessen.
- Leiten Sie keine Gespräche ein, die Sie nicht bereit sind zu moderieren, weder persönlich noch online. Zum Beispiel wird Ihr Diskussionsforum schnell der Ablenkung oder kleinlichem Gezänk erliegen, wenn Sie nicht erkennbar führen – und umsetzen.

- Setzen Sie Ergebnisse um und zeigen Sie Fortschritt. Das verteilte Team braucht viel mehr als ein lokalisiertes Team eine Richtung und die Bestätigung, dass die Richtung stimmt.

Diese Regeln gelten für jedes Mitglied im virtuellen Team – nicht nur für Führungskräfte.

2.4 Check: Ihr eigener Start in verteiltes Arbeiten

Führungskräfte fragen mich immer wieder nach den Minimalvoraussetzungen für verteilte Teams und virtuelle Projekte. Daraus sind einige Checklisten entstanden, die Sie in diesem Buch typischerweise am Kapitelende finden. Was machen Sie damit? Zunächst ist jede Checkliste ein Impulsgeber und Augenöffner. Sie zeigt Stärken und Schwächen. Vor allem deutet sie auf „blinde Flecke", an die Sie möglicherweise noch nicht ausreichend gedacht haben. Nehmen Sie also die Checkliste nicht primär, um einmal durchzugehen und zu folgern, dass es schon irgendwie klappt. Wählen Sie einige Punkte aus, lesen Sie die zugehörigen Inhalte nach und starten Sie die nötige Verbesserung. Keine Bange: Die Checklisten kommen aus der Praxis mit verteilten Teams und virtuellen Projekten. Da ist auf jeden Fall einiges dabei, was Sie in Ihrem Umfeld noch verbessern können.

Hier eine minimalistische Checkliste, die auf die wesentlichen Randbedingungen eingeht.

Beantworten Sie die folgenden 15 Fragen spontan mit „Ja" oder „Nein":

- Ist Ihr Auftrag für das verteilte Arbeiten klar?
- Passen die Aufgaben der virtuellen Zusammenarbeit für Sie?
- Gibt es in der Aufgabenbeschreibung genug stimulierende Inhalte?
- Kommen Sie mit dem Team und der Führung klar?
- Sind Sie im Grund positiv denkend und argumentieren Sie konstruktiv?
- Arbeiten Sie gerne auf Distanz und ohne direkten Kontakt?

- Haben Sie in den virtuellen Teams explizite Werte und Regeln aufgebaut?
- Werden diese Regeln eingehalten?
- Kommunizieren Sie bewusst auf verschiedenen Kanälen?
- Arbeiten die relevanten Funktionen im Unternehmen miteinander für gemeinsame Ziele?
- Führen Sie (auch indirekt ohne explizite Führungsverantwortung) ergebnisorientiert?
- Verfolgen Sie im Team Status, Aufgaben, Vereinbarungen und Risiken zumindest wöchentlich?
- Haben Sie Standards für Prozesse und IT-Infrastruktur, die eingehalten werden?
- Geben Sie Ihr Know-how auch an Unbekannte weiter?
- Würden Ihre Kollegen im virtuellen Team die gleichen Antworten geben?

Was machen Sie mit dem Resultat der Checkliste? Bewerten Sie zunächst Ihr Ergebnis anhand der Antworten. „Ja" = 1 Punkt, „keine Ahnung" = 0 Punkte, „Nein" = −1 Punkt. Zählen Sie nun alle Punkte zusammen.

- 12–15 Punkte: Gut. Qualität ist kein Status quo, sondern muss ständig neu erkämpft werden. Verbessern Sie sich kontinuierlich anhand der Projektergebnisse und Benchmarks mit Mitbewerbern und Klassenbesten.
- 8–11 Punkte: Lernen. Sie sind auf dem richtigen Weg, aber es braucht noch substanzielle Anstrengung. Priorisieren Sie anhand der endeckten Schwachstellen.
- <8 Punkte: Lücken schließen. Die entdeckten Schwachpunkte dringend verbessern. Das Buch hilft Ihnen mit Lösungen und Impulsen zur Verbesserung.

Kommen Sie gerne auf mich zu, wenn Sie nachhaltige Lösungen für verteiltes Arbeiten suchen.

Führung und Soft Skills

3

Übersicht

Wer in seinem Projekt oder Unternehmen nicht ständig zutut, es erfolgreich zu machen, hat keinen Platz darin. Dennoch arbeiten viele Menschen mit angezogener Handbremse. Die Motivation fehlt, und natürlich sind Kollegen und Führungskräfte daran schuld. In diesem Kapitel wollen wir betrachten, wie man verteilte Teams führt und motiviert. Da geht es um Kommunikation, gemeinsame Ziele, aber auch Feedback.

Wichtig: Verpflichten Sie sich und das verteilte Team auf gemeinsame Ziele. Feuerwehreinsätze sind normal, sollten aber nicht dazu führen, dass man in operativer Hektik stecken bliebt. Optimieren Sie strategisch. Prüfen Sie im verteilten Team ständig, ob noch alle an Bord sind. Fragen Sie sich und das Team in kurzen täglichen Retrospektiven, wie sie an diesem Tag weitergekommen sind, was sie gelernt haben, und was am nächsten Tag geliefert wird.

© Springer Fachmedien Wiesbaden GmbH, ein Teil von Springer
Nature 2020
C. Ebert, *Verteiltes Arbeiten kompakt,* IT kompakt,
https://doi.org/10.1007/978-3-658-30243-6_3

3.1   Führung verteilter Teams

Sie leiten ein virtuelles Team, wenn Sie mit räumlich verteilten Mitarbeitern ein gemeinsames Ziel verfolgen. Verteiltes Arbeiten braucht gute Führung. Menschen erwarten klare Ansagen. Das ist in unserem Wesen ganz tief angelegt und hilft uns dabei, von anderen zu lernen – wie alle von uns bei der Erziehung oder in der Schule erfahren haben. Wie Sie verteiltes Arbeiten im Interesse Ihres Unternehmens nutzen, hängt von den Menschen ab, die Sie leiten, und von der Arbeit, die sie leisten müssen. Fangen wir also mit den Grundlagen an: Stellen Sie sicher, dass Sie die richtigen Leute in Ihrem virtuellen Team haben.

Führen im verteilten Team bringt einige Besonderheiten mit sich:

- Die sonst üblichen spontanen Rückfragen und Absprachen sind eingeschränkt. Man kann nicht schnell mit drei Personen ein Bild an die Tafel malen und das Problem lösen.
- Die Kommunikation läuft überwiegend über elektronische Medien. Die Abstimmung ist damit erschwert, und Missverständnisse entstehen.
- Der direkte, weil persönliche Kontakt fehlt. In der Isolation verlieren viele Menschen Selbstorganisation und Fokus. Frustration und Depressionen wachsen an.
- Individuelle Zielabsprachen, Kontrolle und Leistungsbeurteilungen sind nicht wie gewohnt möglich. Zusammenarbeit und Führungskultur auf Vertrauensbasis haben eine lange Lernkurve und passen nicht zu allen Arbeiten.

Westliche Kulturen bevorzugen einen kollegialen Führungsstil, in dem auch mal um die richtige Entscheidung gerungen werden kann. Zumindest sollten die Mitarbeiter merken, dass sie selbst mitgestalten können. Wir fühlen uns besser, wenn wir unsere direkte Umgebung selbst gestalten können. Das gilt erst recht im virtuellen Team. Basisdemokratie passt grundsätzlich nicht ins Unternehmen, denn man verheddert sich im täglichen Klein-Klein. Und sie ist in verteilten Teams noch komplizierter. Überlegen Sie also gut, welche Fragen Sie ins Team stellen.

Gerade in virtuellen Teams braucht es ein ganz spezielles Teambuilding. Beginnen Sie mit einem Check an alle Mitglieder des Teams – egal wie lange sie sich bereits kennen. Die Fragen sollen sowohl Kompetenzen und Erfahrungen wie auch persönliche Eigenschaften adressieren. Teambuilding ist nicht mechanisch, sondern muss empathisch sein. Verteilen Sie die Fragen per E-Mail oder mit einem Tool wie SurveyMonkey mit einem Fälligkeitsdatum. Bitten Sie um kurze, präzise Antworten.

Machen Sie immer wieder Teambuilding mit Ihrem Team. Das steht nicht nur am Anfang, sondern sollte ein ständiges Thema sein. In der wöchentlichen Konferenz am Montag könnte jeder am Telefon kurz berichten, was ihn am Wochenende am meisten gefesselt hat. Während der Woche oder zum Freitag ist ein Eisbrecher, kurz zu berichten, welche Situation während der Woche am schönsten war, am überraschendsten oder einfach auch, wo jeder Mitarbeiter etwas gelernt hat, was auch für die Kollegen wichtig ist.

Teambuilding auf Distanz lässt sich mit einfachen Spielsituationen erreichen. Interkulturell gut einsetzbar ist das Spiel „Activity" mit seinen Spontan-Übungen, die verteilt wie auch hybrid funktionieren. Insbesondere „Montagsmaler" lässt sich schnell einrichten und mit Kamera oder Kollaborationswerkzeugen nutzen. Auch ein kurzes Quiz bietet sich als Eisbecher an mit Fragen aus ganz verschiedenen Themengebieten. Man kann mit Teams oder auch individuell spielen. Besonders gute Erfahrungen habe ich immer wieder mit Ratespielen gemacht, die in beliebiger Team-Größe und geografischer sowie kultureller Verteilung passen. Hier einige Impulse für solche Rate-Spiele:

- Eine Stadt, die mir besonders gefällt
- Mein Lieblings-Essen
- Mein Hobby

Dazu kann die Person ein Foto als Puzzle zeigen, so dass man zunächst raten muss, was es sein könnte. Das löst sich nach zwei

bis drei Minuten auf. Danach erklärt der Betroffene, warum der
Ort, das Essen oder das Hobby so speziell und wichtig für ihn
sind. Die Fotos können auch im Voraus durch einen neutralen
Moderator gesammelt werden, der dann unterhaltsam moderiert.
Dann kann zusätzlich raten, wer der Autor ist. Der Vorteil all
dieser Spiele: Es macht Spaß, gibt keine wirklichen Verlierer,
und man lernt die Team-Mitglieder von ganz verschiedenen
Seiten persönlich kennen.

Verteilte Teams müssen schrittweise entwickelt werden. Man
spricht daher von „Forming, Storming, Norming, Performing"
als die vier kritischen Phasen eines Teams. Jede Phase braucht
Vorbereitung zu einem nächsten Schritt. Abb. 3.1 zeigt diesen
Weg hin zu mehr Performanz und Motivation. Aber es gibt auch
einige kritische Punkte, wo der Absturz des Teams droht.

Beispiel

Der Autor arbeitete mit einem High-Performance-Team bei
Boeing. Eine Gruppenleiterin stellte sehr anschaulich die

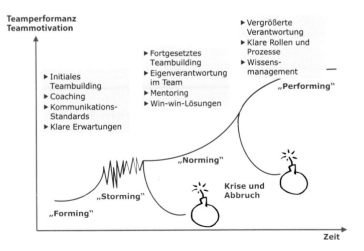

Abb. 3.1 Evolution verteilter Teams (Forming, Storming, Norming,
Performing)

Evolution ihres Teams entlang der vier Stufen von Forming zu Performing dar. Es gab einige Risikopunkte, die nur dadurch entschärft wurden, dass das Team sich immer wieder neu aufstellte. Dazu stellte sie regelmäßig die Ziele des Teams in den Vordergrund und arbeitete mit den Mitarbeitern neue Prozesse heraus, die zum nächsten Entwicklungsschritt führten. Sie vermied durch diese gemeinsamen Teamabstimmungen die typischen Fallen, wie eine zu enge Kameraderie mit den Mitarbeitern, die sie zu führen hatte. Das passiert häufig gerade in agilen Teams, wo angeblich alle gleich sind. Keine zwei Menschen sind gleich, und jeder hat seine eigenen Ziele. Diese Vielfalt produktiv zu nutzen, ist die Aufgabe der Führungskraft, nicht, von allen geliebt zu werden. Eine wichtige Beobachtung gab sie mir zum Ende mit: „Was uns wirklich zusammenhält und jeden Morgen antreibt, ist, dass wir alle wissen, wie groß das Chaos und die Unzufriedenheit zu Beginn des Prozesses waren. Dahin will keiner zurück." ◄

Zu Beginn einer verteilten Aufgabe werden die Regeln für die Zusammenarbeit vereinbart. Verteiltes Arbeiten wird unser Leben auch nach Corona bestimmen, und wir brauchen die nötigen Prozesse. Beispielsweise können die Erwartungen zu Kommunikation oder Arbeitszeiten im Homeoffice sehr unterschiedlich ausfallen. Daher sollten Führungskräfte die folgenden Punkte vorab festlegen:

- Welches sind Kernarbeitszeiten, zu denen alle Teammitglieder erreichbar sein sollen?
- Welche Reaktionszeiten gibt es für E-Mails und Anfragen?
- Welche Prozesse gelten für die Kommunikation? Wer berichtet über welche Wege an wen? Wer informiert wen?
- Wie sind die Verantwortungen und Vertretungen geregelt?
- Wer hat Zugriff auf welche Werkzeuge und Informationen?

Verteiltes Arbeiten bietet die Chance, störungsfrei und konzentriert arbeiten zu können. Permanente Erreichbarkeit per Telefon oder Chat frustriert die Mitarbeiter und eliminiert jeden Produktivitätsanspruch. Legen Sie daher Zeitfenster fest, in denen Sie und das Team jederzeit erreichbar sind, aber auch solche, wo wirklich gearbeitet wird.

Kommunikation ist ein wichtiger Schlüssel, um Unsicherheiten aber auch Produktivitätseinbrüchen vorzubeugen. Führen Sie häufige Teammeetings durch, beispielsweise jeden Morgen für 15 Minuten als Pflicht. Damit sind auch alle Mitarbeite zu Beginn der Kernzeit bei der Arbeit. Die Regeln sind wie im normalen Team-Meeting, außer dass es schneller geht, da man fokussierter ist:

- Pünktlich beginnen und enden. 5 Minuten Verspätung bei einem Scrum sind nicht akzeptabel. Daher wird auch jede Besprechung auf die Minute pünktlich begonnen. Notorische Zuspätkommer merken schnell, dass sie das Team behindern.
- Nur einer spricht. Ein großer Vorteil gegenüber jeder traditionellen Besprechung ist der Fokus auf das Gespräch, statt mit Nachbarn zu tuscheln. Das ist in die modernen Kollaborationswerkzeuge bereits fest eingebaut, da sie nur einen Kanal öffnen. Zudem erlauben virtuelle Markierungen, dass man punktgenaue Einwürfe bringen kann. Gerade zurückhaltende Mitarbeiter blühen dabei richtig auf, während man den Alpha-Tieren auch mal das Mikrofon abstellen kann.
- Alle Gesprächsteilnehmer einbeziehen. Schnell wird nebenher gearbeitet, weil die direkte Kontrolle fehlt. Online-Besprechungen benötigen spontane Fragen an die Teilnehmer und möglichst tägliche Scrum-Runden, wo jeder kurz den Status und Ausblick seiner Arbeit gibt. Diese Selbstverpflichtung vor dem Team ist mehr wert als viele Ziele. Und wer ständig das gestern versprochene schiebt, macht sich unbeliebt. Nehmen Sie sich zu Beginn des Meetings die Zeit, in die Runde zu fragen, wie es Ihren Mitarbeitern geht.
- Nicht verzetteln. Scrum ist die Kunst der Balance. Einerseits müssen alle verstehen, was ansteht, andererseits fehlt die Zeit und Fokus für Tiefgang. Wenn sich eine Diskussion entwickelt oder ein Mitarbeiter klagt, verweisen Sie auf ein 1:1-Gespräch im Laufe des Tages nach dem Motto „Lass uns das nachher besprechen. Ich rufe später nochmal an."

- Positiv kommunizieren. Oft beobachte ich in Online-Besprechungen negative Grundhaltungen, die sich durch die Blasen-Situation im virtuellen Team rasch verstärken. Als Führungskraft müssen Sie immer eine konstruktive und positive Grundhaltung ausstrahlen, damit die Mitarbeiter vertrauen – gerade in unsicheren und schwierigen Situationen.
- Protokolle werden unmittelbar im Anschluss verschickt. Unsere Offene-Punkte-Liste ist das beste Instrument, da sie bereits ein definiertes Format bietet und man leicht Entscheidungen und Aufgaben verfolgen kann.

Führung ist situativ. Es gibt keine Blaupause. Hier eine kurze Übersicht der minimal nötigen Führungskompetenzen im verteilten Team:

- sehr starke Kommunikationsfähigkeit (Fremdsprachen, Diplomatie, Einfühlungsvermögen, motivierend, extrovertiert, offen, schnelle Anbahnung von Kontakten, positive Gesprächsführung, verbindlich, Networking),
- Verhandlungsgeschick,
- Vertrauen ausstrahlen und aufbauen können,
- Teamorientierung,
- Prozessorientierung (d. h. stark im operativen Geschäft und in der Umsetzung von Prozessen),
- zielorientierte Führung,
- Änderungsmanagement,
- Projektmanagement (Planung, Schätzung, Verfolgung),
- technisches Controlling, Metriken, Monitoring,
- Kostenrechnung und -kontrolle,
- Softwareentwicklung (Basiswissen, Werkzeuge, Templates etc.).

Eine gute Faustregel ist, im Team nur dann um explizite Vorschläge zu bitten, wenn man auch bereit ist, sie zu nutzen. Themen, die von äußeren Zwängen bestimmt werden, wie zum Beispiel der Umfang des Budgets, passen nicht. Umgekehrt kann die Ausgestaltung eines verfügbaren Budgets sehr wohl im Team besprochen werden. Die Einholung von Input ist zeitaufwendig, also stellen Sie Fragen, deren Antworten entweder kurz oder für den Erfolg des Projekts äußerst wichtig sind.

Beispiel

Ein Manager schlägt aus Kostengründen vor, dass ein bestimmter Prozess oder eine Komponente ausgelagert werden soll. Danach beginnt der Einkauf damit, verschiedene Lieferanten zu identifizieren und zu evaluieren. Die Kriterien werden in der Regel aus anderen Beschaffungsprozessen übernommen. Danach kommen Fachabteilungen ins Spiel, die jeweils einige Mitarbeiter vorschlagen, die sich um jeweils ihren Anteil im Projekt kümmern. Schließlich wird dem Projektmanager mitgeteilt, dass Teile seines Projekts im Ausland durch einen externen Lieferanten durchgeführt werden. So zieht sich die Fragmentierung durch den gesamten Entwicklungsprozess mit der Folge, dass Verantwortungen unklar sind und keine einheitlichen Schnittstellen zum Lieferanten existieren. Das Resultat sind die berühmten 50 % der Fälle, wo IT-Sourcing abgebrochen wird, weil jeder dachte, dass sich schon jemand anderes darum kümmern wird. ◄

Wenn Sie ein virtuelles Team übernehmen, sollten Sie Ihre Pläne klar und deutlich an die beteiligten Personen und an das gesamte Team kommunizieren. Danach werden die Aufgaben möglichst gemeinsam abgestimmt festgelegt. Wenn diese Diskussion in einem Telefongespräch oder Videochat stattfindet, dokumentieren Sie eine Erklärung der Änderung und stellen Sie diese irgendwo zur Verfügung, wo sie für jeden im Team als Referenz für die Zukunft zugänglich ist.

Bauen Sie Vertrauen und Selbstvertrauen im Team. Das beginnt mit klaren Rollen. Unscharfe Rollen schaffen Unsicherheit zu Verantwortungen. Egal, ob Sie Personal neu zuweisen, streichen oder hinzufügen, stellen Sie sicher, dass jeder im Team klar definierte und gegenseitig abgesprochene Rollen hat. Geben Sie ein Dokument mit einer endgültigen Beschreibung der Rollen aller Beteiligten weiter, und wenn das Dokument wesentliche Änderungen enthält, planen Sie eine Besprechung zur Überprüfung des Dokuments. Ermutigen Sie die Mitarbeiter, jegliche Unklarheit über ihre Rollen zu klären, indem Sie Fragen an Sie und alle anderen relevanten Teammitglieder stellen.

Bereiten Sie eine strukturierte Offene-Punkte-Liste für die Woche und für den Tag vor – und arbeiten Sie sie rigoros ab.

3.2   Soft Skills

Soft Skills adressieren den Umgang mit Menschen und mit sich selbst. Sie umfassen Selbstmarketing, Selbstmanagement, Kommunikation und Führung. Eine ganz wesentliche soziale Kompetenz für verteiltes Arbeiten ist zielorientierte Kommunikation. Es geht darum, gemeinsam mit dem Gesprächspartner Win-win-Situationen zu erreichen. Win-win-Situationen ergeben sich aus verschiedenen Elementen:

- Realistische Planung, die sauber heruntergebrochen wird, um Kostentreiber und kritische Pfade zu veranschaulichen.
- Darstellung der Ziele und Aufgaben sowie Bewertung hinsichtlich unterschiedlicher Sichtweisen im Team.
- Vorschlag zur Priorisierung von Anforderungen und deren Abbildung auf einen agilen Plan, um einen kritischen Termin sicher zu erreichen.
- Proaktives Risikomanagement, anstatt nur Puffer und Sicherheiten einzubauen. Oftmals ist die Abschwächung eines Risikos auf Kundenseite sehr viel einfacher und billiger, als dies dem Lieferanten jemals möglich wäre.

In Konflikten sollten wir immer zu Win-win-Ergebnissen kommen. Menschen sind einer Win-win-Situation gegenüber immer aufgeschlossen – solange sie klar dargestellt wird. Eine wichtige Fähigkeit ist daher, gut kommunizieren und verschiedene Interessen integrieren zu können. Gutes Requirements Engineering besteht aus Verstehen, Verbinden und Vermitteln.

Verstehen

Verstehen bedeutet, dass wir zuhören und Begründungen herauszuarbeiten versuchen, anstatt zu interpretieren. Das fällt manchem Kunden und Requirementsingenieur schwer, da sie von einer angenommenen Lösung aus starten. Oft suchen wir dann nur noch Stichwörter, die in dieses vorgegebene Raster passen. Wesentlich ist, sich auf unterschiedliche Standpunkte und Perspektiven einzulassen. Abb. 3.2 zeigt, wie sich die Perspektiven verknüpfen. Manche Ansprechpartner beim Kunden, vor allem diejenigen, die nicht die komplette Übersicht über wirtschaftliche und technische Notwendigkeiten haben, werden an dieser Stelle einknicken und dem Verkäufer die Argumentation überlassen. Sobald aber dieser Rollentausch eintritt, ergibt sich häufig die Konsequenz, dass sich die Benutzer im späteren Produkt nicht mehr wiederfinden. Paul Watzlawick beschreibt die Situation wie folgt: „Wenn jemand nur einen Hammer hat, sieht er überall Nägel." Teams mit begrenzter Flexibilität werden versuchen, alles in ihr Raster zu pressen. Verstehen heißt, dass der Ingenieur gut moderieren kann. Ziel ist, alle Bedürfnisse in ihrer Gesamtheit zu verstehen, bevor sie einzeln miteinander verknüpft werden.

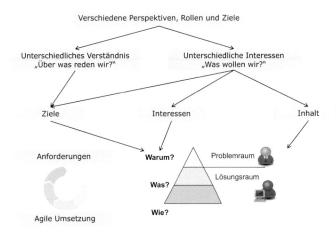

Abb. 3.2 Verschiedene Perspektiven verstehen

Verbinden
Ein Team besteht aus Menschen, und die haben ganz unterschiedliche Sichtweisen (Abb. 3.2). Widersprüche treten auf.
Entweder explodiert die Komplexität wegen der vielfältigen –
und sich oft widersprechenden – Ziele, die allesamt zu zusätz-
lichem Konfigurationsaufwand führen, oder aber es fallen jene
Elemente heraus, die nicht rigoros genug vertreten wurden.
Verbinden heißt in diesem Fall, alle Anforderungen zu vergleichen und Diskrepanzen herauszuarbeiten. Diese Widersprüche werden dann bewertet und geklärt. Entscheidungen auf
jeglicher Ebene werden dokumentiert, um darauf zurückgreifen
zu können. Oftmals ist es gar nicht einfach, verschiedene Sichtweisen zusammen an einen Tisch zu bringen. Klischees und
Barrieren lassen sich zwar eliminieren, aber das erfordert eine
Menge Einzelgespräche und Coaching, wofür häufig keine
Zeit eingeplant ist. Verbinden heißt, dass Widersprüche nicht
nur beschrieben, sondern auch aufgelöst werden. In kritischen
Situationen, die sehr viel Durchlaufzeit kosten können, bietet es
sich an, externe Berater einzubeziehen, die die Ermittlung und
Definition der Anforderungen professionell unterstützen.

Vermitteln
Druck und Spannungen führen dazu, dass nicht mehr zusammen-
gearbeitet wird. Personen helfen sich nicht mehr, da sie nur
noch die eigene Aufgabe und den eigenen Nutzen sehen. Häufig
resultiert ein solch gravierendes Missverständnis zwischen
eigenem und Unternehmenserfolg aus dysfunktionalen
Organisationsformen oder aus fehlendem Zielmanagement, beispielsweise eine Gruppe wird primär an der Liefertreue ihrer
Anforderungen gemessen, aber kaum am sonstigen Projekterfolg. Ein Beispiel soll das veranschaulichen: Teams bauen
gerne einen starken internen Zusammenhalt auf, der fast
zwangsläufig zu einer Abgrenzung nach außen führt. Aus einem
gesunden Wettbewerb zwischen den Gruppen wird ein Wett-
kampf auf Kosten des Unternehmens. Entwickler und Tester
wollen jede Funktion exakt beschrieben haben, während der
Requirementsingenieur das große Bild vor Augen hat und sich
nicht um diese Details kümmern will. In der Folge werden

Ergebnisse von Abteilung zu Abteilung oder von Team zu Team nur noch „über den Zaun geworfen". Sollen doch die Nächsten in der Pipeline auf die versteckten Unstimmigkeiten kommen und dann formale Änderungswünsche schreiben. Hier stellt sich im Innen- oder Außenverhältnis zuerst die Frage, ob die verschiedenen Parteien überhaupt den Projekterfolg als wichtigstes Ziel ansehen.

Als Führungskraft in einem verteilten Projekt oder Team sollten Sie sicherstellen, dass alle beteiligten Parteien primär am Projekterfolg gemessen werden. Das kann Zeit erfordern und benötigt in der Regel eine Eskalation an jener Stelle im Unternehmen, die am Projekterfolg aus eigenem Antrieb heraus interessiert ist.

Kommunikation

Kommunikation bedeutet, dass eine „Story" übertragen wird und im Idealfall die gewünschten Reaktionen auslöst. Abb. 3.3 zeigt, wie erfolgreiche Kommunikation funktioniert. Der Sender hat eine Intention. Er hat etwas zu sagen. Und er hat eine Aufgabe und Rolle, in der er wahrgenommen wird. Der Empfänger interpretiert, was er hört, vor dem Hintergrund seiner Wahrnehmung des Senders. Er ist vielen Störungen ausgesetzt und filtert anhand seiner aktuellen Situation, was ihm wichtig scheint. Und er orientiert sich grundsätzlich an eigenen kurzfristigen Bedürf-

Sender
▸ Hat ein Ziel
▸ Hat etwas zu sagen
▸ Hat eine Aufgabe und Rolle, in der er wahrgenommen wird
▸ Muss prüfen, wie der Empfänger seine Botschaft am besten aufnimmt (z.B. Was sind die Ziele des Empfängers?)

Empfänger
▸ Hat andere Ziele als der Sender
▸ Interpretiert und filtert, was er hört
▸ Ist Störungen ausgesetzt
▸ Orientiert sich an eigenen Bedürfnissen
▸ Nimmt daher nur für ihn angepasste Inhalte auf!

Abb. 3.3 Erfolgreiche Kommunikation

nissen. Daher sollte der Sender vor der Kommunikation prüfen, wie der Empfänger seine Botschaft aufnimmt, und die Inhalte entsprechend anpassen (z. B. wie nimmt der Empfänger den Sender wahr? Was sind die Ziele des Empfängers? Was muss er gerade erreichen?).

Win-win-Ergebnisse erfordern, dass Sie beide Seiten verstehen, Interessen verbinden und Konflikte vermitteln und auflösen. Dazu müssen Sie eine fast schizoide Eigenschaft mitbringen, die allen erfolgreichen Verhandlungsführern gemeinsam ist: Sie müssen Sichtweisen und Bezugssysteme schnell wechseln können. Notwendigerweise vertreten Sie den Lieferanten, aber das heißt nicht, dass Sie rigoros nur den Produktkatalog herunterbeten. In aller Regel werden Sie nämlich vom Kunden sehr viel mehr erfahren, wenn er merkt, dass Sie – vorübergehend – auch seine Sichtweise zu Ihrer eigenen machen können.

Beispiel

Betrachten wir, wie Sie sich bei plötzlichen Änderungen von vorher abgestimmten Inhalten, Anforderungen oder Aufgaben verhalten sollten.

Einstieg: Ihr Manager: „Hier ist eine neue Anforderung. Sie ist sehr wichtig …"

Bedarfsklärung: Fragen Sie zurück: „Ist es nötig?" oder „Wer bezahlt dafür?" oder „Was kann im Gegenzug wegfallen?" Häufig sind Änderungsvorschläge nur „Versuchsballons". Unvorbereitetes Abnicken gefährdet den Projekterfolg und Ihre eigene Position.

Analyse: Bleiben Sie jetzt faktenorientiert. Dringlichkeit und „nur eine kleine Änderung" haben schon manches Projekt ins Grab gebracht – und den Projektmanager. Weisen Sie auf Risiken, Kosten, frühere Analogien oder mögliche Komplikationen hin. Gibt es kreative Win-win-Lösungen? Beispielsweise könnte Ihre Antwort lauten: „Hier ist der Projektplan. Wir haben heute diese Ergebnisse. Der kritische Pfad liegt bei diesen zwei Teams und Komponenten. Eine Änderung würde uns zwei Wochen Verzögerung bringen. Ist das dem Kunden bereits klar?"

Überrumpelung: Ihr Manager: „Versuchen Sie es trotzdem. Das wird schon klappen." An dieser Stelle heißt es, Vorsicht und Diplomatie zu bewahren. Offensichtlich traut der Manager Ihren Analysen und Planungen, will sie aber nicht wahrhaben. Oder aber er hat es bereits geahnt und springt direkt in diesen dritten Teil ein. Bringen Sie in dieser Gesprächsphase Ihr Gegenüber dazu, das Risiko zu tragen. Vermeiden Sie in Ihrem eigenen Interesse, dass Sie als Projekt- oder Produktmanager nachher derjenige sind, der die Änderung oder Anforderung zu verantworten hat. Dokumentieren Sie die Anforderung, deren Begründung, Ihre eigene Einfluss- und Aufwandschätzung und wie es zur Entscheidung kam. ◄

Hier einige Tipps zur effektiven Kommunikation im verteilten Team:

- Ergebnisorientiert kommunizieren. Offene Entscheidungen schließen. Aktionen bis zur vollständigen Klärung verfolgen.
- Konflikte immer mit einem Win-win-Ergebnis schlichten. Zuhören. Vermitteln.
- Nicht nur einem Lager ständig recht geben. Auf Dauer beiden Seiten Vorteile vermitteln und Kompromisse oder Zugeständnisse abverlangen. Manchmal müssen Konflikte auch opportunistisch angepackt werden, denn Sie müssen mit den Schlüsselpersonen mittelfristig gut zurechtkommen.
- Nicht aus dem Bauch entscheiden. Verschiedene Seiten im Konfliktfall anhören. Sich Zeit nehmen und Druck nicht sofort ins Projekt hineintragen.
- Position zeigen. Entscheidungen klar und konsistent vertreten. Kunden erwarten professionelles Verhalten und keinen Opportunismus. An der richtigen Stelle bereits getroffene Entscheidungen hervorzuholen spricht für Ihr professionelles Verhalten.

Erfolgreiche Führungskräfte im verteilten Team sind extrovertiert und ergebnisorientiert. Sie sind rasch im Bewerten von Situationen und setzen Vorgaben und Entscheidungen im Interesse der verschiedenen Anspruchsträger um. Obwohl „nur" ein Werkzeug, helfen Persönlichkeitsindikatoren bei der Selbstbewertung. Am populärsten ist der sogenannte Myers-Briggs-Indikator, der die Persönlichkeit in vier Dimensionen bewertet („extravert"/ „introvert", „sensing"/„intuition", „thinking"/„feeling", „judging"/ „perceiving"). Prüfen Sie sich selbst und stellen Sie fest, ob Sie prinzipiell eher ein Projektmanager sind (ExTJ-Profil: „extravert", „thinking", „judging") oder ein Entwickler (IxxP-Profil: „introvert", „perceiving").

Besprechungen

Viel Zeit eines verteilten Teams ist nötig für Besprechungen mit Kunden, Anwendern, Mitarbeitern, Kollegen und anderen Anspruchsträgern. Umso wichtiger ist es, diese Meetings effektiv zu gestalten. Aber – wer kennt das nicht? – Teilnehmer sind unvorbereitet, man verzettelt sich, die Besprechung hat kein klares Ergebnis, und eine Folgebesprechung zu demselben Thema muss anberaumt werden.

Folgende Regeln für virtuelle Besprechungen haben sich sehr bewährt:

- Ziel formulieren: Ein festgelegtes Ziel hilft den Teilnehmern, sich auf dieses Ziel zu konzentrieren, und dem Moderator, die Besprechung zielgerichtet zu halten.
- Agenda verteilen: Eine vorab verteilte Agenda mit den nötigen Zeitangaben macht die Besprechung effektiv. Als Moderator zwingt mich das Formulieren der Agenda, mir Gedanken über den effektiven Ablauf des Meetings zu machen.
- Vorbereitung: Eine gute Vorbereitung durch den Moderator mag selbstverständlich sein. Vorher an die Teilnehmer verteilte Aufgaben helfen, das Meeting frei von Vorträgen zu halten und sich auf die Entscheidungen zu konzentrieren. Gerne gebe ich vorab eine kurze „Hausaufgabe" zur Vorbereitung einer Besprechung oder eines Workshops, die ich dann entweder einsammle und konsolidiere oder die in der Besprechung genutzt wird.
- Ergebnisorientierung: Die Ergebnisse werden im Meeting zusammengefasst und per Protokoll verteilt. Aufgaben für

die Teilnehmer werden definiert und namentlich an einzelne Personen vergeben. Dazu dient eine Offene-Punkte-Liste.

Virtuelle Besprechungen brauchen noch mehr als traditionelle Besprechungen kurzfristig verfügbare Protokolle. Schreiben Sie keine Mails mit langen Texten, sondern stellen Sie die Offene-Punkte-Liste in den virtuellen Arbeitsraum. Dann können alle Teammitglieder lesen, was besprochen wurde, und sie können Fragen, Unstimmigkeiten und natürlich den Fortschritt der jeweils eigenen Aufgaben unmittelbar darstellen.

3.3   Umgang mit kritischen Situationen

In virtuellen Teams kracht es seltener als in traditionellen Teams, aber dafür heftiger. Der Grund ist offensichtlich. Man plätschert online durch die Regeltermine. Keiner mag persönliche Gefühle darstellen, und man kehrt Probleme unter den Teppich. Doch irgendwann kommt der Zeitpunkt, wenn unter dem Teppich kein Platz mehr ist. Termine werden verschoben, die Qualität stimmt nicht, es wird E-Mail-Pingpong gespielt. Dann kommen plötzlich die Historien von Konflikten auf den Tisch, die längst hätten gelöst werden müssen.

Nicht jeder Mitarbeiter ist es gewohnt, sich zu organisieren. Die Zahl der Ablenkungen wächst mit der Distanz des Teams. Das können ganz banale technische Themen ein, die uns über Maß beschäftigen. Oder auch die Hausarbeit, die uns ablenkt. Helfen Sie Ihren Mitarbeitern auf dem Weg, sich selbst zu organisieren. Bereiten Sie gemeinsam eine Aufgabenliste mit Aufwandschätzung und Prioritäten der einzelnen Aufgaben vor. Das lohnt sich immer, denn die Mitarbeiter lernen gute Arbeitsgewohnheiten, auf die Sie in komplexen Situationen aufbauen können. Punkten Sie als Führungskraft, indem Sie Wertschätzung und Verständnis zeigen. Das schafft das nötige Vertrauen, und Ihre Mitarbeiter werden es Sie umgekehrt ebenso spüren lassen.

Vorhandene Schwächen werden im verteilten Arbeiten multipliziert. Es fehlt die frühe Sichtbarkeit, und man hat weniger Chancen für informelle Abstimmungen, die im traditionellen Team Druck abbauen und offene Punkte – auch zwischenmenschlich – auflösen.

Beispiel

Wer mit Kollegen direkt kommunizieren kann, braucht weniger Details und Dokumente. Man kann ja schnell mal zum Kollegen. Das geht im verteilten Team nicht. Dort spricht man weniger miteinander und macht daher Fehler, wo Dinge unscharf beschrieben sind. Versäumte Fristen, schlechte Ergebnisse und zwischenmenschliche Konflikte sind die Folge. Was für virtuelle Teamleiter anders ist, ist der unpersönliche Kontext, in dem diese Leistungsprobleme auftreten. Dokumentieren Sie gemeinsame Erwartungen, einigen Sie sich auf Verantwortlichkeitsprozesse, geben Sie regelmäßiges Feedback, verfolgen Sie einen expliziten Verbesserungsplan, in den Sie regelmäßig mit dem Team schauen. ◄

Führungskräfte müssen die Gefühle ihrer Mitarbeiter antizipieren und verstehen. Führen Sie dazu den Perspektivwechsel durch und versetzen Sie sich direkt in die andere Person: Was könnten die anderen fühlen? Welche Empfindungen könnte eine Vorgabe auslösen – selbst wenn diese gar nicht intendiert ist? Gehen Sie als Führungskräfte zunächst immer erst von der ungünstigen und negativen Interpretation Ihrer Kommunikation aus. Viele Menschen sehen in Führungskräften potenzielle Feinde. Das mag archaisch sein und passt auch gar nicht zum partnerschaftlichen Umgang miteinander. Daher braucht verteilte Kommunikation mehr Erklärungen und Transparenz, als das in einem klassischen Büro mit Kaffeeküche gewohnt war. Umgekehrt ist es von Vorteil für alle, die verteilte Teams und Projekte geführt haben. Denen kann auch in „engeren" Situationen mit Vor-Ort-Präsenz nichts passieren.

Die Führung eines in Schwierigkeiten geratenen Teammitglieds ist ein kritischer Prozess, der viel Zeit, Aufmerksamkeit und Einfühlungsvermögen erfordert – am besten von Angesicht zu Angesicht, denn die physische Nähe stärkt die Beziehung. All das lässt sich auf Distanz nicht so leicht erkennen. Empathie auf Distanz braucht besondere Erfahrung.

Seien Sie sensibel bei allen Auffälligkeiten. Wenn jemand im Zeitverzug mit Aufgaben ist, ist das aus Sicht der Arbeitsergebnisse nicht sofort erkennbar. Fassen Sie auch mal telefonisch nach. Achten Sie auf auffälliges Verhalten. Er ist bei einem Teamgespräch untypisch ruhig, er erhöht oder verringert die Häufigkeit, mit der er kommuniziert, oder er scheint besonders ängstlich, frustriert oder geistig abwesend. Achten Sie auf Interaktionen im Team, auf Mails und Telefonate. Sind Mitarbeiter vor einem wichtigen Termin seltsam entspannt? Buchen sie zu wenig Aufwand, wenn Kollegen überlastet sind? Zögern Sie nicht, wenn solche Auffälligkeiten auftreten. Greifen Sie zum Telefonhörer.

Zwischenmenschliche Konflikte sollten Sie persönlich ausgleichen. Das braucht keine Reise. Häufig genügt ein einfühlsames Gespräch in einer Onlinevideokonferenz. Mediation klappt auch virtuell, entweder durch Sie, einen anderen Vorgesetzten oder jemanden mit Konfliktlösungserfahrung. Natürlich ist das persönliche Gespräch ideal, oder Sie können auch mit Video gute Ergebnisse erreichen. Legen Sie dazu klare Regeln für den Gesprächsablauf fest. Ohne Blickkontakt am Telefon werden sich die Teilnehmer wahrscheinlich gegenseitig unterbrechen. Nutzen Sie daher ein Videogespräch, wo Sie mindestens Mimik erkennen, besser noch die gesamte Körpersprache.

Bei Konflikten zwischen mehreren Personen braucht es eine gemeinsame Videokonferenz. Die wird natürlich in Einzelgesprächen vorbereitet, damit Sie als Führungskraft die Randbedingungen kennen. Klären Sie zu Beginn im gemeinsamen Gespräch, wie Sie das Gespräch aktiv moderieren und dafür sorgen, dass jeder Teilnehmer die gleiche Zeit erhält. Fairness beginnt mit der Wahrnehmung.

Führung eines virtuellen Teams ist immer auch ein Experimentieren – wie oft bei Führungsthemen. Man kann vorher nicht alles im Sandkasten üben. Jede neue Herausforderung reichert Ihren Problemlösungsbaukasten an, wenn Sie von Ihren entfernten Kollegen lernen. Mit den richtigen Werkzeugen und den richtigen Mentoren werden Sie die Vorteile eines engen Teams ernten, egal, wie weit die Mitglieder physisch entfernt sind.

3.4   Check: Wie baue ich ein performantes Team?

Die folgende Checkliste ist wie alle Checklisten im Buch aus meiner eigenen Praxis entstanden und wurde bereits vielfach angewandt. Leiten Sie daraus Ihre eigene Checkliste ab, denn keine zwei Unternehmen sind in ihren Zielen, Kulturen und Herausforderungen identisch. Wichtig ist die Auswertung der Ergebnisse, nicht das Ausfüllen und Sammeln der Antworten.

Beispiel

In der Checkliste steht die Frage „Wie wird Ihre Rolle durch die Arbeit aus der Ferne beeinflusst? Was sind die Vorteile und Herausforderungen?" Offensichtlich geht es hier um die persönliche Wahrnehmung. Je nach Naturell werden einige Mitarbeiter euphorisch reagieren, vielleicht auch, weil sie endlich schalten und walten können, wie sie meinen, dass es gut ist. Eine Mehrheit wird zurückhaltend antworten, wohlwissend um die Risiken eigener Arbeitsorganisation. Als Führungskraft befrieden Sie die Ängste durch klare Ansagen und Verantwortungen sowie häufige virtuelle Teambesprechungen. Sprechen Sie mit Fallbeispielen und guten Impulsen aus diesem Buch im Teammeeting offensiv zu diesen Risiken. Bestimmt gibt es weitere gute Ideen. Häufig sind die Mitarbeiter zurückhaltend im Scrum. Stimulieren Sie klare Aussage. Fragen Sie gerade in virtuellen Konstellationen mit wechselnder Reihenfolge alle Mitarbeiter im Scrum ab. Immer wieder erleuchtend, dass plötzlich jene Personen den Mund aufmachen, die sonst im Trubel der Lautsprecher und Besserwisser untergehen. ◀

Allgemeine Fragen
* Was ist das Ziel Ihres Teams?
* Was ist Ihre Rolle in diesem Team?
* Welche Fähigkeiten sind für Ihre Rolle am wichtigsten? Welche Fähigkeiten sind entscheidend für Ihren Erfolg als virtueller Mitarbeiter?
* Wie wird Ihre Rolle durch die Arbeit aus der Ferne beeinflusst? Was sind die Vorteile und Herausforderungen?
* Was würden Sie sich wünschen, besser zu tun? Welche Ihrer Talente müssen weiterentwickelt werden?
* Was sind die allgemeinen Stärken und Schwächen des Teams im Moment, insbesondere im Hinblick auf die virtuelle Zusammenarbeit?
* Wie würden Sie in einer idealen Welt Ihre Rolle anpassen, um dem Team einen Mehrwert zu bieten? Welche virtuellen Aspekte Ihrer Rolle würden Sie ändern?
* Wie würden Sie die Arbeitsweise des Teams ändern, um Ihre Arbeit zu erleichtern oder zu verbessern? Welche virtuellen Aspekte Ihrer Zusammenarbeit würden Sie ändern?

Kommunikation
* Welche Kommunikationsmittel verwenden Sie und wie setzen Sie diese ein?
* Mit welchen Kommunikationswerkzeugen fühlen Sie sich am wohlsten? Was klappt nicht?
* Wie leicht fällt es Ihnen, Ihren persönlichen Stil mit den Ihnen zur Verfügung stehenden Mitteln an Ihre Kollegen zu vermitteln? Wie leicht fällt es Ihnen, sich ein Bild vom persönlichen Stil Ihrer Kollegen zu machen?
* Wie sieht es aus, wenn eine Interaktion für Sie gut läuft? Haben Sie irgendwelche Muster bemerkt, wenn eine Interaktion schlecht läuft?
* Wie gehen Sie mit Zeitzonenunterschieden, Sprach- oder Kulturbarrieren oder unterschiedlichen Technologieplattformen um?

Empathie
- Mit wem im Team arbeiten Sie am engsten zusammen? Wie würden Sie diese Beziehungen beschreiben, und wie hat sich die soziale Distanz der Fernarbeit auf sie ausgewirkt?
- Haben Sie ein Gefühl für die Temperamente Ihrer Kollegen? Wie hat sich das entwickelt, und was könnten Sie tun, um dieses Wissen weiterzuentwickeln?
- Welche Art von Menschen bringt im Allgemeinen das Beste in Ihnen zum Vorschein? Das Schlimmste? Welche Eigenschaften sind für Sie bei einem virtuellen Mitarbeiter am wichtigsten?
- Denken Sie über einen Konflikt nach, den Sie in diesem Team hatten. Wie sind Sie damit umgegangen? Wie hat sich die virtuelle Natur des Teams auf die Entwicklung der Dinge ausgewirkt?

Wissen und Erfahrungen zum Ende des Teams
- Was hat dazu beigetragen, dass unser Team erfolgreich war?
- Was sind die Randbedingungen, die wir in ähnlichen Situationen weiterempfehlen können?
- Was sollten wir in künftigen Projekten verbessern?
- Welche Prozesse, Rollenbeschreibungen, Vorlagen etc. werden wir in ein gemeinsames Wissensmanagement stellen, damit es andere Teams verwenden können?
- Welche Risiken sind in Zukunft zu erwarten, und welche unserer Techniken tragen zu deren Abschwächung bei?

Sourcing und Lieferanten

4

Übersicht

Alles, was gesagt werden kann, kann auch auf Distanz gesagt werden. Die größte Distanz ist nicht über Zeitzonen hinweg, sondern im eigenen Kopf. Unsere Werte und Denkmuster blockieren oftmals die Zusammenarbeit. Kunden nehmen sich wichtiger als ihre Lieferanten und knebeln sie, bis beide in Schieflage kommen. Verteiltes Arbeiten umfasst häufig Lieferantenbeziehungen. Das kann ein Freelancer sein, ein Sourcingunternehmen, ein internes Lieferzentrum in Asien oder auch ein weiteres Unternehmen in einem Projekt oder Ökosystem. Dieses Kapitel betrachtet die Fragestellung aus verschiedenen Richtungen, nämlich, welche Art von Lieferant zu Ihnen und zur speziellen Aufgabe passt, wie Sie dem potenziellen Lieferanten auf den Zahn fühlen und prüfen können, ob er der Aufgabe gewachsen ist, und wie Sie über die gesamte Lieferbeziehung hinweg die Kontrolle behalten, statt sich vom Lieferanten abhängig zu machen.

Wichtig Wie jede Beziehung sollte auch eine Lieferantenbeziehung partnerschaftlich sein. Legen Sie Lieferantenbeziehungen auf langfristige Zusammenarbeit aus. Optimieren Sie grundsätzlich als Win-win. Erfolgreiche Unternehmen haben erfolgreiche Lieferanten – und umgekehrt.

© Springer Fachmedien Wiesbaden GmbH, ein Teil von Springer Nature 2020
C. Ebert, *Verteiltes Arbeiten kompakt,* IT kompakt,
https://doi.org/10.1007/978-3-658-30243-6_4

4.1   Sourcing und Lieferanten

Die Auswahl des Lieferanten beginnt mit Randbedingungen, die Sie an die Geschäftsbeziehung haben. Erst danach macht es Sinn, einzelne Lieferanten zu betrachten oder eine Ausschreibung zu starten. Wir wollen also im ersten Schritt Ihre Anforderungen konkretisieren.

Zunächst wollen wir einen idealtypischen Lebenszyklus eines verteilt entwickelten Produkts betrachten (Abb. 4.1). Der Produktlebenszyklus – egal, ob es sich um ein greifbares Produkt oder eine Dienstleistung handelt – besteht aus vier Phasen, nämlich einer Planungs- und Konzeptionsphase, der Produktentwicklung, der Betriebs- und Wartungsphase sowie einem Lebensende.

Lieferanten werden in der Regel entweder in der Entwicklungsphase oder in der Wartungsphase eingesetzt. In Ausnahmefällen werden sie bereits in der Planungsphase hinzugezogen, vor allem, wenn es um komplexe Systeme geht, die vom Lieferanten zu entwickeln sind, oder aber, wenn man die gesamte Produktentwicklung auslagern will.

Jede dieser Phasen stellt besondere Ansprüche an das Lieferantenmanagement. Wir wollen hier vom Normalfall ausgehen,

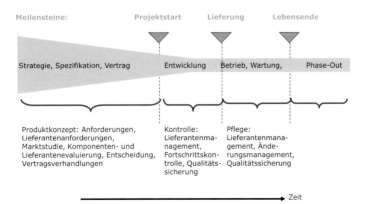

Abb. 4.1 Lieferantenmanagement im Lebenszyklus

dass es sich bereits in der Planungsphase eines Projekts abschätzen lässt, dass verteiltes Arbeiten oder Sourcing genutzt werden. Sollte dies erst später klar werden, müssen einige der Schritte, die wir nun zeitlich und inhaltlich entzerren, zusammengefasst und nachgeholt werden. Grundsätzlich sind die hier genannten Aktivitäten um das Lieferantenmanagement immer nötig, selbst wenn sie erst während der Entwicklungs- oder Wartungsphase gestartet werden.

1. **Planungsphase:** Grundsätzlich muss in jedem Entwicklungs- oder Integrationsprojekt zuerst – und zwingend vor Projektstart – geklärt werden, ob Teile der Entwicklung ausgelagert werden. Sollte nur die spätere Wartungsphase ausgelagert werden, kann dieser Schritt verzögert werden. Wichtig ist in dieser Phase die Klärung der Anforderungen an das verteilte Arbeiten.

Beispiel

Wenn Sie primär Kosten reduzieren wollen, sollten Sie einen Lieferanten wählen, der Rightshoring kann. Dann geht es nicht nur um Lohnkosten, sondern auch um Prozessoptimierung. Die großen Lieferanten in Europa oder USA sehen Offshoring nicht als Priorität an, sondern wollen alle ihre Ressourcen weltweit gleichmäßig auslasten. Das bedeutet im Regelfall, dass Ihnen diese Lieferanten zwar gute Dienstleistungen anbieten werden, aber preislich und häufig auch kulturell mit den lokalen Anbietern in typischen Niedriglohnländern nicht mithalten können. Sie müssen den europäischen oder amerikanischen Wasserkopf mitfinanzieren. ◄

Nehmen Sie Anbieter, die motivierte Mitarbeiter im Ausland haben. Bei vielen Kunden beobachten wir immer wieder den gleichen Fehler, dass bei Lieferanten und Auslagerungen nur auf die Kosten geschaut wird. Eher langweilige (Wartungs-)Tätigkeiten werden in Niedriglohnländer ausgelagert. Viele haben

sogar komplett getrennte Personalbereiche und Mitarbeiter-
entwicklungsprogramme. Das frustriert lokal angestellte Mitarbeiter (die für Sie viel wichtiger sind als die Zentrale), da sie
keine Perspektiven haben. Häufig sehen solche Mitarbeiter in
Niedriglohnländern den großen westlichen Anbieter nur als eine
Durchlaufstation an, die man schnell hinter sich lassen sollte.
Lokalisierte Anbieter im Niedriglohnland versuchen daher, den
umgekehrten Weg zu gehen. Beispielsweise sind die großen
indischen IT-Unternehmen wie Wipro oder Tata dazu über-
gegangen, ihre Mitarbeiter nach Europa und Nordamerika zu
transferieren. Sie bauen dort Projektbüros für ihre Kunden auf
und helfen, die Komplexitäten von global verteilten Projekten
zu reduzieren (z. B. Schnittstellenmanagement, Anforderungen
spezifizieren, Vertragsmanagement, Projektkontrolle und
Projektreviews vor Ort mit den Kunden). Damit haben die
hervorragenden indischen Fachkräfte plötzlich Karriere-
perspektiven im Westen, die sie natürlich ausnutzen und damit
trotz globaler Karriereambitionen im Unternehmen bleiben
können.

**Vermeiden Sie Lieferantenentscheidungen unter Zeit-
druck.** Eine gute Entscheidung und vor allem die Lieferantenauswahl brauchen Zeit. Häufig besteht allerdings ein gewisser
Zeitdruck, eine kurzfristig nötige Arbeit möglichst schnell auszulagern. Das gilt vor allem, wenn Sie im Projekt plötzlich
bestimmte Skills brauchen, oder aber, wenn sie merken, dass
ein Projekt zwar interessant aussieht, Sie es aber mit der derzeitigen Mannschaft nicht stemmen können. Dann brauchen Sie
eine schnelle Lösung zum taktischen Sourcing, die Sie allerdings
nicht mit einer anhaltenden Lösung verwechseln sollten. Es gibt
Lieferanten, häufig sogar direkt in Ihrer Nähe, die sogenannte
Consultants oder Freelancer vermitteln. Dafür gibt es auch
bereits Internetbörsen. Diese Lösungen sind teuer, aber schnell
umsetzbar. Vermeiden Sie allerdings, unter dem Druck eines
kurzfristigen Bedarfs eine langfristig falsche Entscheidung zu
treffen. Niemand geht für einen Abend in eine Bar, um sich zu
verheiraten. Trennen Sie den kurzfristigen Bedarf und suchen
Sie dafür eine schnelle Lösung. Wählen Sie – völlig unabhängig

davon und mit den Techniken, die dieses Buch vermittelt – parallel dazu und in Ruhe Ihren strategischen Partner aus. Dieser Lieferant kann später dann auch solche taktischen Arbeiten übernehmen, aber er passt insgesamt zu Ihrem Umfeld, zu Ihren Bedürfnissen und zu Ihrer Kultur.

Die Lieferantenauswahl erfolgt auf der Basis einer Leistungsbeschreibung der Anforderungen und Erwartungen. Dokumentieren Sie in einer Leistungsbeschreibung (oder Lastenheft, engl. „statement of work") die Inhalte, Meilensteine und Randbedingungen des Projekts aus Ihrer Sicht. Spezifizieren Sie vor Beginn der Verhandlungen die Anforderungen an den Lieferanten und das Projekt im Detail, und lassen Sie diese Aufgabe nicht durch den Lieferanten erledigen. Nehmen Sie diese Leistungsbeschreibung konsistent für die interne Strategieklärung, für externe Ausschreibung und für Vertragsverhandlungen. Beachten Sie, dass Anforderungen nicht nur technisch und funktional sind, sondern auch nichttechnische Elemente beinhalten. Spezifizieren Sie beispielsweise auch die erwarteten Lieferantenbeziehungen, das Training oder etwaige Presseverlautbarungen.

Ihr **Template für die Leistungsbeschreibung** sollte die folgenden Elemente enthalten:

- Rahmen der Arbeiten,
- technische und wirtschaftliche Ziele, Ergebnisse, Erwartungen,
- Anforderungen und konkrete Qualitätsziele,
- Aufwand- und Umfangsschätzungen,
- Projektplan und Projektmanagement, Reviews,
- Projektumfeld (Kunden, Märkte, Erwartungen, Partner, Abhängigkeiten im Projekt),
- Standards, Prozesse, Qualitätssicherung, Richtlinien, Werkzeuge,
- Informationsmanagement, Dokumentation,
- Verantwortungen, Aufgabenteilung,
- Organisation und Management,
- Kommunikation, Konfliktmanagement, Eskalation,
- Kosten, Termine, Meilensteine, Verzugsleistungen,
- Lieferung, konkrete Arbeitsergebnisse.

**Achtung: Alle Anforderungen müssen konkret und mess-
bar sein, um später die Basis für ein vertragswirksames SLA
bilden zu können.**
Aus den Anforderungen kann man ableiten, welche Lieferanten
infrage kommen. Soweit ein Rahmenvertrag mit einem
bestimmten Lieferanten besteht, sollte er frühzeitig in die
Planung mit einbezogen werden, um den Personaleinsatz
abstimmen zu können. Falls es noch keinen bevorzugten Partner
oder gar Rahmenvertrag gibt, beginnt mit diesem Dokument
die formalisierte Lieferantenevaluierung und -auswahl. Die
Lieferantenbewertung   sollte   verschiedene   Dimensionen
getrennt beleuchten, beispielsweise funktionale Anforderungen,
nichtfunktionale Anforderungen, Wartungs- und Vertrags-
anforderungen, Lieferantenmanagement und Preis. Bewerten
Sie unbedingt die Pläne des Lieferanten, der für Sie eine Lösung
entwickelt. Oftmals sind unrealistische Dumpingangebote leicht
zu erkennen. Prüfen Sie die Machbarkeit, Planungssicherheit,
Kostenstruktur und Prozessfähigkeit des Lieferanten. Lassen
Sie die Abschätzung (Aufwand, Dauer, etc.) auf beiden Seiten
beurteilen, also durch Sie und durch den potenziellen Partner.
Dazu bieten sich Schätzwerkzeuge an, die eine Erfahrungs-
datenbank enthalten und es relativ leicht machen, vorliegende
Pläne anhand der jeweiligen Randbedingungen zu evaluieren.
Prüfen Sie Unstimmigkeiten im Detail, denn Sie werden merken,
welche Kostenstrukturen der jeweilige Lieferant zugrunde legt
und wie er kalkuliert. Derlei Einsichten werden Ihnen spätestens
beim nächsten Mal helfen, wenn Sie damit die Leistungsbeschreibung verbessern können.

**Lieferanten müssen grundsätzlich zumindest die gleiche
Prozessreife wie der Kunde haben.** Andernfalls riskiert der
Kunde Schnittstellenpingpong, ständige Verzögerungen und eine
Menge Nacharbeit. Abschließend wird ein Vertrag geschlossen,
der speziell für dieses Projekt beschreibt, welche Arbeiten der
Lieferant übernimmt, in welcher Form sie geliefert werden
und welche Vorgaben (oder SLAs) einzuhalten sind. Mit der
Lieferantenbewertung wird auch das Risikomanagement auf
Projektseite gestartet. Was ist das Lieferrisiko? Wie gehen Sie

bei Lieferantenausfall vor? Welche Druckmittel haben Sie in der Hand, um den Lieferanten zur Pünktlichkeit zu bewegen? Wie werden Konflikte eskaliert und behoben? Welche Qualitätsanforderungen sind nötig?

Nach der Auswahl des Lieferanten erfolgt die **Vertragsgestaltung** exakt auf der Basis der Arbeitsspezifikation. Typischerweise wird ein **Rahmenvertrag** geschlossen (d. h. Tagessätze, Volumen, Fähigkeiten, Basisprozesse) und zusätzlich spezifische konkrete Lieferantenverträge (SLA, Akzeptanzkriterien).

2. **Entwicklung:** Wenn Sie Software oder Dienstleistungen (z. B. für Entwicklung, Test oder Wartung) auslagern, brauchen Sie eine gute Projektkontrolle. Schreiben Sie standardisierte Projektkennzahlen vor, die Ihr Lieferant in allen Ihren Projekten einsetzen muss. Häufig ist allerdings der Lieferant besser als Sie aufgestellt. Zögern Sie dann nicht, seine Prozesse zu nutzen oder gar zu übernehmen. Treffen Sie sich mit Ihrem Lieferanten periodisch, um verbindliche Fortschrittreviews zu machen. Klären Sie rechtzeitig die Einhaltung von Schutzrechten an der entwickelten Software. Prüfen Sie die Verfügbarkeit und Funktionalität der Schnittstellen und Werkzeuge, mit denen beide Seiten zusammenarbeiten. Klären und schulen Sie den Lieferanten sowohl technisch als auch für Ihre Prozesse und Werkzeuge (z. B. Konfigurationsmanagement, Buildmanagement, Dokumentation, Checklisten, Codeanalyse etc.). Sehen Sie bei ausgelagerten Entwicklungsaktivitäten Teillieferungen vor, die Ihre eigene Testmannschaft bereits frühzeitig prüfen kann. Soweit Codierungsrichtlinien oder Schnittstellenspezifikationen erst in dieser Phase vollständig geklärt werden können, sollten sie im Nachhinein noch verbindlich in das SLA festgeschrieben werden.

Nehmen Sie sich Zeit für die **Abnahme,** denn nach der formalen Übergabe sind Sie wieder allein für die Software verantwortlich. Wird nur die Verifikation oder Validierung ausgelagert (z. B. Reviews, Integrationstests, Abnahmetests, Interoperabilitätstests), müssen Sie die Eingangsqualität auf Ihrer Seite für jede Lieferung explizit sicherstellen. Da dies nur sehr schwer möglich ist und auch Zusatzkosten verursacht, raten wir von solchen fragmentierten Lieferbeziehungen ab. Andernfalls werden fehlerhafte Produkte hin- und hergereicht wie eine heiße Kartoffel. Versichern Sie daher bei einer teilweise ausgelagerten Softwareentwicklung immer, dass der Lieferant die volle Verantwortung von der Spezifikation bis zur Abnahme einer Komponente hat.

3. **Betriebs- und Wartungsphase:** Für diese Phase gibt es zwei grundsätzliche Muster der Beschaffung, nämlich die komplett ausgelagerte Wartung (Pflege und Weiterentwicklung eines Softwareprodukts oder Betrieb und Wartung von IT-Lösungen) oder aber den Betrieb eines Helpdesks mit Unterstützung der Diagnose und der Korrekturen. Im ersten Fall gehen Sie ähnlich vor, wie in den Schritten 1 und 2 beschrieben, also Anforderungen, Auswahl, Vertrag, Ausführung und Monitoring der Qualität und der SLAs. Beim Verlagern einzelner Wartungs-aktivitäten ist das SLA entsprechend zu detaillieren, damit beide Seiten hinreichend genau die Aufwände abschätzen können. In beiden Fällen (mit der Ausnahme, dass der Lieferant die Wartung direkt mit Ihren Kunden durchführt) muss der Lieferant sehr gut in Ihre eigene Lieferantenkette eingebunden werden. Arbeitet nicht nur der Lieferant am Code, sondern auch Sie oder ein zweiter Lieferant, ist es wichtig, dass Synchronisationen, Konfigurationsmanagement, Versionierung und Buildmanagement zusammenpassen. Schließlich sollten Fehler nicht nur im Wartungsrelease korrigiert werden, sondern auch in Folgereleases nicht mehr auftreten.

4.2 Erfolgsrezepte für Lieferantenbeziehungen

Legen Sie klare Ziele fest. Prüfen Sie sich und Ihr Unternehmen danach, was Sie mit dem Leistungsbezug erreichen wollen und können. Klären Sie, welche Tätigkeiten oder Subsysteme ausgelagert werden können. Restriktionen sind vielfältig und hängen auch davon ab, wie Sie Ihre Kernkompetenzen heute und in einigen Jahren sehen. Erarbeiten Sie einen Fahrplan mit Etappenzielen. Eine Vision wird dann erreicht, wenn man realistische und erreichbare Zwischenziele definiert und schrittweise erreicht. Stimmen Sie Strategie und Ziele intern ab, damit sie von den wesentlichen Beteiligten getragen werden. Häufig scheitern Lieferanten, weil sie vom Kunden heraus blockiert werden. Mitarbeiter befürchten, durch die Beschaffung Arbeit und Einfluss zu verlieren. Das kann der Fall sein, sollte aber vor der breiten Kommunikation berücksichtigt werden, um entsprechende Absprachen zu treffen.

Analysieren Sie den Business Case. Eine saubere Kosten-Nutzen-Analyse steht am Beginn der Beschaffung. Berücksichtigen Sie alle Kosten, die durch das Sourcing entstehen! Es geht nicht nur um Tagessätze im Ausland, sondern auch um die Schnittstellenkosten auf Ihrer Seite, um Reisekosten, um Nacharbeiten, um Training, um Bereitstellung von Infrastruktur und Lizenzen etc. Die Formulierung eines Business Cases lässt sich ebenfalls an externe Spezialisten auslagern – nicht aber dessen genaue Prüfung durch Sie. Nicht alle Prozesse lassen sich auslagern. Nicht alle Tätigkeiten haben den gleichen Kostenvorteil, wenn sie durch externe Lieferanten bearbeitet werden. Bewerten Sie verschiedene Szenarien mit unterschiedlicher Intensität und Einführungsdauer. Beachten Sie die teilweise langen Lernkurven, die von der genutzten Technologie und von Ihrer Fähigkeit, Technologie und Prozesse an Lieferanten zu vermitteln, abhängen.

Kommunizieren Sie die Ziele transparent. Mitarbeiter interessieren sich für die Zukunft des Unternehmens. Sourcing sollte nicht zu einem Spielball werden in der Form „Wenn die Produktivität nicht besser wird, werden wir diesen Bereich eben nach Indien verlagern". Das erzeugt zwar den gewünschten Druck, aber wird auch unerwünschte Gegenreaktionen hervorrufen. Beispielsweise könnten sich gute Mitarbeiter veranlasst sehen, das Unternehmen zu wechseln. Andere könnten versuchen, sich unentbehrlich zu machen, indem sie den Code

schlechter wartbar halten. Lieferanten, Kunden und Geschäfts-
partner wollen eine klare Strategie sehen, die erkennen lässt,
wie Sie das Sourcing innerhalb des Unternehmens positionieren,
was Sie tun, um den Geschäftserfolg zu sichern, etc. Führen
Sie in verteilten Situationen zielorientiert. Verteiltes Arbeiten
ist ein strategisches Instrument, das nicht ad hoc eingesetzt
wird. Es gehört zum Managementinstrumentarium, mit dem
sich die Geschäftsführung auskennen muss. Sensibilisieren und
trainieren Sie Ihre Führungskräfte für verteiltes Arbeiten.

Wählen Sie den richtigen Lieferanten. Der Lieferant muss
zu Ihnen passen, und Sie müssen zum Lieferanten passen. Wir
haben bereits einige Tipps und Checklisten dazu vorgestellt, die
wir hier nicht wiederholen wollen. Kosten sind sicherlich nicht
das einzige Auswahlkriterium, vor allem nicht die Tagessätze
im fernen Ausland. Eine Lieferantenbeziehung ist auf Dauer
angelegt. Sie kann allenfalls durch eine Pilotphase eingeleitet
werden, in der Sie Ihre Kompetenzen mit dem gewünschten
Lieferanten prüfen. Testen Sie in einem solchen Pilotprojekt vor
allem die Reaktion des Lieferanten auf Probleme und Spezial-
fälle. Achten Sie auf Nuancen im Verhalten, denn sicherlich wird
sich der Lieferant in dieser Phase außergewöhnlich anstrengen.

Unterschreiben Sie den optimalen Vertrag. Optimal heißt Win-
win für beide Vertragspartner. Schreiben Sie fest, was Sie erwarten.
Das klingt banal, ist aber die Basis für den späteren Projekterfolg.
Beschreiben Sie konkrete Qualitätsanforderungen, das Änderungsmanagement, Projektmanagement und -kontrolle, eventuelle
Audits, Sicherheitsanforderungen, Schutz- und Eigentumsüber-
tragungsrechte an eigener und neuer Software sowie Eskalations-
mechanismen. Es gibt ganz unterschiedliche Vertragsverhältnisse,
die vor allem durch Unsicherheiten und Risikomanagement der
beiden Partner charakterisiert sind. Wenn Sie hinreichend genau
wissen, was Sie wollen, bietet sich ein Festpreisvertrag an. Damit
verlagern Sie verbleibende Risiken zum Lieferanten. Dies macht
natürlich nur Sinn, wenn der Lieferant selbst gewillt ist, den Vertrag einzuhalten, wovon man bei kleineren Lieferanten nicht
immer ausgehen sollte. Für anhaltende Partnerschaften bietet sich

ein Rahmenvertrag an, der bestimmte Aktivitäten und deren Preise beschreibt. Damit sind die Kosten für Sie wie in jedem Projekt planbar. Achten Sie auf Skaleneffekte, beispielsweise durch längere Laufzeiten oder Volumenabhängigkeiten. Lassen Sie sich nicht durch Volumeneffekte blenden. Anfangs läuft es langsamer, als Sie wahrhaben wollen. Unterschreiben Sie anfangs keinen langfristigen Vertrag, denn Sie können die Situation und deren Entwicklung noch nicht beurteilen. Selbst, wenn Sie mit dem Lieferanten eine längere Zeit zusammenarbeiten wollen, sollte der Vertrag hinreichend dynamisch sein, dass Sie aussteigen können, wenn das Sourcing nicht liefert, was Ihre Planung versprach. Legen Sie vertraglich fest, wie das Lieferantenverhältnis beendet wird.

Standardisieren Sie Ihre Prozesse und Werkzeuge. Je spezieller und chaotischer Ihre Entwicklungsumgebung und -prozesse sind, desto schwieriger gestaltet sich das verteilte Projekt. Planen Sie ausreichend Vorbereitungszeit, um Ihre Prozesse zu verbessern, selbst wenn dies erst in der Ausführungsphase geschieht. Insbesondere das Projektmanagement, also Planung, Schätzung, Reporting, Monitoring, Meilensteinkontrolle, und das Lieferantenmanagement müssen stabil stehen und allen Beteiligten vertraut sein. In unseren Beratungsprojekten treffen wir oft selbst bekannte Unternehmen, die kaum Konfigurations- und Projektmanagement leben. Setzen Sie Standardwerkzeuge von der Stange ein. Vermeiden Sie ein umfangreiches Anpassen der Werkzeuge. Häufig sind die im Werkzeug vorhandenen Basisprozesse bereits ausreichend. Wenn eine kommerzielle Werkzeuglösung nicht sofort passt, sollten Sie daher Ihre eigenen existierenden Prozesse überprüfen und dort Komplexität reduzieren. Lieferanten sind darauf eingestellt, unterschiedliche Werkzeugumgebungen auf der Kundenseite an ihre eigene Standardumgebung anzupassen; dies stellt bei professionellen Anbietern kaum ein Problem dar. Verlangen Sie von Ihren Werkzeug- und Infrastrukturlieferanten reduzierte Lizenzgebühren, wie sie in Indien oder China üblich sind. Dort zahlt niemand die Lizenzgebühren, die im Westen verlangt werden, da sie viel zu hoch im Vergleich zu den Stundensätzen der Ingenieure sind. Beispielsweise liefern viele

Anbieter ihre Produkte nahezu gratis in solche Länder, nur um den zukünftigen Markt und die politische Unterstützung nicht zu verlieren. Die meisten Werkzeughersteller sind bereit, solche Abschläge einzupreisen eventuell über flexible Lizenzmodelle, selbst wenn dies nicht aus den offiziellen Preislisten ersichtlich ist.

Planen Sie Teilprojekte und Ergebnisse. Der Übergang auf verteiltes Arbeiten sollte nicht unvorbereitet mit einem großen Schlag erfolgen. Die Coronapandemie ließ den Unternehmen keine andere Wahl, und so kann man 2020 mit Fug und Recht als einen großen Schalter zum verteilten Arbeiten sehen. Geklappt hat es allerdings in den wenigsten Fällen gut. Verteiltes Arbeiten ist immer ein besonderes Projektrisiko, das auch spezifisch abgeschwächt werden muss. Zunächst sollte ein definiertes Projekt oder ein definierter Teilprozess ausgelagert werden. Damit kann man die Schnittstellen, Planungs- und Kontroll-instrumente sowie Managementerfahrungen aufbauen. Gleich-zeitig kann man vergleichsweise leicht gegensteuern, falls es zu Schwierigkeiten kommt. Planen Sie in dieser Einführungsphase für das Schlimmste, damit Sie flexibel und schnell reagieren können, wenn Probleme auftreten.

Verteiltes Arbeiten braucht gutes Projektmanagement. Selbst wenn Sie einen kompletten Geschäftsprozess ausgelagert haben, ist es dennoch nötig, dass sie wissen, wie es läuft und welche Erfordernisse auf Ihrer Seite auftreten können. Dies ist die Auf-gabe von inkrementeller Entwicklung und SLA-Überwachung. Ist die Wartung ausgelagert, ist es naheliegend, dass Sie als Auf-traggeber die Reaktionszeiten, die Kundenzufriedenheit Ihrer Kunden, die Fehlerzahlen und die Wartungskosten überwachen.

Verlangen Sie stets gute Ergebnisse. „First time right" stammt aus dem Lean Development und gilt im ganzen Leben. Von einem professionellen Partner erhalten Sie in aller Regel, was Sie bezahlen. Diese Unternehmen haben einen Ruf zu verlieren und sind daher an der exakten Einhaltung der Vorgaben eines SLA interessiert. Das gilt allerdings nicht für alle Lieferanten und sicherlich dann nicht, wenn Sie selbst noch nicht in der Lage sind, Sourcing überhaupt zu stemmen. Wenn Sie beispielsweise Design, Codierung und Verifikation auslagern und selbst spezifizieren und integrieren wollen, dann hängt der Erfolg ganz stark von der Qualität Ihrer Spezifikationen und Schnittstellen ab. Sollte es viele Änderungen von Ihrer Seite aus geben, müssen Sie sich klarmachen, dass die Kosten stark ansteigen und die Qualität nicht so gut sein kann, wie wenn Sie die Spezifikation vor der Übergabe geprüft und stabilisiert hätten.

Überprüfen Sie Ihre Annahmen, die Risiken, den Fortschritt und die Ergebnisse der ausgelagerten Prozesse regelmäßig. Sollte es Abweichungen von Ihren Erwartungen oder Absprachen geben, müssen Sie *sofort* reagieren. Dies gilt sowohl für Abweichungen vom SLA (z. B., wenn Reaktionszeiten oder Fehlerzahlen überschritten werden) als auch für Abweichungen von Ihren Erwartungen und Absprachen, die nicht exakt und formal geregelt wurden (z. B. die Entwicklermannschaft ändert sich stark, das Design macht keinen professionellen Eindruck). Wenn Sie nicht reagieren, nimmt Ihr Lieferant an, dass es Ihnen egal ist. Rein rechtlich kann dies so weit gehen, dass Sie nach gewissen Fristen das Einspruchsrecht verlieren. Falls etwas nicht stimmt, sollten Sie darauf hinweisen und bei Wiederholung eskalieren. Nehmen Sie dafür die vorher abgesprochenen Kanäle und zögern Sie nicht, bei der Eskalation auch rechtzeitig zu höheren Managementebenen Ihres Lieferanten vorzudringen.

Reviews des Lieferanten sollten regelmäßig zu geplanten Terminen stattfinden. Wir unterscheiden drei verschiedene Formen des Reviews in verteilten Projekten:

- Regulärer Projektreview: Dient der Fortschrittskontrolle und der Schnittstellenüberwachung. Wird vom Projektleiter oder -manager typischerweise wöchentlich mit einer formalisierten Agenda einberufen.
- Managementreview: Dient der Überprüfung der Vertragserfüllung und des SLA. Bespricht Änderungen im Vertrag und hilft dabei, eskalierte Probleme lösen. Wird von einem

Lenkungsteam oder vom Manager monatlich oder quartals-
weise mit einer im Vorfeld bekannten Agenda einberufen.
• Lieferantenbewertung: Dient der Bewertung und Verbesserung von Lieferantenbeziehungen sowie dem Review
von strategischen Aspekten (z. B. Preisentwicklung, Global-
volumen der Aufträge, etc.). Wird auf Geschäftsführungs-
ebene etwa halbjährlich einberufen.

**Gutes Lieferantenmanagement braucht eine darauf zuge-
schnittene Organisation.** Eine wirkungsvolle Organisationsform unterstützt das Sourcing vor allem bei mehreren
gleichzeitig laufenden Aufträgen oder Projekten. Grundsätzlich
sollte man darauf achten, dass die Organisationsform mit den
Bedürfnissen wachsen kann. Oft genügt ein Sourcingmanager,
der dem Projektleiter auf Auftraggeberseite zuarbeitet und
die Schnittstellen einrichtet, unterstützt und überwacht. Bei
kleineren ausgelagerten Arbeiten innerhalb eines Projekts oder
beim Sourcing eines Teilprozesses werden sich direkte Schnittstellen zwischen den Entwicklungsteams auf beiden Seiten nicht
vermeiden lassen.

**Tunnel zwischen Teams und Personen verschiedener Unter-
nehmen bergen jede Menge Gefahren durch unkoordinierte
Abstimmungen.** Wie bereits erwähnt, brauchen diese Schnittstellen eine gute und strikte Reglementierung („governance"),
um zu verhindern, dass spontane Absprachen getroffen werden,
die nachher für beide Seiten zu Nacharbeit und Verzögerungen
führen. Auf der Seite des Lieferanten wird sich über die Zeit ein
Programmmanagement entwickeln, sodass für Ihr Unternehmen
ein Programmmanager zuständig ist. Dieser Programmmanager
arbeitet direkt mit Ihrem Sourcingmanager zusammen, um
Projekte und Kompetenzentwicklung mittel- bis langfristig vorbereiten zu können. Für individuelle Arbeiten wird der Lieferant
typischerweise einen Projektmanager vorhalten, der die primäre
Schnittstelle zwischen Ihnen und dem Lieferanten darstellt. Es
gibt daher ein Ungleichgewicht aufseiten des Lieferanten, der
sehr viel mehr Managementfunktionen vorhalten muss, als dies
bei Ihnen der Fall ist. Dies trägt allerdings zur verbesserten

Effizienz und Aufgabenteilung bei, sodass Sie nicht für jede Rolle sofort den Business Case verlangen sollten. Rechnen Sie stattdessen alle Kosten für Overhead zusammen und prüfen Sie dann, ob die Summe im Rahmen der angenommenen oder typischen Eckdaten liegt (als Erinnerung: Sie sollten von 10 bis 20 % Overhead beim Lieferanten ausgehen).

Machen Sie den Lieferanten zum Partner. Sobald für Sie das Sourcing zum Regelfall wird, ist es für beide Seiten einfacher, wenn der Lieferant sich als Teil Ihres Ökosystems fühlen kann. Das heißt nicht, dass Verträge oder SLAs unnötig werden, sondern dass das Verhältnis und die Zusammenarbeit in Richtung einer anhaltenden Beziehung hin geändert werden. Sie als Kunde wollen nicht alle paar Monate einen neuen Lieferanten suchen, sondern sind an einer anhaltenden Beziehung, also einer Partnerschaft, interessiert. Dies gilt reziprok für Ihren Lieferanten, sodass aus einer solchen Beziehung Skaleneffekte für beide Seiten erwachsen. Beispielsweise kennen Ihr Lieferant und dessen Entwicklungsmannschaft nach einiger Zeit Ihre Besonderheiten, Ihre Schnittstellen und Ihre Arbeitsweise, sodass er sich darauf einstellen kann. Eine Partnerschaft zeigt dem Lieferanten auch, dass Sie bei nicht vorhersehbaren Schwierigkeiten nicht gleich abspringen, sondern an guten Lösungen interessiert sind. Er wird sich eher darum bemühen, wenn er weiß, dass Sie weiterhin mit ihm zusammenarbeiten.

Entwickeln Sie Ihre Beschaffungsprozesse schrittweise. Sourcing folgt einer Evolutionskurve, die sich von kleinen Teilprojekten oder Einzelprozessen hin zu Wartungsaufgaben und schließlich der Komponenten- und Produktentwicklung hin entwickelt. Überspringen Sie keinen Zwischenschritt, denn er hat für beide Seiten seine Bedeutung. Lernen Sie aus Fehlern, die in der Regel bei einem Anfangsschritt billiger sind als bei der großformatigen Auslagerung eines Geschäftsprozesses. Wenn die Ergebnisse stimmen, kann das Sourcing schrittweise wachsen. Sie haben gelernt und können das Geschäft und seine Potenziale für Sie besser abschätzen. Ihr Lieferant hat

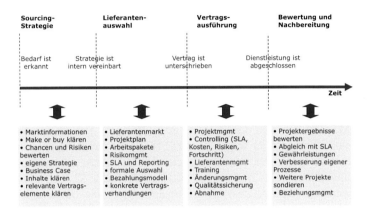

Sourcing- Strategie	Lieferanten- auswahl	Vertrags- ausführung	Bewertung und Nachbereitung
Bedarf ist erkannt	Strategie ist intern vereinbart	Vertrag ist unterschrieben	Dienstleistung ist abgeschlossen

Zeit

| • Marktinformationen
• Make or buy klären
• Chancen und Risiken
  bewerten
• eigene Strategie
• Business Case
• Inhalte klären
• relevante Vertrags-
  elemente klären | • Lieferantenmarkt
• Projektplan
• Arbeitspakete
• Risikomgmt
• SLA und Reporting
• formale Auswahl
• Bezahlungsmodell
• konkrete Vertrags-
  verhandlungen | • Projektmgmt
• Controlling (SLA,
  Kosten, Risiken,
  Fortschritt)
• Lieferantenmgmt
• Training
• Änderungsmgmt
• Qualitätssicherung
• Abnahme | • Projektergebnisse
  bewerten
• Abgleich mit SLA
• Gewährleistungen
• Verbesserung eigener
  Prozesse
• Weitere Projekte
  sondieren
• Beziehungsmgmt |

Abb. 4.2 Der Prozess für Lieferantenmanagement

Sie kennengelernt und kann die Zusammenarbeit optimieren und eventuell eine dedizierte Mannschaft für Ihr Unternehmen abstellen, die zwar flexibel wachsen oder schrumpfen kann, aber dennoch auf Sie und Ihr Unternehmen eingestellt ist.

Der Prozess für Sourcing und Lieferantenmanagement lässt sich in vier Phasen einteilen (Abb. 4.2). In allen Phasen spielen Koordination, Kollaboration, Kontrolle und Kommunikation eine Rolle. Zuerst wird die Einkaufsstrategie festgelegt. Danach wird der Lieferant ausgewählt (siehe voriges Kapitel). Im Anschluss wird der Vertrag (und das SLA) ausgeführt. Zum Abschluss erfolgen die Bewertung und Nachbereitung des Projekts.

4.3   Der Business Case

Der Business Case ist die einzige Möglichkeit, Sourcing objektiv zu bewerten. Ob ein Geschäft intern oder durch einen Lieferanten gemacht wird, hängt neben Ihrer Strategie natürlich von der Wirtschaftlichkeit ab. Wir wollen nun den Business Case im Sourcing betrachten, denn nur eine detaillierte Rechnung hilft bei der Bewertung der Kosten und Sparpotenziale.

Der Business Case ist so gut (oder schlecht) wie die zugrunde liegenden Annahmen und deren regelmäßige Aktualisierung. Ein Business Case, der einmal erstellt ins Archiv gelegt wird, ist Müll. Doch häufig werden Informationen und Vereinbarungen im Vorfeld verschleiert und Annahmen werden nicht hinreichend überprüft. Dann ist der Business Case nicht viel wert und kann sogar irreführend sein. Das psychologische Problem beim Business Case ist die Quantifizierung von Annahmen. Dies ist nicht jedermanns Sache und sollte auch im Tagesgeschäft immer wieder geübt werden. Eine Grundvoraussetzung für einen guten Business Case ist ein funktionierendes Controlling, das genau die Details erfassen kann, die Sie im Business Case bewerten. Ein Business Case ohne Controlling ist wie eine Heizung ohne Thermostat. Was hilft eine Vorgabe, deren Erreichung nicht ständig überprüft wird?

Beispiel

Der Business Case zum Sourcing wird vor der Lieferantenauswahl begonnen und stetig überarbeitet. Beachten Sie dabei alle entstehenden Kosten (die sogenannte Total Cost of Sourcing). Direkte Kosten umfassen Training, überlappende Arbeiten am Anfang der Lieferantenbeziehung (z. B., wenn ein Lieferant Designspezifikationen nachbearbeiten muss, um sie zu verstehen), kontinuierliches Wissensmanagement, Schnittstellenmanagement, Infrastruktur (z. B. Testlabors, Softwarelizenzen, sichere Kommunikationslösungen), Reise- und Aufenthaltskosten für Mitarbeiter auf beiden Seiten, Übersetzungen, externe Berater etc. Indirekte Kosten umfassen Verzögerungen durch die Lernkurve, Kommunikationsoverheads (z. B. die Beschreibung von Dokumenten, die Sie erst durch die verteilte Entwicklung wirklich benötigen; Fehlerkorrekturen, die bisher eher ad hoc kommuniziert wurden), etc. Auf der Nutzenseite sollten Sie sorgfältig berücksichtigen, zu welchen Zeitpunkten welche Effekte eintreten. Der Business Case entwickelt sich über die Zeit, wie das bei jeder Investition der Fall ist. Einsparungen treten kaum in den ersten Monaten auf; häufig dauert es für

die Softwareentwicklung bis zu zwei Jahren, wie wir bereits
gesehen haben. Beachten Sie zeitliche Abhängigkeiten und
Entwicklungen. Nutzen wachsen über die Zeit, aber auch die
Preise – vor allem, wenn Sie vom Lieferanten erst einmal
abhängig sind. ◄

Für den Business Case sollten Sie eine Vorlage verwenden, die
die folgenden Elemente enthält:

- Zusammenfassung,
- Zielsetzung,
- Marktanalyse (Industrie, Trends, Wettbewerberverhalten,
  Länder, Anbieter),
- betriebswirtschaftliche Rechnung (Kosten und Nutzen über
  Zeit); dabei Kostenstruktur und Overhead beachten, eventuell
  für mehrere Szenarien (z. B. selber machen wie bisher,
  Captive Offshoring, Rightshoring, externes Offshoring, Off-
  shoreoutsourcing),
- Einflüsse verschiedener Vertragsformen berechnen,
- operative Durchführung (Projektdurchführung, Kunden-
  schnittstellen, Zulieferer, Plattformen, Service, finanzielle
  Kontrollen),
- Planung (Projektplan, Ressourcenbedarf, Risikomanagement),
- Organisation (Verantwortungen, Kommunikation),
- Risikomanagement,
- Anhänge (Details zu obigen Kapiteln).

**Beginnen Sie mit messbaren Zielen und Kennzahlen zur
Verfolgung.** Der Business Case benötigt ständige Kontrolle
der Annahmen. Es ist klar, dass dies nur grobe Annäherungen
für Ihre spezielle Situation sein können, denn viele Zahlen
hängen vom Geschäftsmodell und den Risikoelementen ab.
Unzureichende eigene Entwicklungsprozesse zu externalisieren
beispielsweise bringt auf beiden Seiten Zusatzkosten, die Sie
bezahlen müssen. Aus der Erfahrung mit unseren Kunden kann
man die folgenden Zusatzkosten ableiten:

- Lieferanten- und Vertragsmanagement: 1–10 %,
- Beratung, Rechtsschutz, Anwälte: 2–10 %,
- Wissenstransfer und Training: 2–3 %,
- Mitarbeiter- und Kompetenzmanagement: 2–5 %,
- IT-Infrastruktur, Lizenzen: 5–10 %,
- Prozessverbesserungen (zeitlich begrenzt): 1–5 %,
- Koordination, Schnittstellenmanagement, Produktivitäts-verluste bei fragmentierten Aufgaben und unzureichenden Prozessen: 5–30 %.

Damit kommen ohne gravierende Ausfälle und Probleme leicht 15–50 % versteckte Zusatzkosten zustande, welche die niedrigen Stundensätze drastisch erhöhen. Halten Sie sich beispielsweise einmal vor Augen, wie sich die Mitarbeiterkosten in Deutschland durch produktive und moderne Ingenieursarbeitsplätze erhöhen. Diese Kosten sind nahezu fix und schlagen natürlich in Niedrig-lohnländern prozentual heftig ins Kontor. Dazu kommen im Durchschnitt 5–15 % Fluktuation der Mitarbeiter vor allem in USA und Indien, die zu weiteren versteckten Kosten führen.

Der Business Case bewertet verschiedene Szenarien für Ihre Randbedingungen. Abb. 4.3 vergleicht drei grundsätzliche Modelle und ihren Einfluss auf die Kosten. Wir betrachten dazu ein einfaches Entwicklungsprojekt mit einem fixen Projektauf-wand. Je nach Grad des Sourcings wird ein bestimmter Anteil des Projekts in einem Niedriglohnland durchgeführt. Das erste Modell (Abb. 4.3, oben) zeigt die ursprüngliche Vorgehensweise, in der lokal entwickelt wird. Es fallen keine Offshoringstunden an. Die Gesamtkosten werden hier als 100 % festgelegt. Man erkennt bereits an diesem oberen Bild, dass die größten Spar-potenziale innerhalb der Entwicklung und Integration liegen. Da dies gleichzeitig auch die Prozesse sind, die das geringste anwendungs- oder kundenspezifische Fachwissen benötigen, erklärt dies den Erfolg des Sourcings: Große Kostenanteile lassen sich vergleichsweise einfach auf Lieferanten übertragen, die zu geringeren Kosten liefern können, als dies in Deutschland der Fall ist.

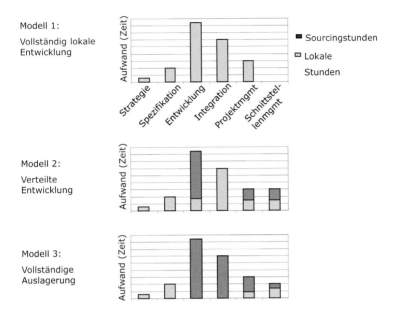

Abb. 4.3 Geschäftsmodelle und zugehörige Business Cases

Das zweite Modell (Abb. 4.3, Bildmitte) zeigt die traditionelle verteilte Entwicklung, bei der 80 % der Entwicklung in einem Niedriglohnland durchgeführt werden. In den einzelnen Balken ist der untere, hellere Anteil der Stundenzahl vor Ort gewidmet, während der obere, dunklere Teil die ausgelagerten Stunden zeigt. Eine weitere Annahme ist, dass die Hälfte des Projektmanagements ebenfalls ausgelagert werden kann. Allerdings fallen Zusatzkosten zum Schnittstellenmanagement an, von denen wiederum die Hälfte ausgelagert wird. Das Schnittstellenmanagement in diesem Fall wird mit 15 % Zusatzkosten angenommen. Bei einem Stundensatz von 30 % im Niedriglohnland, also beispielsweise 30 EUR im Vergleich zu 100 EUR in Deutschland, ist dieses Modell ungefähr 20 % günstiger. Die Einsparungen sind also niemals so hoch, wie uns uninformierte Medien suggerieren wollen.

Im dritten Modell (Abb. 4.3, unten) schließlich wird eine komplette Auslagerung des Produkts angenommen, wie man es immer häufiger, vor allem bei Wartungsprojekten, sieht. Die Annahmen hierbei sind eine komplette Auslagerung sowohl in der Entwicklung als auch in der Integration. Das Projektmanagement kann zu 70 % ausgelagert werden und das Schnittstellenmanagement zu 30 %. Durch die komplette Auslagerung von Entwicklung und Integration reduziert sich der Zusatzaufwand für das Schnittstellenmanagement auf 10 % der gesamten Projektkosten. Bei einem gleichen Verhältnis der Stundensätze wie oben vergrößert sich der Einspareffekt auf 50 %. Mit zunehmender Wartung reduzieren sich Strategie-, Spezifikations- und Schnittstellenkosten, sodass man auf über 60 % Einsparungen kommt und damit ganz in die Nähe des Unterschieds der Stundensätze.

Beispiel

Viele unserer Kunden lassen sich vor Projektbeginn die Kosten-Nutzen der eigenen Arbeit berechnen, da sie es selbst kaum tun. Die Furcht vor hohen Tagessätzen bei Beratern ist das Resultat einer Milchmädchenrechnung eigener Kosten. Wer kennt die kompletten belasteten Kosten eines eigenen Ingenieurs? Oft ist es das naive „eh da", d. h., man argumentiert, dass die eigenen Mitarbeiter sowieso da sind. Schon allein die Denkweise führt zu Behäbigkeit. Schließlich ist niemand „eh da" und erst recht nicht die Gemeinkosten. Der Business Case braucht eine belastbare Basis der eigenen Kosten. Machen Sie zuerst die eigenen Vollkosten transparent, also Gehalt, Sozialleistungen, Büro, IT, Overheads etc. „Eh da" verursacht vor allem Overheads, da die Mitarbeiter sich natürlich selbst beschäftigen. Motorola machte eine interessante Studie und zeigte, dass ein Projektpuffer von 20 % praktisch immer genutzt wurde, die Projektkosten also mit dem Puffer automatisch um 25 % in die Höhe gingen. Warum? Weil kaum jemand zum Chef geht und sagt, dass er nichts zu tun hat. Achten Sie auf interne Zeitfresser, Nacharbeit und Ineffizienz. Beachten Sie auf der anderen Seite, dass sich die Schnittstellenkosten externer Unterstützung mit der Zeit verkleinern. Die Mitarbeit von Consultants hilft definitiv zu mehr Flexibilität und damit zur langfristigen Kostenoptimierung, selbst wenn es kurzfristig aufgrund der höheren Tagessätze teurer aussieht. Sobald beide Seiten die Regeln und gegenseitigen Prozesse verstanden haben, kann sich das Schnittstellenmanagement leicht auf 20 bis 30 % des hier angesetzten Werts verringern. Bei der Berechnung Ihrer eigenen Situation werden Sie erkennen, dass eine zunehmende Fragmentierung von Aufgaben oder zu viel Arbeitsteilung immer einen negativen Effekt haben. Bereits dieses einfache Modell zeigt, dass nur ein belastbarer Business Case mit einer prozessorientierten Kostenerfassung nachhaltig Entscheidungen unterstützt. ◄

4.4   Check: Risikomanagement im Sourcing

Betrachten wir als wesentliches Sourcingmodell die Auslagerung einer Arbeit. Die erste Frage ist natürlich, ob das konkrete Produkt oder Projekt Sourcing verträgt. Oftmals bietet sich eine Produktlinie prinzipiell für das Outsourcing an, da die Technologie veraltet und das Produkt nunmehr die Rolle einer „Cash Cow" spielt, also keinen strategischen Nutzen für Ihr Unternehmen mehr hat. Aber das konkret laufende Projekt könnte trotzdem ungeeignet sein, da noch nicht alle Hausaufgaben auf Ihrer Seite erledigt sind. Beispielsweise gibt es viele Produkte, die nur sehr schlecht dokumentiert sind oder bei denen plötzlich Qualitätsprobleme aufgetreten sind, die Sie vor dem verteilten Arbeiten in den Griff bekommen sollten.

Der Neuigkeitsgrad der Aufgabe entscheidet über die Sourcingstrategie. Wir wollen im Folgenden vier Faktoren bewerten, nämlich den Innovationsgrad in Abhängigkeit von Projektneuigkeit und Stabilität oder Unsicherheit der Projektanforderungen, Ihre eigene Prozessfähigkeit, Ihre technische Expertise sowie die Expertise Ihres Lieferanten in Ihrem eigenen Umfeld.

Abb. 4.4 zeigt die vier genannten Kriterien sowie vier Sourcingprofile in Abhängigkeit der Ausprägung dieser Kriterien. Wir wollen die Zusammenstellung bewusst einfach halten und bewerten daher die Kriterien binär, also „niedrig" oder „hoch". Wie das im Detail gemacht wird, zeigen die noch folgenden Tabellen. Outsourcing wird ganz klar empfohlen, wenn der Innovationsgrad niedrig ist (also Kostenreduzierungen zunehmend über Ihren Erfolg entscheiden) und Ihre eigene Prozessfähigkeit hoch ist. Dann sind die Erfahrungen des Lieferanten in Ihrem Umfeld oder Ihre eigene technische Expertise nicht so relevant. In diesem Fall ist das Sourcingmodell sehr standardisiert – wie aus dem Lehrbuch: Sie beherrschen das Geschäft und spezifizieren die Bedürfnisse, während der Lieferant die Technik beherrscht und das Produkt entwickelt.

Ganz anders sieht es aus, wenn der **Innovationsgrad** hoch ist. Dann muss die Expertise Ihres gewählten Lieferanten ebenfalls hoch sein, um erfolgreich zu sein. Sie können in einem solchen Fall nicht davon ausgehen, dass sich der Lieferant schnell einarbeitet, und die Lernkurve, die Sie beide dann mitmachen, kann bereits Ihre Marktposition beeinträchtigen. Zwingend gilt auch hier, dass Ihre eigene Prozessfähigkeit hoch sein muss.

Bei niedriger eigener **Prozessfähigkeit** ist Sourcing möglich, wenn der Innovationsgrad niedrig und die technische Expertise

Bewertung	Risikomanagement für Sourcing (Summeneinträge aus den folgenden Tabellen)			
Innovationsgrad (Produkt, Anforderungen)	niedrig	hoch	niedrig	hoch
Prozessfähigkeit des Auftraggebers	hoch	hoch	niedrig	niedrig
Technische Expertise des Auftraggebers	egal	egal	hoch	egal
Expertise des Lieferanten im speziellen Umfeld	egal	hoch	egal	egal
Outsourcing	empfohlen	möglich	möglich	Nein!
Typisches Outsourcing-Modell, empfohlene Maßnahmen zum Risikomanagement	Standard-Outsourcing: Sie beherrschen das Geschäft und der Lieferant die Technik	Sie arbeiten wie bisher. Lieferant muss sich in Ihr Geschäft gut einarbeiten.	Risikoprojekt. Sie müssen Ihre Prozesse verbessern.	Sehr hohes Risiko! Sie müssen sich beide gegenseitig unterstützen und das Risiko teilen.

Abb. 4.4   Verträgt mein Produkt Outsourcing?

des Auftraggebers hoch ist. Sourcing ist dann ein Risikoprojekt, und wir empfehlen Ihnen, Ihre Prozesse gleichzeitig mit dem Sourcing zu verbessern. Suchen Sie sich einen erfahrenen Berater als Begleiter. Lernen Sie vom Lieferanten, nicht mit ihm. Die gute Nachricht dabei ist, dass es sehr viel einfacher ist, wenn man einen gewissen Druck hat und gleichzeitig einen Partner (hier den Lieferanten), der einem bereits sehr viele konkrete Tipps aus dem täglichen Geschäft geben kann. Schließlich sieht er Ihre Prozesse von außen und kann mit dem vergleichen, was er bei anderen Kunden und sich selbst als erfolgreich herausgefunden hat.

Sourcing geht schief, wenn der Innovationsgrad hoch ist, aber Ihre eigene Prozessfähigkeit niedrig. Machen Sie erst Ihre Hausaufgaben und verbessern Sie Ihre internen Prozesse, vor allem jene um Projektmanagement, Rollen und Schnittstellen sowie Änderungsmanagement. Es gibt zahlreiche Beispiele, wo Unternehmen oder Geschäftsbereiche in einem solchen Fall Teile der Softwareentwicklung ausgelagert haben, den Lieferanten gegen dessen Willen zu ihren eigenen unzureichenden Prozessen gezwungen haben (was dieser mitmacht, geht es ihm doch auch primär darum, die Kunden zufriedenzustellen) und nach einem Jahr merkten, dass die Software stark verspätet war und sich nicht integrieren ließ.

Nun wollen wir die vier Kriterien im Detail betrachten und zeigen, wie die Checklisten ausgefüllt werden.

Innovationsgrad. Die erste Checkliste untersucht den Innovationsgrad (Abb. 4.5). Wir betrachten vier Aspekte, die Sie aus der Sicht Ihres Produkts oder Geschäfts mit einer Zahl zwischen 1 und 4 charakterisieren. Dann wird summiert und das Ergebnis als „niedrig" eingestuft, wenn die Summe unterhalb von 11 liegt.

Prozessfähigkeit. Das zweite Kriterium beleuchtet Ihre Prozessfähigkeit als Kunde im Lieferantenmanagement (Abb. 4.6). Dabei betrachten wir drei Aspekte, die Sie dieses Mal mit einem Wert zwischen 1 und 3 bewerten. Ihre eigenen Entwicklungsprozesse

Innovationsgrad (Produkt, Anforderungen)	Ergebnis
Produkt-Anforderungen	1-4
Designkonzept, Systemdesign	1-4
Systemfunktionen	1-4
Anwendungsproblembereich, Geschäftsprozess	1-4
Summe:	....
Kriterien für Einzelbewertung: 1 = kleine Modifikation eines existierenden Systems 2 = große Modifikation eines existierenden Systems 3 = Komplett neues Design, aber basierend auf einem erprobten Konzept 4 = Noch niemals in dieser Form gemacht.	Kriterien für Summenbewertung: 4-10: niedrig 11-16: hoch

Abb. 4.5 Risikomanagement – Innovationsgrad

Prozessfähigkeit des Auftraggebers	Ergebnis
Eigene Entwicklungsprozesse (1 = Reifegrad 1, 2 = Reifegrad 2, 3 = darüber)	1-3
Projektmanagement (Einzelkriterien s.u.)	1-3
Geschäftsprozesse und Schnittstellen (Einzelkriterien s.u.)	1-3
Summe:	....
Kriterien für Einzelbewertung: 1 = neue Prozesse oder Vorgehensweisen 2 = existierende Prozesse mit umfangreichen Anpassungen 3 = existierende Prozesse mit kleinen Anpassungen	Kriterien für Summenbewertung: 3-6: niedrig 7-9: hoch

Abb. 4.6 Risikomanagement – Prozessfähigkeit

werden hier durch ein Reifegradmodell wie ASPICE oder CMMI mit Ihrem Reifegrad beschrieben. Soweit sie nur einen Ausschnitt der Entwicklung betrachten oder einen IT-Geschäftsprozess auslagern wollen, können Sie stattdessen auch das ITIL einsetzen und entsprechend zwischen 1 und 3 charakterisieren. Wieder wird aufsummiert und die Grenze gezogen zwischen „niedrig" und „hoch".

Eigene Kompetenz. Nun betrachten wir Ihre **eigene technische Expertise,** die dann nötig ist, wenn Sie Teile der Softwareentwicklung auslagern wollen oder aber einen ganzen Geschäftsprozess wie die Wartung übertragen wollen (Abb. 4.7). Im Unterschied zur Prozesssicht aus dem zweiten Kriterium geht es hier um Details, wie Sie arbeiten, und zwar vor allem in den Anfangsphasen der Produktentwicklung. Wie spezifizieren Sie? Wie gut können Sie eine Spezifikation oder eine Lösungsbeschreibung (Modell) kommunizieren? Wie gut beherrschen Sie die Qualitätskontrolle und -sicherung? Haben Sie eine Methodik in den einzelnen Entwicklungsschritten, die Sie befähigt, an

Technische Expertise des Auftraggebers	Ergebnis
Spezifikation und Modellierung von Architekturen, Entwurfsdetails und technischen Aspekten	1-5
Analyse, Entwicklung und Integration von technischen Lösungen	1-5
Verständnis für Modellierungskonzepte, Notationen (z.B. UML), Programmiersprachen	1-5
Qualitätskontrolle, Verifikation und Validierung, Teststrategie, Qualitätssicherung	1-5
Eigene Entwicklungsmethodik (z.B. Konfigurationsmanagement, Produktdatenmanagement, Problemmanagement, Anforderungsmanagement, Lebenszyklusmanagement, Dokumentation)	1-5
Summe:	....
Kriterien für Einzelbewertung: 1 = sehr niedrig 2 = niedrig 3 = mittel 4 = hoch 5 = sehr hoch	Kriterien für Summenbewertung: 5-15: niedrig 16-25: hoch

Abb. 4.7   Risikomanagement – Kompetenz

den von Ihnen definierten Schnittstellen ohne Reibungsverluste Dokumente und Ergebnisse weiterzugeben oder zu empfangen? Jeder Aspekt wird mit einer Zahl zwischen 1 und 5 bewertet, und werden dann alle fünf Ergebnisse aufsummiert. Hier liegt die Grenze zwischen „niedrig" und „hoch" bei 15.

Kompetenz des Lieferanten. Schließlich betrachten wir noch die Expertise des Lieferanten, also wie gut sich der ausgewählte Lieferant in Ihrem eigenen Geschäft auskennt (Abb. 4.8). Wie wir gesehen haben, ist diese Analyse nur dann notwendig, wenn es sich um ein Produkt oder um technische Anforderungen handelt, die hochgradig innovativ sind. In diesem Fall müssen Sie vom Lieferanten erwarten, dass er sich damit sehr gut auskennt und vergleichbare Arbeiten mit der gleichen Mannschaft bereits vorher gemacht hat. Wir haben hier insgesamt sieben

Kompetenz des Lieferanten im speziellen Umfeld	Ergebnis
Kenntnis der Geschäftsprozesse des Auftraggebers	1-5
Kenntnis des spezifischen Anwendungsbereichs und Markts	1-5
Verständnis im operativen Tagesgeschäft in der Produktentwicklung, Vorgehensweisen, Methodik, Lebenszyklen, proprietäre Entwicklungswerkzeuge	1-5
Verständnis der dedizierten Entwicklungsprozesse (z.B. Verantwortungen, Schnittstellen, Workflows)	1-5
Kenntnis von Technologien, Architektur, Systemen, Designs	1-5
Verständnis für die zu entwickelnden Geschäftsprozesse oder Anwendungen	1-5
Kenntnis der Schnittstellen Ihrer technischen Systeme und Werkzeuge	1-5
Summe:	....
Kriterien für Einzelbewertung: 1 = sehr niedrig 2 = niedrig 3 = mittel 4 = hoch 5 = sehr hoch	Kriterien für Summenbewertung: 7-21: niedrig 22-35: hoch

Abb. 4.8 Risikomanagement – Lieferant

einzelne Aspekte, die jeweils mit einem Wert zwischen 1 und 5 charakterisiert werden. Die Grenze zwischen „niedrig" und „hoch" liegt bei 21.

4.5 Check: Lieferantenauswahl

Nach der Vorauswahl einer Gruppe von Lieferanten kommt die detaillierte Prüfung, welcher Lieferant konkret infrage kommt. Dies ist ein mehrstufiger Prozess, der nicht nur Ihre Anforderungen und den Kostenrahmen hinterfragt, sondern auf ganz vielfältige andere Fragen eingeht. Wir haben im Folgenden einige Checklisten zusammengestellt, die Sie bei der Auswahl unterstützen. Diese Checklisten dienen nur als Rahmen für Ihre eigenen spezifischen Checklisten, die Sie häufig projektspezifisch anpassen müssen. Nicht alle beschriebenen Prüfungen sind für Sie gleichermaßen relevant. Soweit bestimmte Ergebnisse dieser Checks für Sie und Ihre Kunden oder Märkte kritisch sind, sollten Sie sich deren Einhaltung vertraglich bestätigen lassen und die entsprechenden Prüfberichte archivieren.

Checkliste zur Vorauswahl

- Sind Sie an einer einmaligen Auslagerung einer Aufgabe interessiert oder an einer anhaltenden Geschäftsbeziehung?
- Für wie lange planen Sie die Lieferantenbeziehung? Können Sie bereits einige Jahre im Voraus planen oder suchen Sie eher einen Lieferanten, der so flexibel ist, dass er sich immer wieder an Ihre spezifischen aktuellen Bedürfnisse anpassen kann?
- In welcher Größenordnung bewegt sich das angenommene Volumen der ausgelagerten Aktivitäten? Wie genau können Sie die Arbeitsinhalte abschätzen?
- Wie wird sich das Volumen über die Zeit ändern?
- Haben Sie oder Vertraute bereits mit diesem Lieferanten gearbeitet? Würden Sie es nochmals tun?
- Welche Referenzen kann der Lieferant in Ihrer eigenen Branche und Geschäft vorlegen? (Prüfen Sie die Referenzen sorgfältig.)
- Wie gut kennt der Lieferant Ihr eigenes Geschäft?
- Warum sieht sich der Lieferant in der Lage, Ihre Bedürfnisse besser zu befriedigen als andere Wettbewerber?
- Spielt der Lieferant in der gleichen „Liga" wie Sie (Größe, Prozesse, Marktkenntnisse, technische Kenntnisse, Qualität, Märkte etc.)?
- Hat der Lieferant breite Erfahrungen mit der Art von Dienstleistung, die Sie verlangen (z. B. Fehlerkorrekturen in bestehendem und schlecht dokumentiertem Code zu machen)?
- Welcher Prozentsatz von Mitarbeitern verlässt diesen Lieferanten jährlich (Belege fordern)?
- Wie stabil ist das Management auf Lieferantenseite?
- Wie stabil ist das Unternehmen (Alter, Eigentümer, Kunden, Wettbewerber, Geschäftsentwicklung etc.)?

- Wer sind die Eigentümer?
- Welche Kunden und Märkte bedient der Lieferant?

Diese Prüffragen lassen sich relativ leicht für eine größere Gruppe von möglichen Lieferanten per E-Mail erledigen. Bestehen Sie auf Referenzen, welche die Antworten des Lieferanten belegen können. Gute Lieferanten, egal ob klein oder groß, haben immer eine Referenzliste von Unternehmen – häufig sogar online – verfügbar, wo sie nachhaken können, wie die Erfahrungen waren. Andernfalls helfen auch spezielle Recherchen im Internet oder über lokale Industrie- und Handelsorganisationen. Vertrauen Sie im Zweifelsfall allerdings eher den Industrie- und Handelskammern aus Ihrer Umgebung, denn jene in der Umgebung des Lieferanten haben unter Umständen anders gelagerte Interessen als Sie.

Checkliste zu Ihren spezifischen Anforderungen
- Welche Ressourcen stellt der Lieferant für Ihr Projekt zur Verfügung?
- Wie werden die nötigen Fähigkeiten und Kompetenzen der Mitarbeiter auf Lieferantenseite für Ihr Projekt garantiert?
- Können seine Mitarbeiterzahlen und Kompetenzen flexibel angepasst werden? Mit welcher Geschwindigkeit können sie angepasst werden?
- Wie wird der Lieferant auf veränderte Risiken oder Bedürfnisse reagieren? Beschreiben Sie die zu erwartenden (befürchteten) Szenarios und lassen Sie den Lieferanten ausgestalten, in welcher Form er reagieren würde. Falls es für Sie (oder auch ihn) geschäftskritisch sein kann, lassen Sie sich ein solches Risikomanagement bestätigen.
- Welche Kosten entstehen Ihnen bei den zu erwartenden Änderungen?
- Welches sind die kritischen Einflussparameter auf die Kosten? Sind diese Parameter unter Ihrer Kontrolle oder kann der Lieferant sie zu seinen Gunsten beeinflussen?
- Kann der Lieferant mit gemischten Teams (also Mitarbeitern aus Ihrem Haus und auf der Lieferantenseite) oder global verteilten Teams umgehen?

- Kann ein Offshoringlieferant Mitarbeiter oder Kontaktpersonen an Ihrem eigenen Standort bereitstellen?
- Ist die rechtliche Situation am Standort des Offshoring-
  lieferanten dergestalt, dass Randbedingungen zu Verträgen,
  Datensicherheit oder Copyright- und Patentschutz einklagbar sind? Gibt es dazu Erfahrungen? Verlassen Sie sich hierbei nicht auf die blumigen Berichte von WTO, OECD oder
  Ihrem Anbieter und seinem Heimatland, sondern befragen Sie
  unabhängige Experten. Vergleichen Sie unterschiedliche Stand-
  orte vor diesem Hintergrund.
- Besitzen seine Mitarbeiter die richtige Ausbildung und Zerti-
  fikate?
- Besitzt der Lieferant alle für Sie relevanten Zertifikate und
  Vorgaben (z. B. ISO 9000, CMMI)?
- Passt die Infrastruktur zu Ihren Bedürfnissen (z. B. Netzwerk-
  geschwindigkeit, Datenvolumen, Back-up, replizierte Server,
  Entwicklungswerkzeuge, sichere Verbindungen etc.)
- Welche Preise werden für die Leistungen verlangt, die Sie
  erwarten?
- Wie stabil werden die Preise bleiben?
- Welche Kostenstruktur auf Lieferantenseite liegt seiner
  Angebotserstellung zugrunde?
- Ist das Angebot des Lieferanten ein Lockvogel, um Sie
  speziell als Kunden zu gewinnen? Kann er die versprochenen
  Randbedingungen mit großer Wahrscheinlichkeit einhalten?

Diese Checks hängen speziell von Ihren Bedürfnissen
und Anforderungen ab. Gerade die Kostenstruktur und
angenommene Preisentwicklung ist eine der schwierigsten
Fragen bei der Lieferantenauswahl. Balancieren Sie eine gewisse
Stabilität mit dem Risiko, dass es für Ihren Lieferanten über die
Zeit unattraktiv wird und er den Vertrag kündigen muss.

**Beispiel: Viele Unternehmen gefallen sich darin, es ihren
Lieferanten möglichst schwer zu machen**

Vertragsbedingungen sind so abstrus, dass die Erfüllung
kaum möglich ist. Oftmals werden wir in recht verfahrene

Situationen geholt, wo die Probleme vor allem durch den
Kunden verursacht werden. Das sind unklare Schnittstellen-
beschreibungen, schlecht dokumentierte Anforderungen und
zu viele Änderungen. Auch Knebelverträge gehören dazu, die
den Lieferanten in Bedingungen zwingen, aus denen er nachher kaum herauskommt – außer, er findet ein Schlupfloch.
Einen Fall hatten wir in der Auslagerung des Dokumenten-
managements an einen darauf spezialisierten internationalen
Lieferanten. Die Verträge waren langfristig nicht mehr
wirtschaftlich darstellbar. Statt sich auf Nachverhandlung
einzulassen, zwang der Kunde die Fortsetzung mit viel zu
niedrigen Tagessätzen. Was blieb dem Lieferanten anderes
übrig, als seinen Kunden in eine Situation zu zwingen, wo
der den Vertrag brechen musste? Darauf wurde verhandelt,
aber natürlich nur, damit der Lieferant ohne weitere Kosten
aussteigen konnte. Dieser wiederum hatte inzwischen so
viel Prozess-Know-how angesammelt, dass der Auftraggeber wiederum sehr hohe Folgekosten hatte, als er die
Kompetenzen wiederaufbauen musste. In dieser Situation
unterstützte der Verfasser den Auftraggeber und half, in einem
Win-win doch noch zu einem Ziel zu kommen. Passen Sie als
Auftraggeber unbedingt Ihre Prozesse vorab an das Sourcing
an. Wenn die Beziehung erst einmal parafiert ist, wartet ein
Lieferant nur auf solche Schwachstellen, um seinerseits dann
Konsequenzen wie Verzögerung und Kostensteigerung einzu-
fordern. ◄

**Bewerten Sie die Risiken des „Lock-ins", also die Vorgehens-
weise eines Lieferanten, Sie langfristig in einem Vertrag zu
halten und damit abhängig zu machen.** Würden Sie an der
Stelle der Lieferanten wählen – und wie würden Sie als Kunde
dann damit umgehen? Hintergrund dafür ist, dass viele vor
allem kleinere Lieferanten ein großes Interesse daran haben,
Sie als Kunde zu bekommen. Dann werden langsam und stetig
Abhängigkeiten geschaffen (aus Gründen der Fairness sollte
unterstrichen sein, dass solche Abhängigkeiten auf beiden Seiten
angetrieben werden können), damit der Vertrag nicht mehr leicht

beendet werden kann. Ein Beispiel dafür sind Wartungsverträge
für Software, wo langsam und stetig das Know-how auf Ihrer
Seite so reduziert wird, dass Sie irgendwann einmal nicht mehr
zurückkönnen. Dann können die Preise leichter erhöht werden
als in der Anfangsphase, denn Sie sind kaum in der Lage, die
Aufgabe ohne Blutverlust an einen anderen Lieferanten zu transferieren.

4.6   Check: Lieferantenmanagement

**Vernachlässigen Sie allerdings über den abgeschlossenen Ver-
trägen niemals das eigene Risikomanagement.** Schließlich
kann eine vordergründige rechtliche Sicherheit bei einem
kleinen Lieferanten schnell zu einer fragwürdigen Sicherheit
werden, denn er wird im Zweifelsfall lieber Insolvenz anmelden.
Oder aber Sie verlieren so viel Geld und Zeit durch Prozesse in
einer für Sie fremden Rechtskultur und Sprache, dass Sie diesen
Weg gar nicht gehen wollen. Sichern Sie sich daher auf verschiedenen Wegen ab.

Lieferanten- und Vertragsmanagement umfasst auch das
kontinuierliche **Risikomanagement** in der Lieferantenbeziehung
selbst. Sie sollten daher nicht nur auf die Einhaltung des SLA
und der Qualität und Liefertreue der vereinbarten Produkte oder
Dienstleistungen achten, sondern auch darauf, ob Ihr Lieferant
zukünftig überhaupt noch als Lieferant zur Verfügung steht.
Oftmals sind Auftraggeber davon völlig überrascht, dass ein
kleiner Lieferant plötzlich Konkurs anmeldet oder aber ein
großer Lieferant signalisiert, dass er die Beziehung beenden will.
Beides lässt sich nicht vermeiden, aber doch proaktiv bewerten,
damit Sie bei einem solchen Risiko rechtzeitig alternative
Schritte gehen können.

Wie aber merken Sie, dass Ihre Lieferantenbeziehung
in Schwierigkeiten gerät? Die folgenden Fragen sollten Sie
regelmäßig betrachten und im Zusammenhang mit Ihrem Gefühl
(aus der gepflegten Kommunikation und aus beobachteten Verhaltensweisen heraus) bewerten. Beobachten Sie genau (und

ermuntern Sie die beteiligten Mitarbeiter dazu), denn was sich
subtil ankündigt, kann häufig noch abgefangen werden, bevor
die Situation eskaliert.

- Kommt es zu plötzlichen Verhaltensänderungen beim
  Lieferanten, die Ihnen oder Ihren Mitarbeitern auffallen?
- Werden Vertragselemente nicht (mehr) eingehalten?
- Werden auftretende Schwierigkeiten ausgesessen?
- Kommt es zu regelmäßigen Zurückweisungen Ihrer Spezi-
  fikationen?
- Tritt eine höhere Fluktuation der (fremden) Mitarbeiter in
  Ihrem Projekt auf?
- Lässt der Kontakt zum Management des Lieferanten nach?
- Ändern sich das Management Ihres Lieferanten oder die Ver-
  antwortlichen an Ihrer Schnittstelle mehrmals?
- Werden Sie plötzlich gebeten, Ihre Anforderungen zu
  priorisieren?
- Werden die Vertragselemente (also SLAs) plötzlich sehr exakt
  interpretiert?
- Kommt es zu mehr Eskalationen als bisher?
- Hat sich die finanzielle Situation des Lieferanten ver-
  schlechtert? Achten Sie auf die regelmäßigen Statements, die
  börsennotierte Lieferanten geben müssen. Bei kleinen Unternehmen sollten Sie auf Pressemeldungen oder auch Eigen-
  tümeränderungen achten.
- Verlassen andere Kunden Ihren Lieferanten?
- Hat Ihr Lieferant einen neuen Kunden gewonnen, der ihm
  sehr viel wichtiger sein könnte als Sie?

Neben diesen unabdingbaren Maßnahmen zur Beherrschung
des Risikos, dass Ihr Lieferant plötzlich nicht mehr zur Verfügung steht, sollten Sie auch regelmäßige interne **Lieferanten-
bewertungen** aufbauen. Sie und Ihr Lieferant lernen
voneinander und müssen sich daher *beide* ständig verbessern.
Ihre Lieferantenbeziehung ist nicht statisch, sondern muss sich
an neue Prozesse, Verhaltensweisen, Anforderungen aus Ihrer
Umgebung oder aus geänderten Kundenbeziehungen anpassen.

Nach bestimmten Fristen, bei Erreichung eines bestimmten Meilensteins im Projekt und auf jeden Fall zum Projektende sollte der Lieferant evaluiert werden. Die Evaluierung erfolgt in der Regel intern und kann durchaus partnerschaftlich mit dem Lieferanten erfolgen. In kritischen Fällen (z. B. bei Nichterfüllung eines Vertrags) sollten Sie allerdings einen neutralen externen Experten einschalten. Am einfachsten ist es, wenn die Bewertung mit einem Template formalisiert wird. Dann können Sie sicherstellen, dass die Checks bei allen Lieferanten oder Meilensteinen konsistent durchgeführt werden. Die Ergebnisse einer Lieferantenbewertung sollten transparent auf beiden Seiten diskutiert werden. Oftmals gibt es beidseitigen Handlungsbedarf, und es hilft, auch die Meinung des Lieferanten zu einem entdeckten Problem zu haben, um eigene Prozesse oder Schnittstellen zu verbessern.

Treten Sie einen Schritt zurück und fragen Sie sich auch, was auf Ihrer Seite falsch läuft, wo es zu Reibungen kommt und wie die Beziehungen verbessert werden können.

Bestimmte kritische Faktoren sollten Sie ständig bewerten, denn Sie können damit auch operativ arbeiten:

- Werden die konkreten Erwartungen (d. h. Anforderungen, technische und wirtschaftliche Ziele, SLA-Vereinbarungen) erreicht?
- Stehen die vereinbarten Mitarbeiter (und spezifische Fähigkeiten) wie geplant zur Verfügung?
- Werden die vereinbarten Qualitätsziele erreicht?
- Liegen die Arbeitsergebnisse im Rahmen der Aufwands- und Umfangschätzungen?
- Werden Meilensteine eingehalten (Termine, Inhalte, Qualität)?
- Welche Risiken treten ein? Warum? Welche nicht? Warum nicht?
- Werden die verlangten Standards, Prozesse, Richtlinien, Werkzeuge und Qualitätssicherungsmaßnahmen eingehalten?
- Welche Verbesserungsmaßnahmen schlägt der Lieferant vor?
- Wie lassen sich Kommunikation und Beziehungen zum Lieferanten verbessern?

Zum Projekt- oder Vertragsende sollten Sie gezielt lernen:
- Wurde der Kosten- und Zeitrahmen eingehalten?
- Wurden die vertraglichen Vorgaben auch nach der Abnahme eingehalten (z. B. Leistungsbeschreibung, SLA, Servicefähigkeit, Qualität)?
- Wie lassen sich die Leistungsbeschreibung und das SLA verbessern?
- Lag der Aufwand im Rahmen der ursprünglichen Abschätzungen? Wie lassen sich die Abschätzungen verbessern?
- Welche Risiken traten ein? Warum? Welche nicht? Warum nicht? Wie lässt sich das Risikomanagement verbessern?
- Welche Verbesserungsmaßnahmen schlägt der Lieferant vor?
- Entsprachen die Verantwortungen und Aufgabenteilung den Erwartungen und der Leistungsbeschreibung?
- Wie lassen sich Beziehungen, Organisation und Management verbessern?
- Wie lassen sich Kommunikation und Konfliktmanagement verbessern?
- Können Sie sich vorstellen, mit diesem Lieferanten auch künftig zusammenzuarbeiten?

Verträge haben immer ein Ende. Manchmal wünscht man sich, dass das Ende früher kommt (z. B. bei Enttäuschungen im Lieferantenverhältnis) und manches Mal ärgert man sich, dass es zu früh kommt (z. B. bei Preiserhöhungen des Lieferanten aufgrund eines neuen Vertragsintervalls).

Jeder Vertrag muss saubere Ausstiegskriterien für beide Seiten enthalten. Ausstiegskriterien müssen präzise Triggerpunkte enthalten (z. B. Terminverzug unzureichende Qualität). Der Ausstieg aus einer Beziehung (und damit das Vertragsende) muss am Ende eines definierten Eskalationsprozesses stehen, der es erlaubt, die Beziehung oder das Projekt zu retten oder aber beiden Beteiligten, ihr Gesicht zu wahren.

Es sollte für den Lieferanten – und für Sie – nicht zu einfach sein, eine Beziehung zu beenden. Schließlich gibt es auch für Sie eine Menge Zusatzkosten und Verzögerungen, wenn Sie plötzlich einen neuen Lieferanten suchen und integrieren müssen. Vereinbaren Sie daher ein professionelles Ausstiegsmanagement (z. B. Wissenstransfer zurück zu Ihnen oder zu einem neuen Lieferanten, Übertrag von Lizenzen, Kommunikation der Vertragsbeendigung an Mitarbeiter auf beiden Seiten und an Kunden oder Medien, Provisionen durch den Lieferanten im Haftungsfall für neue Lieferantenauswahl und entstehende Verzögerungen). Lassen Sie auch Ihrem Lieferanten Ausstiegsmöglichkeiten. Manchmal helfen sie beiden Seiten, eine Beziehung sauber zu beenden, indem Anforderungen gezielt über das vertraglich erlaubte Maß hochgeschraubt werden.

4.7   Check: Ausländische Lieferanten

Die folgenden Checks sind dazu gedacht, Sie vor Ort zu unterstützen, falls Sie dem Lieferanten einen Besuch vor Vertragsunterzeichnung abstatten wollen. Eine solche Vor-Ort-Untersuchung muss bereits sehr früh erfolgen, damit Sie wissen, was Sie beim Sourcing erwartet. Fast alle Anbieter in dieser Branche sind darauf eingestellt, vorsichtigen Kunden die Arbeitsplätze und Infrastruktur direkt zu zeigen. Sprechen Sie mit dem Team vor Ort, wenn irgend möglich. Das Gleiche gilt naturgemäß auch für Infrastruktur und Standort.

- Wie sehen die Büros und die Infrastruktur aus?
- Wie schätzen Sie die Stimmung beim Lieferanten ein?
- Werden Ihnen leichtfertig Dinge gezeigt, die Sie selbst einem anderen Besucher nie zeigen würden? (Stellen Sie Fallen!)
- Schauen Sie die Entwicklungs- und Testlabore und die Büros an. Hängen Statistiken oder Projektberichte an den Wänden? Wird damit konkret gearbeitet? Sind die Metriken konsistent?
- Arbeiten die Mitarbeiter vor Ort, wie der Lieferant es versprochen hat?
- Werden Prozesse im Tagesgeschäft gelebt oder nur beschrieben und zertifiziert? Wie kann der Lieferant seine Prozessfähigkeit belegen?
- Sprechen Sie mit den Mitarbeitern oder dem lokalen Management. Prüfen Sie im direkten Gespräch die Eignung

und das Verständnis für Ihre Aufgabe. Testen Sie Skills und Methodik.

- Vertrauen Sie dem Lieferanten und seinem Management?
- Was sagt Ihr Bauchgefühl?

Nicht immer lohnt es sich für Sie, eine solche Prüfung vor Ort selbst durchzuführen, insbesondere im Offshore Outsourcing. Ihre Arbeitszeit und auch die Reise kosten Zeit und Geld, sodass es sich nicht in allen Fällen (beispielsweise, wenn es um eine kurzfristige Auslagerung von einzelnen Testaktivitäten handelt) rentiert, selbst vor Ort zu sein. Größere Lieferanten haben in der Regel Kontaktpersonen in Europa, sodass Sie sich auch an Ihrem eigenen Standort treffen können.

Sollten Sie Wert auf einen solch direkten Gesamteindruck legen, können Sie diese Aufgabe selbst auch auslagern. Es gibt zunehmend mehr spezialisierte Unternehmen, die Projekte beraten und coachen. Vielleicht macht es für Sie Sinn, mit einem solchen Unternehmen zu sprechen.

Manch einem Anbieter wird nachgesagt, dass er einen Vorzeigestandort hat (mit toller Infrastruktur, klimatisierten und modernen Büros, schöner Umgebung und Kantine sowie mit Mitarbeitern, die rund um die Uhr im Büro sind), während die harte Realität in sogenannten Softwaresweatshops besteht, die das Codieren übernehmen und manches Mal nicht einmal rechtlich zu Ihrem Vertragspartner gehören, sondern ihm als Unterlieferant zuarbeiten. Sollten Sie selbst in Ihren Produkten oder Projekten vertragliche Randbedingungen haben, die es verlangen, dass Sie die Lieferkette kennen und überwachen (z. B. Medizintechnik, sicherheitskritische Systeme), müssen Sie solche Prozesse sehr exakt vor Ort prüfen und sich im Vertrag bestätigen lassen, dass sie zu jedem Zeitpunkt befolgt werden.

Zum Schluss noch ein Tipp: Manche der genannten Fragen haben den Charakter von Fallen, die dem Lieferanten gestellt werden, um zu sehen, wie er sich verhält. Sehen Sie dies ausschließlich professionell. Es ist nichts anderes, als wenn sie für mögliche Mitarbeiter ein Assessment Center ausrichten, in dem sie bestimmte Szenarien bearbeiten müssen. Ein Lieferant, der mir als möglichem Kunden zu leichtfertig Details aus

Projekten anderer Kunden mitteilt, wird dies später auch mit
meinen Daten so machen.

4.8   Check: Qualität und Liefertreue

Vertrauen ist gut, und Kontrolle ist besser. Gerade bei
Lieferanten in anderen Kulturen oder größeren Entfernungen
ist eine regelmäßige Auditierung der Situation zwingend nötig.
Wir haben in unseren Projekten zum Risikomanagement oft die
Situation, dass Kunden sich fast blind auf Lieferanten verlassen
und plötzlich feststellen, dass beispielsweise Dokumente und
Rückfalllösungen nur rudimentär vorhanden sind.

Lieferanten müssen unabhängig durch Dritte auditiert werden.
Schließlich hat Ihr Lieferant auch seine Geschäftsgeheimnisse, die
er nicht auf den Tisch legen will. Oft machen wir solche Audits
für Auftraggeber, inklusive Softwareanalysen und Architektur-
bewertungen. Das schafft Vertrauen auf beiden Seiten. Und er hat
andere Kunden, deren Prozesse Sie nicht direkt sehen sollten. Wir
führen in diesen „Dreiecksverhältnissen" oft Prüfungen der Liefer-
gegenstände durch, aber auch und gerade das Risikomanagement
vor Ort. Datensicherheit und -schutz sind von zunehmendem
Interesse im verteilten Arbeiten, denn es geht hier nicht nur um
Ihre kritischen Produktdaten, die Wettbewerbsvorteile ausmachen
können, sondern auch um Daten Ihrer Mitarbeiter oder Ihres
Unternehmens, die nicht in fremde Hände gelangen dürfen.

Audits werden situativ angepasst. Hier einige Kriterien:

- Erfüllt der Lieferant die rechtlichen Vorgaben, die Sie erfüllen
  müssen? Haben Sie alle nötigen Berichte und Dokumente auf
  Ihren Servern, um im Falle von Produkthaftung etc. durchgängig Ihre Aufsichtspflicht dokumentieren zu können?
- Werden die für Sie relevanten Sicherheitsmaßnahmen
  konsequent umgesetzt und gelebt (z. B. Datenschutz,

replizierte Daten, redundante Infrastruktur, Back-ups, Feuerschutz, verteilte Standorte)?

- Gibt es transparente Konzepte für Business Continuity?
- Ist die vorhandene Infrastruktur hinreichend sicher, um Ihren
  Ansprüchen zu genügen (z. B. Angriffsschutz, VPN, separates
  gesichertes Netzwerk, besondere Kommunikationsprotokolle
  über die gesamte Verbindung)?
- Kann der Lieferant die geforderten gesetzlichen Randbe-
  dingungen und Ihre eigenen Unternehmensstandards ein-
  halten (z. B. Standards zu Cybersecurity, Basel 2, ITIL)?
- Kann der Lieferant sein Managementsystem, also Prozesse,
  Berichtswesen, Kommunikation, Governance, an Ihre
  Anforderungen anpassen? Hält er sie in Ausnahmesituationen
  ein?
- Wird das Qualitätsmanagement beim Lieferanten regelmäßig
  auditiert? Lassen Sie sich die Zertifikate und Prüfberichte
  zeigen.
- Lassen sich Ihre rechtlichen Ansprüche am Standort des
  Lieferanten vollstrecken, beispielsweise Gewährleistung,
  Schadensersatz?
- Welche rechtsstaatlichen Prinzipien werden am Standort des
  Lieferanten gelebt und eingefordert?
- Gibt es Musterfälle, die Rechtsicherheit am Standort des
  Lieferanten belegen?

**Ein Prüfbericht, der nur Risiken oder Schnappschüsse der
Situation beschreibt, ist sein Geld nicht wert.** Eine Prüfung
ist komplett, wenn sie auch konkrete Aufgaben zur Risikoabschwächung beinhaltet. In jedem Fall sollten Sie nicht nur
Audits anfordern und ablegen, sondern sich die Prüfberichte
durchlesen. Oft sehen wir lange Risikolisten und wenig
Abschwächung und nachvollziehbare Maßnahmen. Daher
der vielleicht wichtigste Hinweis: Egal, wie die Lieferantenbeziehung aussieht, behandeln Sie ihn analog zu Ihren eigenen
Prozessen und Liefergegenständen.

Länder und Kulturen

5

Übersicht

Alles bleibt anders. Mit den globalen Verwerfungen im Zug der Wirtschaftskrise hat sich der globale Wettbewerb nochmals beschleunigt. Die Fähigkeit, schneller zu lernen als die Konkurrenz, ist der wesentliche Wettbewerbsvorteil. Verteiltes Arbeiten hat viele Herausforderungen, vor allem über Ländergrenzen hinweg. Entfernung, Zeitzonen, und Sprache sind offensichtliche Kriterien. Kultur, Stabilität der Region, lokale Gesetze und Kommunikationsstile sind weitere Aspekte, die in der Euphorie über Flexibilität und Kosten gerne vernachlässigt werden. Wir wollen diese Risiken erläutern, um die Auswahl zu erleichtern und Ihnen Tipps und Auswahlkriterien mitzugeben.

Wichtig: Kostenvorteil vergeht, Kulturunterschied besteht. So einfach sieht die Praxis aus, und entsprechend klar muss ihr Risikomanagement aussehen. Preis ist nur ein Faktor und wird in der Praxis überbewertet. Bewerten Sie vorab Standorte anhand der regionalen sowie kulturellen Risiken. Risiken, die Sie nicht angreifen, werden Sie angreifen.

© Springer Fachmedien Wiesbaden GmbH, ein Teil von Springer Nature 2020
C. Ebert, *Verteiltes Arbeiten kompakt,* IT kompakt,
https://doi.org/10.1007/978-3-658-30243-6_5

5.1   Kompass der Kulturen

Kulturelle Unterschiede beeinflussen das verteilte Arbeiten weitaus mehr als Zeitzonen und Sprachen. Pünktlichkeit oder die Aussagekraft von Vereinbarungen sind in kaum einem anderen Land so stark ausgeprägt wie in Deutschland. Andererseits nehmen uns die entsprechenden Menschen im Ausland oftmals als perfektionistisch wahr. Hier gilt es, eine optimale Balance zu finden zwischen lokaler Kultur und internationalem Prozedere, das sich glücklicherweise zunehmend angleicht.

Wertevorstellungen differieren je nach Kultur. Unser hiesiges Verständnis von Zusammenarbeit, Vereinbarungen, aber auch Recht und Unrecht ist stark von christlichen und „abendländischen" Werten beeinflusst. Dieses Verständnis wird in anderen Kulturen so nicht geteilt und häufig nicht einmal verstanden. Vor allem totalitäre Regierungen unterdrückten in der zweiten Hälfte des vergangenen Jahrhunderts religiöses Leben. Die Folge war ein Wertevakuum, das noch Jahrzehnte nach dem Fall des Eisernen Vorhangs ausstrahlt. Wertevakuum wirkt sich im Kleinen aus, wo schnell persönlich beleidigt und angegriffen wird, aber auch im Großen bei Ausbeutung und Missinformation.

Asien handelt, Europa streitet, Deutschland zaudert. Klar ist, dass die westliche Kultur mit komplizierten Konsensprozessen gegenüber pragmatischen asiatischen Ländern wie Korea, China und Vietnam im Nachteil ist. Dort wird entschieden und umgesetzt. Kulturen regen zu einem gewissen Schubladendenken an. Aber es ist natürlich sinnvoll, sich gemeinsame Werte anzuschauen. Eine wesentliche Herausforderung in der direkten Zusammenarbeit stellt das sehr unterschiedliche Persönlichkeitsverständnis dar. Während das Christentum den Westen sehr stark individualisiert hat mit der Konsequenz, dass oftmals Einzelkämpfer im Vordergrund stehen, herrscht in Asien eine starke Gruppenbetonung vor. Die Auswirkungen sind mannigfaltig und oftmals erst durch dieses Grundverständnis überhaupt nachvollziehbar. Beispielsweise wird man in China oder Japan zwar sehr strenge Rituale hinsichtlich der gesellschaftlichen Position

finden, aber dafür innerhalb einer Gruppe eine Nähe und Vertrautheit beobachten, die uns fremd ist.

Beispiel

Ein Team arbeitete bereits seit vielen Jahren international
mit Mitarbeitern aus Asien, Europa und Nordamerika. Man
vergrößerte sich weiter und stellte einen arabischen Entwickler
ein. Der arbeitete gut und holte einen Bekannten, ebenfalls aus
dem arabischen Raum, ins Team. Aus einem Missverständnis heraus gab es Ärger zwischen den beiden Landsleuten,
der für das ganze Team bedrohlich wurde. Während Konflikte
im geschäftlichen Bereich üblich sind, und auch ausgetragen
werden müssen, verschärfte sich der Ton zwischen den beiden
hin zu persönlichen Beleidigungen und Mobbing. Für den Rest
des Teams kulturunübliche Bemerkungen wie „Beim nächsten
Mal weiß ich nicht, ob ich mich noch zusammenreißen kann"
in einer Auseinandersetzung führten dazu, dass man sich rasch
vom Unruhestifter trennte. Die Erfahrung daraus hat nichts mit
Schubladendenken zu tun, sondern ganz einfach damit, dass
verschiedene Kulturen schnell kompliziert werden können,
vor allem, wenn es keinen gemeinsamen Kompass gibt.
Daher unsere Empfehlung, für jedes verteilte Team mit unterschiedlichen Kulturen sich auf gemeinsame Werte und einen
Kompass vor allem auch für schwierige Situationen vorab (!)
zu verständigen. ◄

**Grundsätzlich bringen andere Kulturen andere
Kommunikation und Gebräuche mit sich.** Das äußert
sich in Begrüßungsritualen, der Kommunikation oder der Art
und Weise, wie über Fehler und deren Korrektur gesprochen
wird. Beeinflusst sind damit Vertragsverhandlungen, Vereinbarungen und das Projektmanagement, bei dem es ja um eine
klare Sprache geht. Freundlichkeit und Klarheit stehen beispielsweise in Asien in einem direkten Gegensatz. Ein „Ja"
bedeutet dort nicht Zustimmung, sondern dass man darüber
nachdenkt. Nachfragen und Aussagen von Gesprächspartnern
sollten Sie daher wiederholen lassen. Vereinbarungen sollten

Sie schriftlich dokumentieren, soweit dies opportun ist. Die schriftliche Dokumentation von Ergebnissen im Stil einer Prozessbeschreibung wird in China oder Indien gerne gesehen. Für beide Seiten erlaubt sie, dass man direkt am Bildschirm editiert und damit zu einem gemeinsamen Verständnis kommt.

Vertraulichkeit ist in vielen Kulturen ein Fremdwort. Vertrauliche Kommunikation – gerade auch auf dem Schriftweg – ist nahezu unmöglich. Bedingt durch die sehr eng verbundene Gesellschaft, gibt es kaum Privatsphäre. E-Mails oder Dokumente darf jeder lesen – und sei es nur zur eigenen Fortbildung. Vor allem in Indien ist der bevorzugte Treffpunkt nicht die Kaffeeküche, sondern der Drucker. Immer wieder höre ich von dortigen Kollegen, dass Drucker viele Vorteile haben. Sie sind laut, sodass niemand mithören kann, es kommen immer wieder Leute vorbei, um Ausdrucke abzuholen. Am wichtigsten aber ganz banal: „Aus dem Drucker kommen ständig interessante Dinge heraus." Datenschutzstandards müssen Sie in solchen Ländern rigoros einfordern und ständig überprüfen. Die legendären „Firewalls", die wir gerne zwischen Projekten und Kunden aufbauen, sind dort zum Scheitern verurteilt.

Lokale Kultur lernt man nur, wenn man vor Ort mit den Menschen spricht. Setzen Sie sich regelmäßig mit anderen Kulturen auseinander – und arbeiten Sie dort. Menschen registrieren sehr genau, wer ihnen welche Aufmerksamkeit schenkt. So sehr wir in diesem Buch das verteilte Arbeiten propagieren, es gilt nach wie vor, dass Reisen bildet und bindet.

5.2   Korea und Japan

Deutschland und Korea. sind sich kulturell sehr ähnlich. Beide haben zudem eine gemeinsame Tradition als geteilte Länder. Und beide werden von Bloomberg als innovativste Länder der Welt eingestuft. Doch auch die Bedrohungen sind dieselben, vor allem die wachsende Sklerose. Beide Länder sind mit einem hohen Anteil an alternder Bevölkerung und zu viel Rechtsstaatlichkeit konfrontiert. In beiden Ländern ist die Automobilindustrie seit fast zwei Jahr-

zehnten führend in der Innovation und gibt vielen anderen
Branchen Impulse. Eine Verlangsamung des Automobilsektors,
wie von einigen Kräften beabsichtigt, wird die Innovationskraft
von Ländern wie Deutschland und Korea schwächen. Dabei ist
Korea insgesamt besser aufgestellt, da es eine starke IT-Industrie
hat, die Deutschland praktisch ganz fehlt. Wie viele asiatische
Länder ist Korea sehr leistungsorientiert, während man sich hierzulande oft auf den Erfolgen der Vergangenheit ausruht und versucht, Probleme durch Umverteilen zu lösen.

**Korea, China und Japan sind die weltweiten Tempel der
Innovation.** Im Unterschied zum Silicon Valley, auf das wir
Europäer neidisch schauen, wird hier Innovation überall gelebt,
nicht nur in den Vorzeigeunternehmen. 5G hat in Korea eine
Abdeckung von nahezu 100 %, während in Deutschland über
jeden Sendemast diskutiert wird. Japaner und Koreaner lernen
bereits in der Grundschule, dass man gegen China untergeht,
wenn man nicht ständig vorne dabei ist. Ein Entwicklungs-
leiter sagte mir: „Korea braucht Innovation zum Überleben."
Nicht umsonst gibt es viele Spitzenunternehmen, die weltweit
reüssieren, wie Samsung als Marktführer bei Smartphones und
Fernsehern oder LG („Life's Good"), die mit energieeffizienten
Haushaltsgeräten mit IoT und AI führen. Innovative Produkte
und die digitale Transformation treiben den Wettbewerbsvorteil
und damit die Existenz jedes Unternehmens oder jeder Volks-
wirtschaft an. Die besten Beispiele für Innovations- und Techno-
logiezentren wie Singapur, Israel oder Silicon Valley zeigen,
dass Innovationen nur mit einem unterstützenden Ökosystem
und einer risikofreudigen Mentalität geschaffen werden und
gedeihen können. Digitale Transformation und Dienstleistungsinnovation können sich mit der richtigen Organisationsstruktur,
dem modernsten Werkzeug und der richtigen Infrastruktur
schnell nach oben entwickeln.

Beide Länder werden durch ihre Hauptstädte dominiert. Die
Metropole Tokio ist weltweit bekannt. Seoul ist ein riesiges
Stadtgebiet ganz im Norden von Korea und mit Blickkontakt
nach Nordkorea. Die Stadt hat 10 Mio. Einwohner und die
Region 25 Mio., ein Drittel aller Koreaner. Es ist der viertgrößte

Wirtschaftsraum der Welt mit Unternehmen wie Samsung,
LG und Hyundai. Interessant, dass die Stadt auch in der Gunst
der Touristen hoch rangiert, denn sie ist unter den Top-10 aller
Städte und hat damit gleich viele Besucher wie Einwohner. Vom
Konflikt mit Nordkorea oder gar einer Angst spürt man in Süd-
korea gar nichts, obwohl es in Seoul nur dreißig Kilometer zur
Grenze sind. Staus sind an der Tagesordnung – viel schlimmer
als in Deutschland, aber niemand beklagt sich.

**Zu wissen, dass man jederzeit ersetzbar ist, treibt die Leute
an.** Man arbeitet viel, zehn Stunden täglich plus zwei bis drei
Stunden Pendeln. Das ergibt wenig Feierabend. Fazit von Ein-
heimischen: „Ihr in Deutschland geht ja mittags bereits nach
Hause. Wir arbeiten viel länger." Urlaub mag ein Japaner kaum
machen, denn die Kollegen müssten sonst noch mehr arbeiten.
Niemand beschwert sich. Disziplin und Loyalität sind eisern.
Da wird es schon peinlich, wenn uns die Sattheit und Leistungs-
unwilligkeit in Deutschland vorgehalten wird.

**Die seltsame Mischung aus Gerontokratie und Jugendkult ist
deutlich sichtbar.** Alter steht gleich mit Leistung und Respekt,
worunter Jugendliche leiden und sich in Popkultur flüchten.
Die Mitarbeiter bekommen mit fünfzig plus Jahren Angebote
zur Abfindung, was auch viele nutzen, um draußen eine neue
Existenz aufzubauen, oft ein Restaurant, das aber scheitert, da
sie einfach keine Erfahrung damit haben. Hier baut sich eine
soziale Spannung auf. Japan zeigt ein erstaunliches Spannungsfeld, das sich sogar gegenseitig bedingt. Man vergreist in Würde
und benötigt daher modernste Technologie zur Automatisierung
und Betreuung der wachsenden Gruppe alleinstehender Alter
und Kranker. Am dritten Montag im September feiert man in
Japan Keiro no Hi, den Achtung-vor-dem-Alter-Tag. Früher
bekamen die über Hundertjährigen an diesem Tag als Ehrung
einen Silberbecher überreicht. Das ist der Regierung inzwischen
zu teuer, weil es zunehmend alte Menschen gibt. Der amtliche
Feiertag wird demzufolge auch nicht mehr konsequent eingehalten, da die arbeitsfähige Bevölkerung arbeiten muss. Die

abnehmende Gruppe der Jugendlichen wird hofiert und mag das gar nicht. Das ergibt eine seltsame Mischung aus Gerontokratie und Jugendkult. Zunehmend mehr Personen im Alter von 20 aufwärts sind single und werden es nach allgemeinen Voraussagen bleiben. Man hat kaum Gelegenheit, sich kennenzulernen – und ist zu diszipliniert, einfach Kontakt aufzunehmen. 2040 werden 40 % der Japaner alleinstehend sein. Danach mehr. Es fehlt die Zeit für Nachwuchs, sodass die Vergreisung vorgezeichnet ist. Smartphones ersetzen zwischenmenschliche Beziehungen – generationsübergreifend. Man altert in Würde und beobachtet das eigene Aussterben. Ein Rollenmodell für Deutschland? Möglich, wenn wir den schon vor Jahrzehnten von Roman Herzog beschworenen Ruck durch unsere Gesellschaft nicht endlich umsetzen.

5.3   Indien

Indien ist seit Jahrzehnten das weltweite Zentrum für verteilte IT und Softwareentwicklung. Das hat viele Gründe, vor allem die englische Sprache, das politische und wirtschaftliche Interesse des Lands an genau diesem Markt, die gelieferte Qualität, die weltweit nahezu konkurrenzlos günstigen Preise (20–30 % auf der Basis einer IT-Arbeitsstunde in Deutschland) sowie eine Kultur, die mit unserer westlichen Kultur umzugehen versteht. Inzwischen machen Dienstleistungen den Großteil des BIP in Indien aus – ein Anteil, der typisch für ein entwickeltes Land ist.

Indien ist für uns Europäer schwer zu verstehen, trotz der niedrigen Sprach- und Zeitzonenbarriere. Die Kultur des Abwartens und auf ewige Kreisläufe getrimmten Denkens fällt uns schwer. Es ist das Land der Sinne mit seinen vielen Genüssen. Die Vielfalt der Gewürze mit ihren Farben und Duftnoten ist fantastisch. Nirgends kann man so gut vegetarisch essen mit kreativen und abwechslungsreichen Geschmacksrichtungen.

Beispiel

Bengaluru (früher Bangalore) ist weltweit der führende Hotspot für IT und hat heute 12 Mio. Einwohner. In den zwanzig Jahren, seit ich regelmäßig dort bin, hat sich die Bevölkerung verdoppelt, also knapp 5% Wachstum p.a. und stetig exponentiell. Am Verkehr sieht man das Dilemma, denn die ursprünglich für eine Kleinstadt konzipierte Infrastruktur wurde im Dschungel von Vorschriften und Einsprüchen kaum weiterentwickelt. Die Fahrt vom Flughafen im Norden nach Electronic City im Süden dauert morgens um drei Uhr ungefähr eine Stunde. Im Berufsverkehr sind es drei Stunden – für fünfzig Kilometer. Öffentliche Verkehrsmittel wie Metro oder Bahn? Fehlanzeige. Man fährt Taxi und als Einheimischer Motorrad oder im überfüllten Bus. Bengaluru ist nach Mumbai und Delhi die drittgrößte Stadt Indiens, und sicher eine der modernsten. Das vergleichsweise trockene Klima im Süden von Indien machen das Leben und Arbeiten dort vergleichsweise angenehm. „Garden City" hieß die Stadt schon in der Kolonialzeit und macht dem Namen mit der Lage in tausend Meter Höhe bei warmem Klima mit regelmäßigem Regen für indische Verhältnisse alle Ehre. Daher wächst dieses indische „Silicon Valley" auch so rasch. Eine Studie des „Economist" von 2017 zur Relevanz von 45 Städten weltweit für die digitale Transformation und IT, die 2600 Vorstände befragte, zeigte Bengaluru auf dem ersten Platz, gefolgt von San Francisco, Mumbai und Delhi. Berlin endete abgeschlagen auf dem letzten Platz. Was früher nur ein Outsourcing-Standort war, ist heute einer der wichtigsten Technologie-Hubs weltweit. War Bengaluru früher primär das verlängerte Fließband mit ausgelagerten Software-Tätigkeiten, ist es heute das Zentrum moderner Innovationen. Jeder große Konzern hat dort seine Labors, mit jeweils zehntausenden von Mitarbeitern im Captive Sourcing. Allein Siemens, mit denen ich dort seit zwei Jahrzehnten arbeite, beschäftigt heute über 2000 Spitzen-Ingenieure. Alle großen Konzerne entwickeln ihre Digitalisierungs-Lösungen in Bengaluru, von ABB und Bosch über Google und Micro-

soft bis zu SAP und Siemens. Über 400,000 Ingenieure
arbeiten in den IT-Zentren der Stadt. Durch die hohe Nach-
frage sind die Management-Gehälter heute auf westlichem
Niveau. Unterschiede gibt es nach wie vor bei Entwicklern.
Gute Designer verdienen im Valley über 200,000 Euro, und
hier knapp 50,000. Es lohnt sich also gerade für Unternehmen
mit nicht so schillernden Namen, hier die IT zu entwickeln.
Und weil das Erfolgsmodell auch für Indien inzwischen zur
Blaupause für gute Industriepolitik wurde, kopieren es andere
Städte wie Chennai, Gurgaon, Hyderabad und Pune. ◄

Wiewohl die beiden IT-Giganten Indien und China schon aufgrund ihres politischen Systems sehr verschieden sind, drängen
sich Vergleiche auf. Indien ist zwar die größte Demokratie der
Welt, aber blockiert sich immer wieder selbst mit Korruption
und Komplexität. Das chinesische Modell beruht auf einer
staatlich gesteuerten Planwirtschaft mit exakt definierten Entwicklungsschritten. Der Motor ist die Exportleistung aus
Industrieproduktion und Dienstleistungen. China ist bis heute die
Werkstatt der Welt, so wie Großbritannien im 19. Jahrhundert –
und gleichzeitig auch ein immer wichtigerer Innovations-Treiber.
Anders als in allen anderen kommunistischen Ländern der
Welt befruchten sich Planwirtschaft und Diktatur. Nur wenige
Chinesen wollen eine Demokratie, wenn sie an Indien denken.
1992, als ich das erste Mal in China arbeitete, hatten beide
Länder ca. 1500 USD/Person BSP.
Seither ist China auf das Vierfache gewachsen, während
Indien fast stagniert. Der Grund der indischen Probleme ist
greifbar: Regulierung, fehlende Planung und Laisser-faire.
Die indischen Kollegen hier haben mir berichtet, dass die Ver-
breiterung einer Straße inzwischen wegen der Prozessflut länger
dauert als in Deutschland. Man vermisst eine Regierung, die
durchgreift. Indien hat sich an diesen Fatalismus gewöhnt. Ein
Projektleiter eines großen IT-Dienstleisters in Indien sagte mir
augenzwinkernd: „Wenn ein Mitarbeiter nicht performt, dann
wünschen wir ihm, dass er im nächsten Leben als unser Kunde
wiedergeboren wird." China und Korea haben mit dem Buddhis-
mus zwar ähnliche Wurzeln. Aber es gab bereits in den Zeiten

der ersten Kaiserreiche immer eine klare Linie – von oben
nach unten. Und die von Konfuzius beschriebenen Verhaltensweisen des Führens und Folgens waren damals bereits über Jahr-
hunderte etabliert. Aber es gibt auch Gemeinsamkeiten: Der Weg
zur Arbeit beträgt in diesen Ländern 1-2 Stunden pro Strecke.
Man freut sich auch wieder auf die Heimat, wo sich viele Leute
über alles Mögliche beklagen, aber auf extrem hohem Niveau.

**Indien leidet wie viele Länder unter der unausgewogenen
Verteilung von Arbeit.** Die Technologiekonzerne zahlen gut,
so dass sich eine breite Mittelschicht von hoch qualifizierten
und überdurchschnittlich verdienenden indischen Informatikern
gebildet hat. Für den Großteil der Bevölkerung sind die Verhältnisse prekär. Die Hälfte der Bevölkerung muss mit weniger als
10 EUR pro Tag auskommen. Die Infrastruktur ist rudimentär,
sodass normale Taxifahrten oder auch die Stromversorgung und
die Telekommunikation vor allem für Neulinge zu einem regel-
rechten Abenteuer werden können. Überbordende Bürokratie
und Korruption sowie eine auf nur sehr langsame Änderungen
achtende Regierung tragen zur Lähmung zusätzlich bei.

Die in Anzahl und Fähigkeiten stark wachsenden indischen
IT-Arbeitskräfte sind der wichtigste Faktor im globalen
Wachstum als Softwarelieferant. Bereits heute gibt es in Indien
3 Mio. Softwareentwickler, und ihre Zahl wächst weiter.
Allerdings kommt Indien langsam in eine Sättigung, was sich in
steigenden Gehältern bei kompetenten Fachkräften ausdrückt,
sodass Länder wie Philippinen, Vietnam oder Ägypten schnell
an Fahrt gewinnen.

**Die hohe Prozessorientierung in asiatischen Ländern ist
Legende.** Kein Land hat eine derartig hohe Dichte von Unter-
nehmen auf dem Reifegrad 5 des Capability-Maturity-Modells.
Westliche Beobachter führen diese Prozessorientierung gerne
auf einen religiösen oder kulturellen Hintergrund zurück.
Das ist zu kurz gesprungen, denn damit wäre prozessuales
Arbeiten grundsätzlich nur in bestimmten Kulturen möglich.
Der Grund indessen ist vor allem das Verständnis asiatischer
Softwareentwickler, dass **Qualität der einzige anhaltende**

Wettbewerbsvorteil in einem extrem globalisierten Geschäft ist. Ähnlich wie japanische und koreanische Unternehmen in den 1970er-Jahren die Qualitätssicherung nicht selbst erfanden, sondern aus den USA exportierten, als dort nach dem Zweiten Weltkrieg eine extreme Arroganz hinsichtlich qualitativ guter Produkte herrschte, taten dies indische Softwarekonzerne mit Verfahren der Softwarequalität. Dies erklärt auch, weshalb Watts Humphrey, der das CMM ursprünglich für das SEI am amerikanischen Markt einführte, noch Jahre nach seiner Pensionierung ein Institut zur Softwarequalitätsverbesserung in Indien leitete.

5.4 China

China ist die weltweite Führungsregion des 21. Jahrhunderts. Die Rolle der Volksrepublik China hat sich in den letzten Jahren deutlich gewandelt. Vor allem der wirtschaftliche und politische Aufstieg Chinas hin zum Global Player wird als Hauptgrund für den großen Einfluss der Volksrepublik identifiziert. Geopolitisch sieht man momentan eine rasche Verschiebung von Kräften und Einflüssen in Richtung von China. Nach 250 Jahren, denn bis ins 18 Jahrhundert war China der führende Wirtschaftsraum Asiens, ist China ein weiteres Mal die weltweit wichtigste Kraft geworden. Eine auf kontinuierliches und anhaltendes Wachstum ausgerichtete Politik und Führung des Lands ist darauf bedacht, in ausgewählten Bereichen lokal und wirtschaftlich gesehen eine führende Rolle einzunehmen. Die vier wesentlichen Treiber dafür wurden in den achtziger Jahren nach dem Tod Maos geschaffen. Das sind Privatbesitz, Öffnung für ausländische Investments, Beitritt zur WTO und Nutzung des Internets. Politiker weltweit unterstreichen immer wieder, dass China zur geopolitischen Herausforderung auf der Welt wird. Grund dazu ist hauptsächlich, dass China nicht an die Würde des Einzelnen glaubt. Das Kollektiv wird vor das Individuum gestellt. Damit umzugehen fällt westlichem Denken schwer, wie die Aufarbeitung der Demonstrationen in Hongkong

und auch die Corona Pandemie, die ihren Ursprung in China
hatte, zeigt.

**China ist der größte Markt der Welt und ist gleichzeitig
der Lieferant der ganzen Welt.** China hat den härtesten Wettbewerb. Wer hier erfolgreich ist, schafft es überall. Für Unternehmen und Führungskräfte ist es zwingend, in China reüssiert
zu haben, ähnlich wie man früher in die USA ging, um dort
modernes Marketing und Management zu lernen. China setzt
die wesentlichen Standards für Digitalisierung, Elektromobilität,
künstliche Intelligenz – und nicht zu vernachlässigen – unsere
gesellschaftliche Entwicklung. Nur Unternehmen, die hier
präsent sind, werden in der Innovationsspirale mithalten können.
Wenig hilfreich dabei sind Anbiederung und Arroganz, wie wir
es immer wieder von hiesigen Politikern erleben. Wer nicht die
Ärmel hochkrempelt und vor Ort Leistung zeigt, wird von den
hart arbeitenden Chinesen nicht ernst genommen – mit allen
Konsequenzen.

Beispiel

China zeichnet sich durch die schnellste Veränderungs-
geschwindigkeit weltweit aus. Nirgendwo wird mehr mit
dem Handy gezahlt als in China. Alibaba und Tencent sind
die größten Onlineplattformen weltweit. Die Kameraüber-
wachung und das Sozialpunktesystem sind bereits jetzt
Legende und Vorreiter für viele globale Entwicklungen. Eine
Kollegin aus Nanjing berichtete von ihrem Sohn und dessen
Aufenthalt an einer Schule in Deutschland. Er war von den
Deutschen begeistert, da alles ordentlich und sauber ist. Aber,
so hat er schnell bemerkt, in Mathematik sind die deutschen
Schüler viel schlechter als seine chinesische Klasse. Er
hatte verglichen, was die Mitschüler konnten und was er im
gleichen Alter und Klasse konnte. Nachdem wir China in
der Ausbildung nichts mehr vormachen können, habe ich
sie auf die Sauberkeit angesprochen, denn die Straßen sind
in China zunehmend verschmutzt. Ihre spontane Antwort:
„Früher hatten wir die Hunde gegessen; das ist heute nicht

mehr so einfach. Also gibt es mehr Schmutz." Mit den leid-
vollen Erfahrungen aus SARS und Corona wünschen sich
viele Chinesen, dass das Verbot der Wildtierhaltung endlich
systematisch umgesetzt wird. Schnelle Veränderungen sind
greifbar und werden akzeptiert. ◄

Früher galt China als die Hardwaremanufaktur der Welt, und
Indien war die Softwaremanufaktur. Diese einfache Teilung hat
sich massiv geändert, und China ist an Indien schnell vorbei-
gezogen. In den vergangenen zehn Jahren hat sich der Export
von hochwertigen Gütern aus China mehr als verdoppelt und
beträgt heute bereits 40 % am Gesamtexport. Große indische
Softwarehäuser haben Niederlassungen in China gegründet und
übernehmen ganz gezielt die dort eher fragmentierten Kleinunternehmen, um den weltweit verfügbaren Ressourcenpool
groß zu halten. Auf der anderen Seite haben die großen
chinesischen Unternehmen wie Huawei und ZTE im Tele-
kommunikationssektor damit begonnen, Software nach Indien
auszulagern – bleiben also dem Klischee aus Gründen der
besseren Verfügbarkeit von Ressourcen verhaftet.
Die wichtigsten Regionen der chinesischen Softwareentwicklung sind Beijing, Schanghai, Chengdu, Nanjing und
Hangzhou. Ansiedlungen in diesen Städten werden durch Wirt-
schaftsprogramme gefördert. Es lohnt sich durchaus, abseits vom
allseits bekannten und illustren Schanghai zu suchen. Beispielsweise bietet Chengdu einen sehr viel größeren Ressourcenpool
zu Kosten, die bis zu 20 % unterhalb jener an der Ostküste
liegen.
China ist jedes Mal wieder Inspiration, aber auch ein Bench-
mark, der zeigt, wie verwundbar wir inzwischen in der westlichen Welt sind. In meinen Trainings kommen immer wieder
viele sehr gute Fragen, die ich hierzulande teilweise vermisse.
Nach wie vor versuchen die Chinesen, von Deutschen zu lernen,
aber dann auch gleich darauf aufzubauen und mit Innovationen
unseren Status zu überspringen. Das war bei den Handys mit
5G der Fall, was selbst Apple aufgrund von Patentverletzungen
(also nicht die oft gescholtenen Chinesen) bisher verpasst hat,
und ist es aktuell bei E-Mobility. Dort sind die Vorschriften für

Luftreinhaltung und Fahrverbote noch viel strikter als bei uns –
und fördern damit die lokale Wirtschaft. Nicht von allein führt
China heute bei der E-Mobility und rasch im gesamten Mobili-
tätssektor. Selbst in diesem traditionell deutschen Feld haben uns
die chinesischen Neugründungen „ballastfrei" überholt.

**China bietet momentan vergleichsweise geringe Kosten im
IT-Sektor.** Aber man muss mit sehr viel höheren Transaktionskosten rechnen, als dies bei einem indischen Lieferanten der
Fall ist. Die geringen direkten Arbeitskosten in China werden
regelmäßig durch unvorhergesehene Zusatzkosten stark erhöht,
z. B. kompliziertes Schnittstellenmanagement, viele Führungskräfte, Übersetzungen. Heutzutage investieren ausländische
IT-Unternehmen aus zwei Gründen in China: wegen des großen
Arbeitsmarkts mit konkurrenzlos niedrigen Kosten und wegen
des schnell wachsenden Wirtschaftsraums.

**Die Softwareindustrie in China ist bisher sehr
fragmentiert.** Anders als in Indien gibt es in China keine
großen Softwarehäuser, die Offshoring als Kernkompetenz
liefern. Es gibt bisher keine großen Namen, die als Lieferanten
weltweit in Erscheinung treten. Die Mitarbeiter in chinesischen
Unternehmen – egal, ob es sich um lokale oder internationale
Unternehmen handelt – sind ihrem Arbeitgeber gegenüber
sehr viel loyaler eingestellt, als dies beispielsweise in Indien
oder den USA der Fall ist. Man wechselt nicht schnell das
Unternehmen, um seinen Lebenslauf aufzupolieren. Auch
bleiben die meisten Mitarbeiter langfristig in China und in der
Region, wo sie arbeiten und wo ihre Familie lebt. Nur wenige
Chinesen sprechen englisch. Der Anteil ist allerdings an der
Ostküste und in den bedeutenden Wirtschaftsräumen höher
und wächst insgesamt schnell an. Bereits heute ist Englisch die
wichtigste Fremdsprache, und an praktisch allen Universitäten
mit Ingenieurausbildung lernen die Studenten, englisch zu
kommunizieren.

**Chinesische Ingenieure sind leistungsorientiert und lern-
bereit.** Der Grund ist einfach: Jedem chinesischen Kind wird
immer wieder eingeimpft, dass man im stärksten Land der

Welt lebt und für dessen weiteres Wachstum kämpfen muss.
Die Anzahl von Forschern ist heute in China höher als in der
EU, und die Ergebnisse, wie beispielsweise Patente, sind es
sowieso. China will primär eigene Kompetenzen und eigene
Geschäfte aufbauen. So ist es kein Wunder, dass China und
chinesische Unternehmen immer wieder die Handels- und
Geschäftsbeziehungen radikal ändern, wenn es für die eigene
Strategie und Entwicklung opportun erscheint. Joint Ventures
sind dort opportun, wo sie dem Kompetenzgewinn dienen.
Viele europäische Unternehmen sind in diesen Markt blau-
äugig gegangen, um schnell lokal Umsatz zu machen – und
haben massiv Lehrgeld gezahlt. Anders als hier oft kolportiert
ist Chinas Stärke nicht das Kopieren. Ein Transrapid hat
in Deutschland nie funktioniert, aber die Chinesen haben
ihn erfolgreich nachgebaut und wirtschaftlich erfolgreich
gemacht. China verbindet Kompetenz mit wirtschaftlichem
Denken und sehr starker Führung durch die Zentralregierung.
Die chinesische Führung unterstützt diese Entwicklung mit
ihrem „Vier-mehr-vier-weniger-Paradigma", das vereinfacht
gesagt darauf hinausläuft, dass China mehr Basistechnologien
besitzen will und weniger Kundenanpassungen, mehr lokale
Entwicklungen und weniger Wartungsarbeiten, mehr globale
Zusammenarbeit und Joint Ventures und weniger Verarbeitung
sowie mehr internationalen Transfer von Patenten und Schutzrechten und weniger internen chinesischem Wissenstransfer.

**Man muss in China mitspielen, um seine Bedeutung als
Unternehmen weltweit nicht zu verlieren.** Heute geht man
nach China, um Märkte zu erschließen und dort lokal Umsatz
zu machen. Was zählt, sind lokale Erfolge und Marktanteile,
und selbst ein operativer Verlust wird mit diesem Verständnis an
den westlichen Börsen bei wachsenden Marktanteilen mit Kurs-
wachstum belohnt. Jedem ambitionierten Deutschen möchte
ich intensiv empfehlen, für einige Zeit in China zu arbeiten. Es
relativiert die deutsche Nabelschau und macht uns hoffentlich
nicht nur demütig, sondern auch wieder aggressiver, für unsere
Zukunft zu kämpfen.

5.5   Osteuropa und Nordafrika

Europäische Unternehmen lagern zunehmend nach Osteuropa und Nordafrika aus. Diese Länder haben traditionell einen guten Ausbildungsgrad und einen hohen Ingenieuranteil unter der Bevölkerung. Beispielsweise hat Russland den weltweit höchsten Ingenieuranteil der Absolventen. Ein Viertel der russischen Absolventen sind laut aktueller OECD Zahlen Ingenieure.

Die IT ist der am schnellsten wachsende Wirtschaftszweig in Osteuropa. Die russische Softwareindustrie beispielsweise wächst mit 20 % jährlich. Der Umsatz pro Unternehmen ist bereits heute auf der gleichen Ebene wie in Indien und damit um einiges höher als in China. Man braucht in dieser Region also keine Fragmentierung zu befürchten, ganz im Gegenteil: Es wird in Osteuropa zu ähnlichen Konzentrationen kommen wie im Westen. Der Staat fördert diese Entwicklung durch Freihandelszonen und Steuererleichterungen sowie durch Programme, welche die Ansiedlung von Unternehmen erleichtern. Anders als in Indien sind die meisten Softwareunternehmen Neugründungen nach dem Jahre 2000. Diese Firmen sind klein, jung, agil und werden modern geführt. Die alten Systemintegratoren der 1980er-Jahre gibt es nicht mehr. Osteuropäische Unternehmen sind aufgrund einer kulturellen und räumlichen Nähe durchaus an längerfristigen Partnerschaften interessiert und stellen sich stark auf Sie als Partner ein. Die wichtigsten Regionen der Softwareentwicklung in Russland sind Moskau, St. Petersburg, Nowosibirsk sowie Nizhny Nowgorod.

Das **große Potenzial dieser Region** als IT-Lieferant für Deutschland liegt einerseits an der geringeren Zeitzonendifferenz und dem großen ungenutzten Ressourcenreservoir, aber auch an der Gesetzgebung zum Schutz ausländischer Investitionen und zum Schutz des geistigen Eigentums, die besser ist als in vielen asiatischen Ländern.

Osteuropäische Lieferanten haben ihren guten Ruf daher, dass sie verlässlich alle Kundenvorgaben abarbeiten und dabei keine Hintergedanken haben, wie man sie von Lieferanten in anderen Regionen kennt, wo oftmals auch Schutzrechte verletzt werden,

da sich die IT-Servicedienstleister zu einem unabhängigen
Produktlieferanten entwickeln wollen. Zudem haben sie im Vergleich zu indischen oder auch amerikanischen Lieferanten eine
hohe Verbleibzeit der Mitarbeiter in einem Unternehmen. Viele
amerikanische Unternehmen haben daher sogar bereits damit
begonnen, gezielt osteuropäische Softwarehäuser zu kaufen
und in die amerikanischen Stammhäuser zu integrieren, um die
eigenen hohen Fluktuationsraten zu kompensieren.

5.6   Check: Interkulturelle Risiken abschwächen

Hier eine kurze Liste der typischen kulturspezifischen und
regionalen Risiken und Möglichkeiten zur Abschwächung.

- **Risiko: Extrem kurze Kündigungsfristen in vielen
  Ländern der Erde, vor allem Indien oder USA.** Neue Mit-
  arbeiter können am nächsten Tag beginnen – aber auch die
  Firma verlassen.
  Abschwächung des Risikos: Mitarbeitermotivation gezielt
  verbessern. Markt und Personalanzeigen in der Region/Stadt
  exakt beobachten, um ein Gefühl für Trends zu erhalten.
- **Risiko: Lockerer Umgang mit Sicherheit, vor allem in
  Asien und Osteuropa.** Selbst führende Lieferanten haben
  nicht unsere gewohnten Standards, wenn es um Feuerschutz,
  Datensicherheit oder Datenschutz geht.
  Abschwächung des Risikos: Eigene Standards und Vor-
  schriften durchsetzen (muss verhandelt werden) und
  bestehende Infrastruktur und deren Effektivität auditieren
  lassen. Falls nötig, Versicherungen abschließen lassen.
  Beachten Sie unbedingt die spezifischen Vorgaben im
  Außenhandelsabkommen. Länder wie die USA sanktionieren
  zu enge Kontakte mit dort als nicht opportun erklärten Unternehmen, wie es der oftmals bizarre Streit mit Huawei zeigt.
- **Risiko: Lock-in des Kunden durch eine zunehmende
  Abhängigkeit von lokal akquirierten Leistungen.** Hintergrund ist, dass man sich an einen Lieferanten gewöhnt
  und damit zunehmend abhängig wird und nicht mehr aus-

steigen kann, wenn die regionalen Preise steigen. Wegen der anhaltend starken Nachfrage nach guten Entwicklern steigen deren Löhne und damit die Preise. Das bleibt ein Teufelskreis, aus dem man kaum entkommt.

Abschwächung des Risikos: Verträge längerfristig schließen und hin zu einer Partnerschaft mit dem Lieferanten arbeiten. Ausstiegsoptionen aus dem Vertrag vorbereiten sowohl vertraglich und durch entsprechende interne Prozesse.

- **Risiko: Fragmentierter Markt ohne nachhaltige Lieferanten, vor allem in Regionen, die neu auf der Landkarte sind.** Es ist schwer, Lieferanten zu finden und zu bewerten. Unternehmen sind in der Regel nur lokal präsent, sodass operative Schnittstellen komplex werden können.

  Abschwächung des Risikos: Unbedingt vor Ort die richtigen Lieferanten mithilfe einer Handelskammer suchen. Nehmen Sie ein auch im Wesen bekanntes großes lokales Unternehmen als „Mittelsmann". Niemals als kleines Unternehmen auf eigene Faust Verträge unterschreiben, da die Vertragspartner instabil sein können. Klare Entscheidungswege und Schnittstellen etablieren. Russische Unternehmen wachsen in ihrer Bedeutung als Softwarelieferanten für Deutschland.

- **Risiko: Wenig Erfahrung des lokalen Managements mit Lieferbeziehungen.** Während die Flexibilität und die absolute Kundenorientierung einen großen Vorteil darstellen, kann dies bei unzureichenden Prozessen auf der Kundenseite zurückschlagen. Unternehmen liefern, was verlangt wird, und das kann auch das Falsche sein. Unzureichende Spezifikationen werden sehr spät entdeckt.

  Abschwächung des Risikos: Bereiten Sie die eigenen Systemanalysen und Spezifikationen sehr exakt vor. Trainieren Sie das dortige Management und die Mitarbeiter in den Kommunikations- und Managementkompetenzen, die Ihnen wichtig erscheinen und auf die Sie sich verlassen können müssen. Lassen Sie die Spezifikationen vor Ort beim Lieferanten auf Verständlichkeit prüfen. Überwachen Sie Zwischenergebnisse und lassen Sie inkrementell oder iterativ entwickeln, damit falsche Entwicklungen schnell erkannt und korrigiert werden können.

- **Risiko: Limitierte lokale Kompetenzen schränken das Wachstum ein.** In Osteuropa beispielsweise führt die räumliche Nähe zum teuren Westen zu unkalkulierbaren Preisentwicklungen. Beides kann dazu führen, dass sich Regionen in ihrer Popularität schnell ändern und sowohl die mittelfristigen Kosten als auch die Verfügbarkeit von geschulten Mitarbeitern nur schwer vorherzusagen sind.
  Abschwächung des Risikos: Soweit Sie den Ressourcenbedarf planen können, sollten Sie einen Rahmenvertrag über einige Jahre abschließen. Damit können Sie von der Lernkurve der dortigen Mitarbeiter profitieren und müssen nicht ständig neue Mitarbeiter anlernen, wie dies in Indien aufgrund der hohen Fluktuationen oftmals der Fall ist. Arbeiten Sie vor allem in Osteuropa mit einer Region, die nicht im direkten Einzugsbereich von teuren westlichen Ländern liegt.
- **Risiko: Sprachliche Barrieren.** Viele Entwickler und Manager auf den unteren Ebenen verstehen nur unzureichend Englisch. Das gilt grundsätzlich in vielen Ländern, außer der angelsächsischen Länder, Nordeuropa und Indien.
  Abschwächung des Risikos: Lokale Übersetzungsservices vorhalten. Mitarbeiter auch anhand der Englischkenntnisse auswählen, vor allem die Führungskräfte. Sprachkurse verpflichtend anbieten. Bei wichtigen Vereinbarungen, Präsentationen und Verträgen sollten sie unbedingt einen lokalen, neutralen Übersetzungsservice einschalten.
- **Risiko: Kulturelle Barrieren.** Starke Hierarchien und die Top-down-Durchsetzung von Entscheidungen führen dazu, dass Ineffizienzen und Probleme unerkannt bleiben. Verwechslung von Freundlichkeit mit Übereinstimmung (beispielsweise wird ein schriftliches oder mündliches „Ja" gerne mit einer Zustimmung verwechselt, obwohl es nur bedeutet, dass der Gegenüber ihre Gedanken verstanden hat).
  Abschwächung des Risikos: Bauen Sie über eine längere Vorbereitungszeit intensive Netzwerke mit politischen, wirtschaftlichen und wissenschaftlichen regionalen Repräsentanten auf, die bestimmt irgendwann einmal nützlich werden können. Ständige Vor-Ort Präsenz, um schrittweise westliche Managementtechniken einzuführen. Kulturelles Verstehen basiert auf sprachlichem Verstehen. Verbessern Sie

das gegenseitige Verstehen und hinterfragen Sie in kritischen Situationen, ob und was alles verstanden wurde. Vor allem Kenntnisse in Projektmanagement (Planung und Verfolgung) und Produktmanagement müssen gestärkt werden. Belohnen Sie jene Mitarbeiter und Projektleiter, die rechtzeitig auf Risiken und Fehler aufmerksam machen, da dies nicht normal ist und für die betroffenen Mitarbeiter zu einer persönlichen und unternehmensweiten Herausforderung wird. Die verschiedenen Hierarchiestufen im lokalen chinesischen Management müssen bei Transaktionen und Entscheidungen individuell und häufig bottom-up berücksichtigt werden. Die Entscheidungen werden zwar an der Spitze getroffen, aber in der Regel nur, wenn die jeweils niedrigere Ebene damit übereinstimmt. Arroganz, Dominanz und Ungeduld müssen unterbleiben, oder man wird nicht ernst genommen.

- **Risiko: Korruption und falsch interpretierte Geschenke.** Ein klassisches Beispiel ist das chinesische „Guanxi", also das Netzwerk persönlicher Beziehungen, das praktisch alle Entscheidungen beeinflusst. Verträge und Absprachen werden nur als eine Richtschnur gesehen, von der im Zweifelsfall abgewichen werden darf. Angemessene Geschenke und andere Aufmerksamkeiten dienen dem Ausdruck des Verständnisses von Guanxi.

  Abschwächung des Risikos: Machen Sie sich nicht durch Korruption angreifbar. Viele totalitäre Länder schüren lokale Korruption und warten nur darauf, bis ein westliches Unternehmen in die Falle läuft, um es dann zu enteignen. Russland ist ein Beispiel, wo bereits viele Unternehmen Lehrgeld zahlten. Lernen Sie, Guanxi im Kontext verschiedener Entscheidungen und Personengruppen zu bewerten. Machen Sie keineswegs den Fehler, mit wohlgemeinten, aber falsch verstandenen Geschenken ihre Partner überzeugen zu wollen. Guanxi in China ist wie ein Bankkonto, das graduell aufgefüllt und genutzt wird. Als Ausländer muss man zuerst die Kultur verstehen und als offen für Land und Leute verstanden werden, bevor dieses Instrument eingesetzt werden darf. Holen Sie sich Rat, wie die „Währung" Guanxi in verschiedenen Situationen umgerechnet wird, um nicht in den

Verdacht der Bestechung oder Bestechlichkeit zu kommen. Stellen Sie klare Richtlinien auf, was Geschenke und Bezahlungen anbelangt (z. B. Genehmigungsweg), die auch für ihre chinesischen Mitarbeiter gelten.

- **Risiko: Lockerer Umgang mit geistigem Eigentum.** Vor allem asiatische Unternehmen sind sehr durchlässig. Jeglicher schriftliche Verkehr wird von Personen gelesen, die nicht als Zielgruppe gemeint waren. Oftmals scharen sich Mitarbeiter um den Abteilungsdrucker, um direkt zu lesen, was ausgespuckt wird. Dies hat zumeist nichts mit Spionage zu tun, sondern nur mit wohlgemeinter Weiterbildung – obwohl der Effekt natürlich ein ähnlicher sein kann.
  Abschwächung des Risikos: Geheime Vorgänge und kritische Technologien nicht kommunizieren. China ist Mitglied der WTO, was einen gewissen Mindeststandard an Schutzrechten sogar einklagbar macht. Allerdings gilt dies eher publikumswirksam bei raubkopierten Produkten, die auch einmal öffentlich vernichtet werden, und weniger bei Software. Schließen Sie entsprechende Verträge ab und lassen Sie deren Einhaltung vor Ort prüfen.

5.7   Check: Welche Region passt am besten?

Wir können hier nicht alle möglichen Zielländer und -regionen betrachten und haben nur die für Deutschland wichtigsten näher beschrieben. Dennoch sollten Sie eine Checkliste in der Hinterhand haben, um abzuklopfen, ob ein Land wirklich Ihren Bedürfnissen entspricht oder ob es nur deshalb in die engere Wahl kam, weil die Familie Ihres Chefs oder Eigentümers dort gerne Urlaub macht.

Abb. 5.1 vergleicht verschiedene Kriterien, die Sie nach Ihrem eigenen Bedarf gewichten müssen. Wenn beispielsweise die Kosten der Hauptgrund für das Sourcing sind, dann müssen Sie diese Zeile im Vergleich zu allen anderen stark gewichten. Die für Deutschland wichtigsten Länder und Regionen sind aufgeführt. Da inzwischen jeder deutsche IT-Experte englisch spricht, verlieren die jeweiligen Deutschkenntnisse an Relevanz.

Kriterium	Gewicht	West-europa	Ost-europa	Russ-land	Nord-Afrika	USA	Indien	China	Tiger-Länder	Nord-afrika
Zeitunterschied		Null	Gering	Mittel	Gering	Hoch	Mittel	Hoch	Hoch	Gering
Kosten pro Arbeitsstunde	....	Hoch	Mittel	Gering	Hoch	Hoch	Mittel	Mittel	Gering	Gering
Mitarbeiter-fluktuation	....	Gering	Mittel	Gering	Mittel	Hoch	Hoch	Gering	Gering	Gering
Prozessfähigkeit / Qualität	....	Mittel	Gering	Mittel	Gering	Mittel	Hoch	Hoch	Mittel	Gering
Fähigkeiten / Training	....	Gut	Mittel	Mittel	Gut	Gut	Mittel	Hoch	Mittel	Mittel
Steuervorteile	....	Keine	Mittel	Mittel	Mittel	Mittel	Hoch	Hoch	Mittel	Mittel
Infrastruktur	....	Gut	Mittel	Mittel	Gut	Gut	Gering	Gut	Mittel	Mittel
Deutsch-kenntnisse	....	Mittel	Mittel	Gering	Gering	Gering	Gering	Gering	Gering	Gering
Englisch-kenntnisse	....	Gut	Mittel	Gering	Gering	Gut	Gut	Gering	Mittel	Gering
Rechtssicherheit / Stabilität	....	Gut	Mittel	Gering	Gut	Mittel	Mittel	Gering	Mittel	Mittel
Schutzrechte / Patente	....	Gut	Mittel	Mittel	Gut	Mittel	Gering	Gering	Mittel	Mittel
Politische Stabilität	....	Gut	Gut	Mittel	Gut	Gut	Gering	Gut	Mittel	Mittel
Geschäftsklima / Lieferantenmarkt	....	Gut	Gut	Mittel	Gut	Gut	Mittel	Mittel	Mittel	Gering
Bewertung	**N/a**	....	....	....	....	....	....	....	....	....

Abb. 5.1 Entscheidungsmatrix für verschiedene Regionen

Die Quellen für die Daten sind spezifische Länderreports von Ernst & Young, DB Research, Aberdeen Group, WTO und PRTM. Das qualitative Ranking ist etwas grob, veranschaulicht aber die vorherrschenden Trends im Land. Manche Male wird man in einer spezifischen Stadt oder Region leichte Abweichungen vom generellen Klima feststellen können. Beispielsweise spricht man in Osteuropa in vielen Gegenden noch oder bereits wieder hervorragend deutsch, wie beispielsweise in der Slowakei. Die Infrastruktur in China ist in den Metropolen hervorragend, während sie außerhalb stark abfällt. In Indien stellt Bengaluru als weltweite Softwarehauptstadt eine Ausnahme in vielerlei Beziehung dar.

Recht und Risikomanagement

6

Übersicht

Nichts erfolgt ohne Risiko, aber ohne Risiko erfolgt auch nichts. Verteiltes Arbeiten beruht auf Zusammenarbeit und die wiederum auf Verträgen. Da geht es vor allem um Verträge, Haftung, Sach- und Rechtsmängel sowie Urheberrechte. Wir wollen hier die wichtigen Punkte beleuchten und möglichen Risiken adressieren. Wie üblich bei rechtlichen Texten gilt auch für dieses Buch, dass dies keine Rechtsberatung ist, und dass keine Gewährleistung auf Aktualität und richtige Interpretation gegeben werden kann. Weiterführende Impulse gibt der Experte Ihres Vertrauens sowie die spezifische Literatur.

Wichtig: Pacta sunt servanda. Vertragsgestaltung definiert die Zusammenarbeit. Nutzen Sie bewährte Vorlagen statt selbst zu formulieren. Achten Sie auf symmetrische Geheimhaltungsvereinbarungen, Haftungsbegrenzung auf den gesetzlichen Rahmen in Deutschland, Anwendung deutschen Rechts, und Sitz des Gerichts am Ort des Beklagten. Bestehen Sie als Freelancer oder Lieferant bei volatilen Inhalten auf Dienstverträgen statt Werkverträgen.

© Springer Fachmedien Wiesbaden GmbH, ein Teil von Springer Nature 2020

C. Ebert, *Verteiltes Arbeiten kompakt,* IT kompakt,

https://doi.org/10.1007/978-3-658-30243-6_6

6.1   Recht, Compliance und Haftung

Warum brauchen wir hier ein Kapitel zu rechtlichen Fragen? Da
gibt es viele Gründe. Fallstricke liegen in Verträgen, aber auch
bereits in den Inhalten der Arbeit. Wenn ich Anforderungen
falsch verstehe, kann es zu Sachmängeln des Produkts kommen.
Wenn ich sie falsch analysiere, kann ich vielleicht die vertraglichen Bedingungen nicht mehr einhalten.

Spezifikationen sind Vertragsbestandteil, doch erfüllen sie
selten die juristischen Kriterien an einen Vertrag. Sie sind nicht
hinreichend präzise und eindeutig. Eine solche Präzision wäre
auch nicht sinnvoll, denn damit würden die Anforderungen
unnötig teuer werden und in der Regel den Lösungsraum viel
zu stark einschränken. Schließlich sollten wir uns auch darüber
im Klaren sein, dass es nicht das Ziel einer Spezifikation ist,
sie vor Gericht zu sezieren. Sie ist die Basis für ein gegen-
seitiges Verstehen von Bedürfnissen und möglichen Lösungen,
die zunehmend konkretisiert werden. Ein guter Projektmanager
oder Produktmanager wird daher in der Vorbereitung eines Vertrags bereits auf die Kostentreiber hinweisen und darauf, weshalb seine Erfahrungen höhere Aufwendungen rechtfertigen und
damit zu einer Win-win-Situation führen.

Das Vergaberecht steht am Beginn. Das bedeutet beispielsweise, dass Projekte ab einer bestimmten Größe europaweit
und transparent ausgeschrieben werden müssen, insbesondere
im öffentlichen Bereich. Vergaberecht ist im Wesentlichen
gesprochenes Recht. Schon zum Zeitpunkt der Veröffent-
lichung eines Vergabevorhabens muss man im Lastenheft
dokumentieren, welche wesentlichen Kriterien vergabeent-
scheidend sein werden und in welcher Form die Bewertung
durchgeführt wird. Eine Matrix mit klaren Kriterien ist transparent und erlaubt eine spätere Überprüfbarkeit hinsichtlich
Fairness. Anders als obskure Kriterien erlaubt sie, dass Bieter
vergleichbar sind, wenn sie den Prozess nachher anfechten.
Nicht alle Kriterien müssen vorab bekannt sein. Das erlaubt
auch „neue" Kriterien in einer solchen Liste, so es die Auswahl
erfordert.

Beispiel

Gerade wenn der Auftraggeber besonders smart sein will, leiden immer Lieferant und Kunde unter schlechter Vertragsgestaltung. Vector wird häufig von Kunden, wie OEMs oder Zulieferern, geholt, um die Lieferantenbeziehungen zu optimieren. Dann merken wir, wie sich beide Parteien in schwierige Situationen manövriert haben, da zu stark auf Preis und zu wenig auf Inhalte geschaut wurde. Nehmen Sie unrealistische Terminvorgaben oder Preisvorstellungen, die in Projektpläne und Angebote münden, die nicht einzuhalten sind. Ein Großteil von abgebrochenen oder verspäteten Projekten lief genau in diese Falle. Damit haben sich die Kunden selbst geschadet. Was nützt es, wenn ein Termin gefordert wird, der es nicht erlaubt, alle nötigen Entwicklungsschritte sauber zu durchlaufen, um dann kurz vor Projektende zu registrieren, dass es Verspätungen gibt oder die Qualität unzureichend ist? Nachlieferungen und Vertragsstrafen sind dann programmiert, aber diese stellen keine vernünftige Ausgangsbasis für langfristig erfolgreiche Produkte dar. Ähnliches gilt für zu niedrige Kostenvoranschläge in der Verhandlungsphase, die unweigerlich zu faulen Kompromissen auf Lieferanten- oder Kundenseite führen. Wenn die Preise zu niedrig angesetzt sind, kommt unter Umständen ein Lieferant ins Projekt, der der gegebenen Komplexität nicht gewachsen ist und dies viel zu spät feststellt. Häufig treten solche Szenarien dann ein, wenn neue Anbieter in einen etablierten Markt drängen oder wenn die Anbieter in dieser Größenordnung noch keinerlei Erfahrungen mitbringen. Ein Auftraggeber tut sich keinen Gefallen, wenn er auf ein solches Angebot eingeht, weil es vordergründig Kosten spart, er aber nachher so große Verspätungen oder Qualitätseinbußen in Kauf nehmen muss, dass der erhoffte Geschäftsvorteil ausbleibt. ◄

Eine kurze Übersicht soll verdeutlichen, welche rechtlichen Fragen relevant sind. Wir beziehen uns hier ausschließlich auf das Bürgerliche Gesetzbuch, denn es beantwortet die meisten

Fragen bereits hinreichend. Die folgenden Themen sollten Sie
bei Ihren Projekten bereits in der Konzeptionsphase beachten:

- Verträge für Softwareprodukte werden in der Regel als
  Werkvertrag oder Sachkauf (z. B. Lizenzmodell für
  Off-the-Shelf-Produkte) betrachtet. Seltener kommen Dienst-
  verträge zum Einsatz, da sie aus Sicht des Einkäufers, der in
  der Regel am längeren Hebel sitzt, riskanter sind als Werkverträge mit Fixpreis. Sie können auch Teil einer umfassenderen
  Dienstleistung sein. Aus diesen Verträgen folgen vertragstypische Pflichten.
- Bei der Vertragsausführung kann es zu Sachmängeln
  kommen.
- Das Produkt kann Rechtsmängel aufweisen, selbst wenn
  diese dem Verursacher gar nicht bewusst sind (z. B. Verletzung von Patenten).
- Aus Mängeln resultieren Folgen, beispielsweise im Schadensersatz.

Sachmangel: Die vertragstypischen Pflichten im Kaufvertrag
(z. B. fertiges Softwareprodukt) in Bezug auf Sachmängel sind
in § 434 BGB (in ähnlicher Form in § 633 BGB für Werkverträge) beschrieben. In diesem Zusammenhang wird klar, dass
es nicht um Fehlerfreiheit der Software geht, sondern um die
erwartete Qualität und die Gebrauchstauglichkeit. Innerhalb des
Requirements Engineerings sollte sorgfältig geprüft werden, was
der Bedarf des Kunden ist, um bereits das Angebot darauf abzu-
stimmen. Es ist die Aufgabe des Verkäufers oder des Herstellers,
den Kunden darüber aufzuklären, wenn er Anforderungen hat,
die in ihrer Gesamtheit nicht erfüllbar sind.

Beispiel

Ein Unternehmen soll ein Softwaresystem zur Erfüllung einer
bestimmten technischen Zielsetzung liefern. Dabei wählt es
die Dimensionierung zu klein, sodass die Effizienz nicht in
Einklang mit den Anforderungen zur Gebrauchstauglichkeit

steht, dann liegt eine Verletzung von § 434 oder § 633 BGB vor. Es handelt sich um einen Sachmangel. Wenn dagegen das System viel zu groß dimensioniert wurde und damit sehr viel mehr kostet, als eigentlich bei den gegebenen Anforderungen des Kunden zu erwarten wäre, dann liegt ein Beratungsmangel vor. Verfehlungen in beide Richtungen können geahndet werden. ◀

Der Projektmanager sollte bei einem Werkvertrag nachweisen können, dass die gelieferte Leistung („Werk") gebrauchstauglich ist und den Vorgaben entspricht. Dann kann in kritischen Fragen schon einmal der Nachweis erforderlich werden, dass die Anforderungen auch entsprechend den ursprünglichen Vorgaben realisiert wurden. Konsequenzen (z. B. Fehlverhalten eines Systems) durch erwartbaren Fehlgebrauch sollten berücksichtigt werden, um im Schadenfall eine Regressforderung wirksam ausschließen zu können. Auch dies ist eine wichtige Vorgabe für die Anforderungsanalyse.

Naivität und Nichtwissen des Käufers sind kein Haftungsgrund. Das BGB bleibt in der Präzisierung bewusst offen, um zu verhindern, dass der Käufer ein Produkt wegen Sachmängel zurückweisen kann, wiewohl der Hersteller die nötige Sorgfalt hatte walten lassen. Beispielsweise nimmt die derzeitige Rechtsprechung zur Kenntnis, dass Software nicht fehlerfrei sein kann, weswegen sie eher den Ansprüchen der Gebrauchstauglichkeit als der dogmatischen und für den praktischen Gebrauch irrelevanten (weil nicht marktfähigen) Fehlerfreiheit genügen muss. Vereinfacht gesagt muss der Käufer selbst prüfen, ob die gemachten Versprechungen überhaupt sinnvoll sind und demnach Basis für einen Vertrag sein können. Es gibt keine fehlerfreie Software, und daher kann ein Käufer auch nicht darauf pochen. 70 % der Rechtsstreitigkeiten zu nicht eingehaltenen angeblich zugesagten Funktionen und Verhalten werden abgelehnt, da der Käufer hätte wissen sollen, dass offensichtlich zu viel versprochen wurde.

Beispiel

Ein großer deutscher Automobilhersteller war in den USA
angeklagt, da er einen „sauberen Diesel" versprochen hatte.
Die Werbung signalisierte einen Antrieb, der Energieeffizienz,
Antriebskraft und Umweltverträglichkeit optimierte, wiewohl einzelne Mechanismen nicht in allen Fahrsituationen
anwendbar waren. Beispielsweise argumentierte die Anklage
in Vertretung tausender Käufer, dass es eine sogenannte
Betrugssoftware gab, die bestimmte Stickoxidreinigungen bei
ungünstigen Witterungsverhältnissen abschaltete. Schnell war
in den USA das Wort vom „Dieselgate" geboren. Doch auch
hier galt, dass „sauber" keine definiert messbare Kenngröße
ist und damit auch keine vertraglich belastbare Zusicherung.
Es gibt Werbung wie „saubere Chemie", „saubere Halbleiter-
fertigung" und „saubere Hotels", die allesamt nicht immer
„sauber" sind. Allgemein entscheiden Richter, dass es die
Pflicht des Käufers ist, Marketing als solches zu verstehen
und entsprechend einzuordnen. ◄

Rechtsmangel: Der Begriff des Rechtsmangels wird in Kauf-
verträgen durch § 435 BGB und in Werkverträgen durch § 633
BGB beschrieben. Kritisch bei Softwareprodukten sind beispielsweise urheberrechtliche Fragen, die zu späteren rechtlichen
Schwierigkeiten und zu unabsehbaren zusätzlichen Lizenzkosten
führen können. Dies kann eintreten, wenn Teile des Quellcodes
abgeschrieben wurden oder wenn fremde Patente unwissentlich
benutzt wurden. In solchen Fällen hat der Käufer das Rechts-
risiko übernommen. Zu seinem eigenen Risikomanagement
wird er entsprechende Sicherheiten bereits im Kaufvertrag verlangen [13]. Wir haben es hier oftmals mit Randbedingungen
zu tun, denn die Anforderung lautet kaum, dass der Quellcode
selbst entwickelt wird. Wichtiger ist, welche Art der Prüfung des
Quellcodes durchgeführt wird, um diese Risiken zu minimieren.
Oftmals kann es bedeuten, dass Open-Source-Software (OSS)
nicht eingesetzt werden darf, weil bestimmte patentrechtliche
Fragen nicht eindeutig geklärt sind.

Folgen von Mängeln: Die Rechte des Käufers bei Mängeln sind für Kaufverträge in § 437 BGB und für Werkverträge in § 634 BGB beschrieben. Prinzipiell kann der Käufer bei Sachmängeln und der Besteller bei Werkmängeln eine Nacherfüllung verlangen, den Mangel selbst beseitigen und Ersatz für seine Aufwendungen verlangen, vom Vertrag zurücktreten oder die Vergütung mindern. In allen Fällen kann er zudem Schadensersatz verlangen.

Der Stand der Technik spielt bei Haftungsfragen in einem Projekt eine zunehmend größere Rolle. Die Basis hierfür ist die Schadensersatzpflicht, die in § 823 BGB und § 249 BGB geregelt wird. Die Verantwortlichkeit des Schuldners ist in § 276 BGB beschrieben. Dabei wird klar, dass beim Vertrag, egal, ob bei einem Kaufvertrag einer Software oder bei einem Werkvertrag einer Softwareentwicklung, die Gebrauchstauglichkeit der Software und die Sorgfaltspflicht bei der Entwicklung maßgebend sind.

Interessant ist aus der Sicht des Softwareherstellers oder Dienstleisters, was er in seiner Werbung verspricht. Werbung und besonders charakterisierende Produkteigenschaften, die im Vertrag oder in sonstigen vertragsrelevanten Ankündigungen oder Veröffentlichungen publik gemacht wurden, werden als Anforderungen im Sinne der Gebrauchstauglichkeit betrachtet. Wenn also die Werbung, z. B. auf einer Internetseite, explizit auf Produkteigenschaften hinweist, die nachher nicht eingehalten werden, kann der Käufer zu Recht Schadensersatz fordern.

Der Schadensersatz selbst ist in den §§ 280 und 281 BGB geregelt. Während die Nachbesserung sicherlich immer die erste Wahl sein sollte und laut Gesetz innerhalb einer angemessenen Frist auch ist, kann der Kunde auch einen anderen Lieferanten wählen, wenn der Lieferant entsprechende Mahnungen ohne adäquate Lieferung hat verstreichen lassen. Besonders bei Softwaresystemen kann dies zu prekären Kosten für den Originallieferanten führen, denn üblicherweise sehen Softwarehäuser die Software eines Wettbewerbers als schwer bis nicht wartbar an. Wenn sich ein Lieferant also durch ein zu unvorsichtiges Dumpingangebot einen Vertrag erschleicht, den er unter den gegebenen Umständen nicht einhalten kann, und vom Kunden auf Termineinhaltung hingewiesen wurde (schriftlich, denn dies lässt sich leichter belegen), dann kann der Kunde sich das gesamte System von einem anderen Lieferanten zu dessen Bedingungen liefern lassen, wobei der Originallieferant die Differenz der Kosten aus eigener Tasche bezahlen muss.

Seien Sie bei der Vertragsgestaltung und Projektdefinition nicht zu oberflächlich, denn die Konsequenzen können Sie aus dem Geschäft werfen und heftige Schadensersatzforderungen bedeuten. Diese kurze Übersicht hat gezeigt, dass ab der Werbung für ein Produkt oder eine Leistung und dann mit Beginn der Vertragsgestaltung (auch bei der Gestaltung Ihrer allgemeinen Geschäftsbedingungen) im Requirements Engineering einige rechtliche Aspekte zu beachten sind.

Beispiel

Gerade IT-Projekte und Software werden fast immer auf Basis optimistischer Prognosen zu Performanz, Dauer und Kosten verkauft. Risiken werden auf Verkaufs- aber auch Käuferseite nicht ernsthaft adressiert. In einem Projekt, in dem wir zwischen Lieferanten und Kunden vermittelten, stand zu Beginn eine harte Ansage des Kunden der Form: „Lieferung am 24. November 2020. Das ist alternativlos." Man mag darüber schmunzeln, denn natürlich ist nichts im Leben „alternativlos". Dieser Satz aus der Politik hat sich verselbstständigt, und viele Einkäufer denken, es wäre wirklich so. Parallel werden die Lieferanten noch inhaltlich geknebelt und die Preise auf ein Minimum gedrückt, sodass klar ist, dass die Verträge nicht eingehalten werden können. In der Folge ist es nurmehr eine Frage der Zeit, wer zuerst die Karten auf den Tisch legt: der Kunde, weil er Anforderungsänderungen hat, oder der Lieferant, weil er den Termin nicht halten kann? Das geht einfacher mit mehr Vertrauen und einem agilen Projektmanagement, das auch Vertragsbasis sein kann. Wichtig sind ein gutes Risikomanagement auf beiden Seiten und etwas mehr Transparenz und Fairness im Einkauf bzw. Vertrieb. ◄

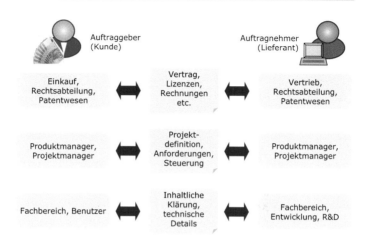

Abb. 6.1   Unterscheidung der Rollen aus rechtlicher Sicht

Solche rechtlichen Themen sollten durch entsprechend aus-
gebildete Experten beurteilt und vorbereitet werden. Maßen
Sie es sich nicht an, Verträge als relativer Laie in allen Auswirkungen bewerten zu können. Dazu gibt es eine Rechts-
abteilung oder externe Experten, die fallweise (vor allem in
KMU) hinzugezogen werden. Abb. 6.1 zeigt diese Rollenver-
teilung in der Projektpraxis.

6.2   Verträge und Vertragsmodelle

In Software- und IT-Projekten und zur Produktüberlassung
werden unterschiedliche Vertragsmodelle eingesetzt. Abb. 6.2
zeigt die typischen Modelle und ordnet sie nach einer Bewertung
des jeweiligen Kunden- oder Lieferantenrisikos. Verschiedene
Vertragsmodelle weisen die auftretenden Risiken unterschiedlichen Parteien zu. Mit wachsendem Risiko für einen Vertragspartner wächst die Flexibilität für den anderen. Das heißt
beispielsweise, dass ein Festpreisprojekt zunächst im Projekt
selbst dem Lieferanten das größere Risiko zuweist, denn er muss

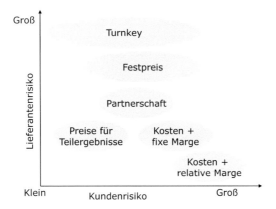

Abb. 6.2 Typische Vertragsmodelle

zusätzliche Ressourcen hinzufügen, wenn er sich verschätzt hat oder wenn Risiken zu Problemen geworden sind. Auf der anderen Seite wird er diese Risiken kaum allein tragen wollen, also werden Angebote oder Folgeabsprachen eher zuungunsten des Kunden ausfallen.

Festpreisverträge optimieren preislich einseitig zulasten des Lieferanten. Sie bieten für den Kunden in der Preisgestaltung eine klare Basis. Der Kunde hat die vermeintliche Sicherheit, dass er für gleiche Leistung den Preis drücken kann. Die Risiken für den Kunden aus schlechter Qualität, Terminverzug, Lieferantenausfall und Nachforderungen werden allerdings gerne übersehen. Das Problem von Turnkey- und Festpreisprojekten ist, dass beide Vertragspartner für sich selbst optimieren, was später eine Menge Nacharbeiten und aufwendige Abstimmungen bis hin zu gerichtlichen Auseinandersetzungen mit sich bringt. Umgekehrt gilt dies natürlich für aufwandsorientierte Verträge, beispielsweise im Dienstleistungsbereich. Hier werden zumeist niedrige Preise als Einstieg angeboten, die sich später unzumutbar erhöhen, wenn ein „Lock-in", also eine Abhängigkeit zwischen Kunden und Lieferanten, entstanden ist.

Verhandlungen scheitern oft aufgrund kurzfristiger auf Kostenreduzierung optimierter Einkaufsprozesse. So interessant also die beiden Extrempunkte rechts unten und links oben in der Theorie aussehen, sie sind nicht immer auf eine nachhaltige Partnerschaft und optimale Ergebnisse hin ausgerichtet. Daher haben viele Beschaffungsprozesse heute die klare Vorgabe, nicht den billigsten Anbieter zu nehmen. Win-win hat mit Partnerschaft zu tun, und das bedeutet, die Risiken schon zu Beginn auf Augenhöhe zu bewerten und gemeinsam abzuschwächen.

Oft werden wir von Unternehmen geholt, um die Lieferantenbeziehungen zu verbessern. Die Ursachen ähneln sich und sind immer wieder auf schlechtes Lieferantenmanagement bereits im Einkauf zurückzuführen. Einkäufer auf Kundenseite gehen häufig von der irrigen Vorstellung aus, dass sie durch extremen Druck auf die Lieferanten ihrem Unternehmen helfen. Reverse Auctioning ist ein solches Beispiel. Dieses Verfahren bringt Lieferanten über die Grenze dessen, was wirtschaftlich machbar ist. Man will das Projekt und geht Verpflichtungen ein, die objektiv nicht haltbar sind. Entweder kommt ein Dumpinganbieter zum Zug, der später kläglich versagt, oder ein etablierter Lieferant muss im Projekt die Schrauben zu sehr anziehen. In beiden Fällen leiden Lieferanten wie auch Kunden. Selbst die eigene Fachabteilung auf Kundenseite kommuniziert uns als Ursache, dass „der Einkauf anhand der Preise ausgewählt hat", während die Fachabteilung die Konsequenzen auszubaden hat. Verstärkt wird das Dilemma, wenn der Kunde kein ausreichendes Lieferantenmanagement hat und plötzlich überrascht feststellt, dass Termine nicht eingehalten werden, oder sich die gelieferte Software nicht integrieren lässt. Dann wird rasch eine Taskforce etabliert, die an anderen Stellen neue Löcher aufreißt. Wir setzen daher immer an zwei Stellen an: Prozesse bei Lieferanten und auf Win-win ausgelegte Beschaffung und kontinuierliches Lieferantenmanagement beim Kunden.

Software wird in der Regel als Sache verkauft oder im Rahmen eines Werkvertrags erstellt. Bei einem Werkvertrag übernimmt der Auftragnehmer die Pflicht, für einen vorab definierten Preis den Leistungserfolg tatsächlich herbeizuführen. Bei definierten Anforderungen trägt er das Risiko von nicht vorhersehbaren Risiken.

Agile Projekte sind mit klassischen Werkverträgen kaum darstellbar. Aufgrund der agilen Vorgehensweisen kann es zwangsläufig zu einer Divergenz von Wirklichkeit und Vertragslage kommen. Dies stellt für den Lieferanten ein erhebliches Risiko dar, sobald die Ansprüche gerichtlich geltend gemacht werden müssen. Bei Dienstverträgen agiler Projekte ist das Risiko geringer, denn hier entfällt bei diesem Vertragstypus die Beschreibung des Leistungserfolges. Wir empfehlen daher, die Eigenheiten der agilen Projekte, beispielsweise den flexiblen Anpassungsprozess, die Instrumente zur Steuerung der Wertschöpfung etc., im Vertrag zu vereinbaren.

Aus Verträgen resultieren vertragstypische Pflichten. Bei einem Kaufvertrag werden diese Pflichten durch § 433 des BGB beschrieben. Es geht primär darum, dass der Verkäufer sicherstellen muss, dass der Käufer das Eigentum an der Software erwirbt und dass diese frei von Sach- und Rechtsmängeln übergeben wird. Der Verkäufer erhält dafür den vereinbarten Kaufpreis. Im Werkvertrag beschreibt § 631 des BGB die Pflichten, die aus dem Vertrag resultieren. Machen Sie sich klar, was Sie verkaufen oder herstellen und was Sie zum Gegenstand des Vertrags machen. Der Vertragsgegenstand beeinflusst, ob Sie an der Software noch weitere Rechte behalten oder nicht. In der Regel werden die Rechte zur Speicherung und Benutzung einer Software verkauft, nicht aber die Urheberrechte. Diese Frage sollte bei der Analyse von Anforderungen beachtet werden.

Verträge beruhen auf einem Gerüst, das eine Partnerschaft voraussetzt, weswegen man auch von Vertragspartnern spricht. Typischerweise wird die Partnerschaft in vier Stufen gelebt, die auch als RCDA-Prinzip bezeichnet werden (Abb. 6.3). Die jeweils vertraglich relevanten Dokumente werden im Vertrag geregelt. Eine Anforderungsliste, wie wir sie in diesem Buch als Lastenheft beschreiben, ist nicht automatisch Bestandteil eines Auftrags. Hier sind sowohl der Auftraggeber als auch der Auf-

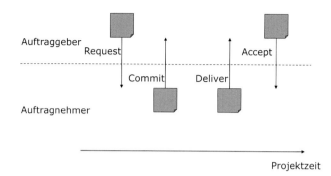

Abb. 6.3 Verträge beruhen auf einer Partnerschaft, die dem RCDA-Prinzip folgt

tragnehmer gefordert, Klarheit zu schaffen, auf welcher Basis der Vertrag abgestimmt wird.

- **Request:** In dieser Phase werden Inhalte und Vertragsmodalitäten abgestimmt. Der erste Impuls kann zwar von Auftragnehmer durch Marketing oder Vertrieb kommen, jedoch ist es der Auftraggeber, der durch seinen Kaufwunsch den Weg zum Vertrag bereitet. Er stellt auch die Anforderungen, weswegen hier von „Request" gesprochen wird. In der Praxis werden hier Dokumente des Auftraggebers wie der „Request for Information" (RFI), „Request for Tender" (RFT) und „Request for Quotation" (RFQ) verwendet.
- **Commit:** Der Auftragnehmer verpflichtet sich zur Vertragsleistung auf der Basis der spezifizierten Vertragsbedingungen. Das Commitment ist eine rechtlich wirksame Übereinkunft, die zur Vertragserfüllung verpflichtet. Nun ist das Projekt definiert, und die eigentliche Softwareentwicklung durch den Auftragnehmer beginnt.
- **Deliver:** Der Auftragnehmer liefert die Leistung entsprechend den vertraglichen Vorgaben. Abweichungen davon können dazu führen, dass es nur verzögert oder gar nicht zum vierten Schritt kommt.

- **Accept:** Der Auftraggeber akzeptiert die Leistung. Bei Abweichungen von den vertraglichen Inhalten kommt es in der Regel zu Nachbesserungen oder Gewährleistungen, die durch die jeweiligen Vertragstypen gesetzlich geregelt sind.

Die Theorie dahinter kommt aus der Verhandlungspraxis sowie aus der Spieltheorie. Viele Studien aus Projekten und Vertragsverhandlungen haben festgestellt, dass nachhaltiger Erfolg, selbst in verzwickten Situationen, nur dann entsteht, wenn die beteiligten Partner sich auch als Partner verhalten. Das ist nachvollziehbar für das Geschäftsleben, ist doch der nachhaltige Unternehmenserfolg sowie eine anhaltende Marktpräsenz ein klarer Grundsatz von Unternehmern und Aktionären. Wenn aber zwei Unternehmen am Erfolg interessiert sind und sich eines davon in Verhandlungen mit dem anderen übervorteilt fühlt, wird es alles daransetzen, zumindest mittelfristig die Situation wieder zu „bereinigen". Das können im Falle eines unzumutbaren Festpreisvertrags oder einer Klausel, dass Anforderungsänderungen ohne Projektanpassungen akzeptiert werden müssen, sowohl Qualitätsdefizite sein wie auch unzureichender Service oder überteuerte Serviceverträge. Schlimmstenfalls wird der benachteiligte Vertragspartner im Projekt die Karten auf den Tisch legen und mit Rücktritt, Verzug oder unvollständiger Lieferung drohen, was in aller Regel das Gesamtprojekt massiv beeinflusst.

Gestalten Sie Verträge beiderseitig immer partnerschaftlich, um auch weitere gemeinsame Projekte darauf aufbauen zu können. Ein übervorteilter Vertragspartner gerät fast zwangsläufig in Schwierigkeiten, die in aller Regel teurer sind, als wenn im Vorfeld eine Win-win-Situation ausgehandelt worden wäre.

Beispiel

Viele Projekte, in die wir in Krisensituationen geholt werden, um zu retten, was noch zu retten ist, zeigen marode

Lieferantenbeziehungen. Oftmals wurde ein Lieferant ausgewählt, weil er einen vermeintlich günstigen Preis hatte.
Später musste sich der große und mächtige Kunde im
Projekt den Fehler eingestehen und die Notbremse ziehen. In
solchen Fällen fragt man sich als Berater, warum hier nicht
von Beginn an die Risiken besser verteilt wurden, was die
Gesamtkosten für den Kunden deutlich reduziert hätte. ◄

Lizenzverträge sind in der Softwareindustrie eines der
wichtigsten Instrumente zur vertraglichen und nachhaltigen
Bindung eines Kunden. Sie erlauben einen planbaren Kapital-
fluss. Ein Lizenzmodell für Software überträgt in der Regel nicht
die Urheber- oder Eigentumsrechte. Kunden interessieren sich
für nutzungsnahe Lizenzmodelle, um nicht zu viel zu bezahlen.
Instrumente dazu sind:

* Bündelung von Lizenzvolumen,
* Lizenzen bei Bedarf,
* monatliche oder jährliche Nutzungsgebühren,
* transaktionsgebundene Nutzungsgebühren,
* Mietmodelle.

Auftraggeber und Lieferanten versuchen mit einem Vertrag,
die Risiken auf beiden Seiten abzuschwächen. Häufig versucht
eine Seite, alle Risiken zur anderen Seite zu verschieben. Das
gefährdet Projekte. Als Auftragnehmer (auch für Unteraufträge)
sollte man als Basis immer annehmen, dass alle Risiken, die nicht
explizit beim Auftraggeber liegen, beim Auftragnehmer liegen.

Hier einige Tipps für Lieferanten
* Missverständnisse, Meinungsverschiedenheiten, unrealistische
  Zielvorgaben und Zielkonflikte werden offen angesprochen.
* Nachdem die gegenseitigen Ziele verstanden sind, schlagen
  Sie erforderlichenfalls eine Kompromisslösung vor.
* Bestehen Sie auf einem unterzeichneten Vertrag mit allen
  Anforderungen. Stellen Sie sicher, dass die Anforderungen
  verstanden und die Akzeptanzkriterien gemeinsam mit den
  Anforderungen definiert worden sind.

- Integrieren Sie in Ihre Softwarelösung grundsätzlich ein flexibles Lizenzmanagement, das es erlaubt, Funktionen freizuschalten oder auf bestimmte Benutzer(-Gruppen), Konfigurationen oder Zeiträume zu begrenzen. Damit können Sie das Nutzungsrecht bei Vertragsschwierigkeiten zurücknehmen.
- Klären Sie die Eigentumsfrage am Code und das Copyright explizit. Dies gilt vor allem, wenn Sie als Integrator auftreten.
- Verbinden Sie vertraglich die Nutzungsrechte mit den Bezahlungsmodalitäten. Soweit der Kunde eine Freigabefrist vereinbart, in der das Produkt eingeschränkt und zur Probe genutzt werden darf, stellen Sie sicher, dass es wirklich nur eingeschränkt nutzbar ist.
- Vereinbaren Sie explizit im Vertrag alle Haftungs- und Wartungsbedingungen, die nach der Lieferung auf Sie zukommen können. Bei der Integration von externen Komponenten in Ihr Produkt kann das schwierig sein, denn beispielsweise Open-Source-Software (OSS) folgt häufig der GNU Public License (GPL), die ihrerseits Haftungsansprüche ausschließt.

Und hier einige Tipps für Kunden und Einkäufer
- Wählen Sie Lieferanten und Vertragsmodelle nicht anhand der vermeintlich niedrigsten Preise aus. Billig ist selten preiswert. Schaffen Sie nachhaltige Partnerschaft mit den Lieferanten.
- Bewerten Sie Risiken schon zu Beginn auf Augenhöhe und schwächen Sie diese gemeinsam mit den Lieferanten ab.
- Stellen Sie die Bezahlungsmodalitäten auch aus Kundensicht klar. Vereinbaren Sie, dass dann bezahlt wird, wenn das Produkt die geforderten Funktionen aufweist. Beschreiben Sie, wie dieser Nachweis zu führen ist.
- Verlangen Sie in beiderseitigem Interesse regelmäßige Projektreviews, vor allem bei größeren Projekten oder mehreren Vertragspartnern.
- Beschreiben Sie alle verlangten Anforderungen so präzise, wie es für das Geschäftsmodell des Kunden relevant ist. Decken Sie alle Arten von Anforderungen ab. Vermeiden Sie Details und Überspezifikationen, die für den Kunden

nicht relevant sind. Sie sparen Aufwand und erweitern Ihren Lösungsraum.

- Beschreiben Sie mit den Anforderungen auch die Abnahme-kriterien, speziell für wesentliche Qualitätsanforderungen.

Soweit ein Vertrag Strafen, spezielle Anreize oder konkrete Steuerungsinstrumente enthält, sollte man diese exakt untersuchen. Sie weisen meistens auf – noch verborgene – Risiken hin. Jeder Vertragspartner sollte zum eigenen Schutz Risiken auf seiner eigenen Seite abschwächen. Ein Vertrag schließt nicht alle Risiken aus! Vor Gericht kann es leicht passieren, dass er später als unlauter betrachtet wird. Halten Sie sich daher an erprobte Vorlagen und vermeiden laienhafte Experimente in Vertragstexten.

Software wird kaum vor Gericht zum Laufen gebracht. Man sollte daher nicht darauf spekulieren, dass sich offene Punkte jederzeit durch gute Anwälte klären lassen, selbst wenn das Projekt sich bereits in Schwierigkeiten befindet. Das erste Ziel ist immer, die Software betriebsfähig zu bekommen, um damit Umsatz zu generieren.

6.3   Schutz von geistigem Eigentum

Bei der Softwareentwicklung entstehen Urheberrechte, oder die Urheberrechte von weiteren Parteien werden beeinträchtigt. Dies gilt generell und wird im verteilten Projekt besonders relevant. Das Unternehmen muss sicherstellen, dass diese Rechte beachtet werden und die Rechte an allen entstehenden Dokumenten und falls anwendbar auch Patente automatisch in seinen Besitz übergehen. Das muss vertraglich geregelt werden, sinnvollerweise explizit im Werk- oder Dienstvertrag. Für die eigenen Mitarbeiter ist es im Arbeitsvertrag parafiert.

Klare Regeln, die vertraglich festgeschrieben werden sollten, bewahren Sie vor den größten Risiken. Zunächst wollen wir die innerhalb des Projekts neu entstehenden **Urheberrechte** betrachten. Das Urheberrecht ist bereits seit 1886 ein internationales Thema. Schon damals trat die erste internationale

Konvention in Kraft, die „Berner Übereinkunft", welche die
Unterzeichnerstaaten dazu verpflichtete, einen Rechtsschutz
für individuelle geistige Werke einzuführen. Grundlage der
Bestrebungen um eine Rechtsangleichung auf internationaler
Ebene war die langsam wachsende Erkenntnis, dass geistiges
Eigentum ähnlich wie Eigentum an körperlichen Gegenständen
allein dem jeweiligen Rechtsinhaber die Befugnis vermitteln
sollte, die Werke zu verwerten oder durch Dritte verwerten zu
lassen. Urheberrechte entstehen also für eine natürliche Person
und nicht für das Unternehmen, in dessen Auftrag sie arbeitet.
Sie müssen vertraglich sofort an den Auftraggeber übergehen.
Ein expliziter Urheberrechtsübergang muss daher pro Einzelarbeitsvertrag formuliert werden.

Landesrecht kann sich davon trotz der weltweit gültigen (und
durch die UNO sanktionierten) Bestrebungen der World International Property Organization (WIPO) Vorgaben zum Urheberrecht unterscheiden und sollte im Zweifelsfall durch einen
Experten (d. h. Patentanwalt) geprüft werden. Für wichtige
Länder gibt es über lokale IHKs bereits Standardvorgaben für
Verträge, die das Urheberrecht in seiner europäischen Lesart
berücksichtigen.

Die berufliche Mobilität ist standortabhängig höher als
in Deutschland. Auftraggeber müssen daher ihr bestehendes
Know-how schützen, um dieser Fluktuation des Wissens
Rechnung zu tragen. Um Ihre eigenen Vorteile zu wahren,
müssen Sie einen Know-how-Schutz explizit im jeweiligen
Einzelarbeitsvertrag formulieren. Das beinhaltet beispielsweise Konkurrenzverbote von Mitarbeitern (die im Ausland
allerdings beliebig schwierig umzusetzen sind) sowie den
Schutz von Geschäfts- und Fabrikationsgeheimnissen. Der
Rahmenvertrag muss explizit fordern, dass entsprechende
Einzelvereinbarungen in jedem einzelnen Arbeitsvertrag der
im Projekt eingesetzten Mitarbeiter formuliert werden. Dies ist
wie bereits bei den Urheberrechten der einzige Hebel, den Sie
effektiv nutzen können, vor allem wenn Sie mit den großen und
bekannten Lieferanten zusammenarbeiten, die allesamt einen
Ruf zu verlieren haben, wenn sie an dieser Stelle nicht sauber
und professionell arbeiten.

Bei der Softwareentwicklung werden externe Werkzeuge, Codebibliotheken und Open Source eingesetzt. Diese Software hat individuelle Lizenzformen, die eventuell in unterschiedlichen Ländern verschieden ausgeprägt sind. Sie müssen proaktiv **Rechteverletzungen** ausschließen, da diese immer zu Rechtsstreitigkeiten und damit zu Unsicherheiten bei Ihren Kunden und zu Projektverzögerungen führen. Softwarelizenzen (also für Entwicklungswerkzeuge, Codebibliotheken, etc.) müssen auch im Land der Beschaffung gelten. Häufig sind „floating licenses" an Kontinente gebunden. Dies kann zu zusätzlichen Kosten führen. Falls Softwarelizenzen personalisiert sind, sollten Sie ein Werkzeug für das **Lizenzmanagement** einsetzen (z. B. FlexLM). Ihre Werkzeuglieferanten werden Sie dabei beraten. Führen Sie klare und verbindliche Richtlinien für die Wiederverwendung von externem Code ein. Lassen Sie beim Einchecken des Codes in ein Archivierungs- oder Konfigurationswerkzeug explizit die Urheberschaft – rechtlich bindend – versichern.

Die Kommunikation bei jeglicher verteilten Softwareentwicklung erfolgt zu einem hohen Grad über das Internet. Führen Sie den verlangten **Datenschutz** und die erforderliche **Datensicherheit** bereits in der Vorbereitungsphase verteilten Arbeitens ein. Der Datenschutz muss demjenigen der EU entsprechen. Das ist beim Austausch von personenbezogenen Daten (z. B. Mitarbeiterlisten) ein Risiko, da viele Offshoringländer keine entsprechende Gesetzgebung haben. Stellen Sie sicher, dass Ihr Intranet nie für externe Personen offen ist. VPN und Kollaborationswerkzeuge sollten gezielt für einzelne Applikationen freigeschaltet werden. Realisieren Sie aus Effizienzgründen, wenn möglich, die Zugriffsrechte rollenbasiert und nicht namensbasiert. Das erleichtert Änderungen beträchtlich. Schützen Sie Applikationen auch intern – also hinter dem Zugriff auf das Werkzeug über sichere Log-on-Mechanismen (z. B. ClearCase VOBs splitten). Setzen Sie die Defaultzugriffsrechte als „Read für Mitarbeiter" und nicht als „Read für alle". Gewährleisten Sie Datensicherheit (z. B. mit sicheren Verschlüsselungsstandards bei Datenübertragung und -sicherung). Gefährlich sind übrigens die externen Mitarbeiter an Ihrem eigenen Standort, denn sie sind sehr viel schwieriger zu kontrollieren, als wenn sie von außen auf ein geschütztes Netz zugreifen. Die meisten Sicherheitsprobleme kommen von eigenen Mitarbeitern, die die internen Richtlinien nicht befolgen.

Stellen Sie sicher, dass Patentfragen und andere vertrauliche Themen nicht per E-Mail oder über das öffentliche Telefonnetz kommuniziert werden. In verschiedenen Ländern werden beide Kanäle gezielt abgehört – auch und gerade im Westen.

Stellen Sie grundsätzlich eine **sichere und zuverlässige Infrastruktur** „end to end" zur Verfügung. Dazu gehört eine Grundausstattung von teamfähigen („kollaborativen") Entwicklungswerkzeugen, wie Rechner, Software, aber auch das zugehörige Lizenzmanagement. Soweit Testaufgaben ausgelagert werden, sollten Sie eine sichere, performante und hochgradig verfügbare Testinfrastruktur bieten. Dazu gehören Testhardware, Simulatoren und Testprogramme. Gerade beim Testen kommt es sehr auf die Performanz an. Prüfen Sie die entsprechenden Kennzahlen regelmäßig. Eine sonst performante Infrastruktur kann bereits durch einen falsch konfigurierten Server empfindlich geschwächt werden. Prüfen Sie das Netzwerk auf Sicherheit und Verlässlichkeit lokal beim Lieferanten sowie global zwischen den beteiligten Standorten (z. B. nutzbare Bandbreite). Auditieren Sie regelmäßig die Sicherheit Ihrer Infrastruktur (z. B. Authentifizierung, VPN-Einsatz, IPSEC, Firewalls, Zugriffszonen, Virenschutz, Policies). Schauen Sie sich die typischen Arbeitsweisen für E-Mail, Messaging oder Fileaustausch genau an. Oftmals setzen selbst arrivierte Lieferanten offene E-Mail-Systeme (z. B. Yahoo), Instant Messaging oder gar ungeschützten FTP ein. Unterbinden Sie vertraglich derlei offenen Tore, die jede sichere Infrastruktur unterminieren.

Balancieren Sie Sicherheitserfordernisse mit Geschwindigkeit und Verfügbarkeit. Sie müssen alle drei Dimensionen gleichzeitig optimieren. Zu oft fallen Sicherheitsmaßnahmen herunter, da die Entwickler primär Leistung und schnelle Reaktionszeiten wollen.

Seien Sie kompromisslos, wenn es um Sicherheit geht. Wer Ihre unternehmensweiten Richtlinien nicht einhält, muss damit rechnen, disziplinarisch zur Verantwortung gezogen zu werden. Die Wettbewerbsfähigkeit und die Zukunft Ihres Unternehmens stehen auf dem Spiel.

6.4   Risiken proaktiv abschwächen

Verteiltes Arbeiten birgt viele Fallstricke [12]. Wir wollen im Folgenden die wichtigsten Risiken und deren Auswirkungen zusammenfassen und jeweils mit wenigen konkreten Maßnahmen kontrastieren, die Sie treffen können, um ein solches Risiko im Vorfeld zu mindern.

Fehlende Strategie
Ursachen: Verteiltes Arbeiten wird häufig zu schnell hochgefahren, weil es angeblich die Kosten reduziert. Einstiegspreise sind das primäre Auswahlkriterium. Leistungsvergleiche finden nicht statt.

Konsequenzen: Lock-in durch spätere Preiserhöhung und Knebelverträge. Unzureichende SLAs führen zu schlechter Servicequalität. Keine wirkliche Partnerschaft wird erreicht. Effizienzziele werden nicht erreicht, weil sie nicht klar sind.

Risikominderung: Präzisieren Sie realistische Erwartungen vor Beginn von Vertragsverhandlungen. Stellen Sie einen Business Case und einen Gesamtplan über mehrere Jahre auf (Ausnahme: Sie sind wirklich nur an einem kurzfristigen und zeitlich begrenzten Bodyshopping interessiert). Planen Sie eine schrittweise Einführung und Umsetzung Ihrer Ziele. Prüfen Sie die Zielerreichung bei allen Zwischenschritten und Meilensteinen.

Unzureichende Verträge und SLAs
Ursachen: Entscheidung wird zu schnell und ohne Kenntnis aller relevanten Faktoren getroffen. Keine Erfahrung und Beratung in der Vertragsphase. Lieferant ist nicht an einer wirklich andauernden Zusammenarbeit interessiert. Ziele und Qualitätsmaßstäbe sind unbekannt.

Konsequenzen: Unzufriedenheit mit dem Lieferanten. Schlechte Ergebnisse in Bezug auf Inhalt, Kosten, Zeit und Qualität. Vertrag wird in der Regel abgebrochen und hinterlässt Unzufriedenheit auf beiden Seiten.

Risikominderung: Prüfen Sie den Vertrag gegen Ihre Erwartungen. Halten Sie den Vertrag hinreichend flexibel, um auch dann Anpassungen vorzunehmen, wenn sich Ihre Anforderungen oder Einschränkungen ändern. Lassen Sie sich in der Vertragsphase von Personen beraten, die Erfahrung mit Verträgen und Lieferantenmanagement haben. Beachten Sie kulturelle und legale Besonderheiten Ihres Lieferanten oder dessen Heimatregion.

Mangelhafte Prozesse beim Auftraggeber

Ursachen: Verteiltes Arbeiten wird gestartet, bevor sich der Auftraggeber klargemacht hat, was es an Anforderungen an seine eigenen Prozesse, Schnittstellen, Mitarbeiter und Management stellt.

Konsequenzen: Teams arbeiten ineffizient. Ständige Überraschungen an den Schnittstellen, beispielsweise Änderungen von Spezifikationen oder Projektplänen. Schlechte Liefertreue, niedrige Produktivität, unzureichende Qualität, Mehrkosten durch Nacharbeiten, Verzögerungen.

Risikominderung: Lagern Sie nur Prozesse aus, die Sie beherrschen. Prüfen Sie Ihr Prozessmanagement und Ihre Prozessreife vor Projektstart. Manche Lieferanten bieten Audits des Auftraggebers an, um dessen Prozesse zu verbessern; falls nicht, lassen sich solche Dienstleistungen auch einkaufen. Verbessern Sie Ihre Entwicklungs- und Projektmanagementprozesse.

Lieferant ist größer als Auftragsgeber

Ursachen: Verteiltes Arbeiten wird oft wegen Effizienz und Flexibilität gestartet, ohne sich die mittelfristige Entwicklung klarzumachen. Ein Lieferant wird ausgewählt, weil er einen bekannten Namen hat und aggressiv Marketing treibt oder weil er einen unschlagbar günstigen Preis in den Raum stellt.

Konsequenzen: Wenn der Lieferant zu groß ist, lässt er Sie bluten. Sein Geschäftsfeld ist ein anderes, und er wird sich nicht um Ihre Belange kümmern können. Damit ist das Verhältnis nicht auf lange Partnerschaft ausgerichtet. Ein zu großer Lieferant ist am kleineren Kunden nicht interessiert. Ein globaler großer Lieferant ist kaum in der Lage, auf spezielle Bedürfnisse des Mittelstands einzugehen. Er wird kein Interesse haben, sich auf einen kleinen Kunden einzustellen, sondern versuchen, Standardlösungen anzubieten. Bei Schwierigkeiten ist es für einen solchen Lieferanten einfacher, sich zurückzuziehen, als auf eine anhaltende Partnerschaft zu bauen und jede Menge Extraarbeiten zu leisten. Zudem besteht das Risiko, dass er in Bereichen wie Urheberrechte, Patente, Eigentumsrechte oder auch Sicherheit unprofessionell arbeitet und damit noch sehr viel größere Folgeprobleme heraufbeschwört, als es Ihnen lieb sein kann.

Risikominderung: Wählen Sie einen Lieferanten, der zu Ihnen passt. Prüfen Sie die Kunden, die er momentan betreut. Berücksichtigen Sie Ihre eigenen Wachstumsziele. Stimmen Sie die Größe des Lieferanten auf die Kritikalität der Aufgabe ab. Wenn die Aufgabe temporär und mit kleinem Risiko behaftet ist, kann es sich lohnen, einen kleinen günstigen Lieferanten zu nehmen. Sind Sie an einem längeren Projekt interessiert, das keinerlei Verzögerungen bringen darf, achten Sie auf Dual Sourcing, also mindestens zwei Partner.

Schlechtes Lieferantenmanagement
Ursachen: In den meisten Fällen fehlen Dokumente, wie Anforderungen und Schnittstellenvereinbarungen. Lieferantenmanagement ist häufig ein Anhängsel des Projektmanagements und damit zum Scheitern verurteilt. Das beginnt bei der Auswahl eines Lieferanten mit Abstimmung von Vertrag und SLA und wird insbesondere in der Ausführung und Projektkontrolle kritisch. Oftmals versuchen Auftraggeber, Ihre bisherigen Prozesse einfach weiter zu verwenden, und sind sich nicht darüber klar, dass ein Lieferant vielleicht bereits sehr viel bessere interne Prozesse hat. Oder aber Ihr Lieferant bietet viel Flexibilität und schlägt vor, Ihre Prozesse zu übernehmen, um

an Ihren Auftrag zu kommen, und stellt nachher fest, dass Ihre Prozesse doch nicht passen.

Konsequenzen: Informationen werden nicht sofort weitergeleitet. Es existieren sehr viele individuelle und heterogene Kommunikationskanäle zwischen Auftraggeber und Lieferant. Die Interessen des Lieferanten werden falsch verstanden. Man erreicht keine Win-win-Situation. Verzögerungen und Nacharbeit im Projekt sowie gegenseitige Schuldzuweisungen sind die Folge.

Risikominderung: Definieren Sie klare Verantwortungen auf Ihrer Seite, wer mit welchen Schnittstellen des Lieferanten kommuniziert oder sie überwacht. Benennen Sie einen voll verantwortlichen Lieferantenmanager. Klären Sie, wie kommuniziert wird, also beispielsweise, welche Informationen in welcher Form vorliegen, welche Eskalationswege bestehen, wie die Verantwortungsbereiche abgegrenzt sind und wie Daten ausgetauscht werden. Halten sie die gegenseitigen Erwartungen zu jedem Zeitpunkt klar und verbindlich und natürlich an konkreten Aufgaben und einem SLA orientiert. Messen Sie konsequent und kontinuierlich gegen das abgesprochene SLA und die sonstigen vertraglichen Vereinbarungen (z. B. Mitarbeiterfluktuation, Standorte). Zögern Sie nicht, eine Situation zu eskalieren, die Sie nicht mehr als beherrschbar erachten. Machen Sie nicht den Fehler, sich hinhalten zu lassen in der Form „Daran arbeiten wir" oder „Wir haben noch alle Termine gehalten". Auditieren Sie kritische Prozesse, wenn Sie sich nicht sicher sind, dass die Ergebnisse am Ende alle Ihre Erwartungen halten. Gutes Lieferantenmanagement hat klare Zielvorgaben, Messvorschriften, kontinuierliche Fortschrittskontrolle, Kommunikationswege, Aufgabenteilung und Verantwortungen.

Unklare Schnittstellen

Ursachen: Lieferanten werden ad hoc und opportunistisch ausgewählt, ohne eine übergeordnete Strategie zu verfolgen. Verschiedene Unternehmensbereiche haben ihre Hoflieferanten. Lieferanten werden gegeneinander ausgespielt, um niedrige Preise zu erreichen. Lieferanten wählen sich Unterlieferanten aus, weil sie gar nicht in der Lage sind, selbst zu liefern.

Lieferanten übernehmen nur einen Teil der Aufgabe, da sie nicht das gesamte Risiko tragen wollen.

Konsequenzen: Komplexe Abhängigkeiten zwischen Auftraggeber und den verschiedenen Lieferanten. Probleme werden verschoben. Keine klaren Verantwortungen für eine bestimmte Aufgabe. Ständige Konflikte, wer welche Aufgabe bearbeitet. Verzögerungen im Projekt. Lieferanten fühlen sich gegeneinander ausgespielt und reduzieren ihr Interesse an einer längerfristigen Bindung. Lieferanten halten keine Puffer oder Kompetenzen vor, da sie nur für eine Teilaufgabe zuständig sind. Ihre eigenen Kosten sind höher, da Skaleneffekte nicht eingepreist werden können und der Lieferant selbst nicht langfristig planen kann (was die Kosten reduzieren würde). Es entwickelt sich keine Partnerschaft zwischen Auftraggeber und Lieferanten.

Risikominderung: Am wichtigsten ist die formale Schnittstellenvereinbarung: Wer liefert welche Dokumente? Entwickeln Sie eine Strategie, mit welchen Lieferanten Sie zusammenarbeiten wollen und welche Kompetenzen Sie von bestimmten Lieferanten über die Zeit erwarten. Gleichen Sie diese Strategie mit Ihrer eigenen Produkt- und Technologiestrategie ab. Entwickeln Sie mit dem Lieferanten oder verschiedenen Lieferanten in der Auswahlperiode einen Business Case für eine anhaltende Beziehung und prüfen Sie, ob Sie damit insgesamt besser fahren. Beachten Sie, dass auch auf Ihrer Seite der Personalbedarf und die nötigen Kompetenzen nicht immer klar sind, Sie also immer für ein gewisses Maß an Flexibilität auf Lieferantenseite bezahlen müssen. Am teuersten sind ganz kurzfristige Änderungen. Planbarkeit und Verlässlichkeit zeichnen eine solide Lieferantenbeziehung aus. Beachten Sie allerdings auch, dass ein einziger Lieferant dann kritisch wird, wenn er plötzlich die Geschäftsbeziehung abbricht oder nicht mehr in dem Maßstab liefern kann, wie Sie es erwarten. Natürlich lässt sich auch dieses Risiko im Vertrag regeln, treibt aber die Kosten hoch. Kritische Kompetenzen oder technische Bedürfnisse sollten immer durch zwei Lieferanten abgedeckt werden.

Lieferant wird zu stark gegängelt

Ursachen: Der Auftraggeber ist mit dem eigenen Projekt-management oder dem Lieferantenmanagement noch nicht erfahren und führt viele Kontrollpunkte und Reports ein, die ihm Sicherheit geben sollen. Der Auftraggeber hatte mit einem früheren Lieferanten schlechte Erfahrungen gemacht, die nun überkompensiert werden. Auf Auftraggeberseite sind Anforderungen und Inhalte hochgradig unklar, und daher werden Projektreviews mit dem Lieferanten dazu verwandt, Inhalte anzupassen. Der Auftraggeber möchte unbedingt seine Werk-zeuglandschaft auch beim Lieferanten eingesetzt wissen.

Konsequenzen: Der Lieferant muss ein zusätzliches, kost-spieliges Reporting- oder Werkzeugsystem aufbauen, das Sie im Endeffekt zahlen müssen. Der Lieferant geht davon aus, dass Sie die Verantwortung auch für Zwischenschritte tragen wollen, und fährt sein Engagement entsprechend zurück. Durch einen zu starken Fokus auf eigene, bereits tradierte Prozesse und Werkzeuge bleiben keine Spielräume, um nachhaltig Kosten-reduzierung zu erzielen. Bei fremden Werkzeugen fallen für den Lieferanten (und damit für Sie) zusätzliche Lizenzkosten und Aufwände für Einführung, Training und Nutzung an. Eine detaillierte Überwachung des Lieferanten bindet auch auf Ihrer Seite sehr viel Energie und führt zu einer Schattenorganisation.

Risikominderung: Im Lieferantenmanagement gilt das agile Prinzip „So viel Prozess wie nötig, um die gewünschten Ergeb-nisse zu erreichen, und so wenig wie möglich". Lassen Sie sich von Ihrem Lieferanten beraten, wie er das Lieferanten-management selbst unterstützen kann. Lassen Sie sich erklären, welches Reporting und welche Werkzeuge er selbst einsetzt und wie diese zu Ihren Bedürfnissen und Ihrer Werkzeugland-schaft passen. Beispielsweise sind viele Lieferanten in der Lage, schnell Schnittstellen zu bauen, um eigene Daten und Ergebnisse in Ihre Werkzeuge zu laden, und umgekehrt, ohne Ihre Werk-zeuge selbst zu verwenden.

Tools, IT und Infrastruktur

7

Übersicht

„Exzellente Firmen glauben nicht an Exzellenz; nur an ständige Verbesserung und ständigen Wandel." Tom Peters hatte schon früh begriffen, dass Exzellenz ständig neu erkämpft werden muss. Wir alle haben es in Zeiten der Coronapandemie gemerkt: Verteiltes Arbeiten braucht eine ganz neue Arbeitsorganisation. Das beginnt natürlich mit der IT-Infrastruktur. Darüber hinaus braucht es ein straffes Zeitmanagement. Egal ob Besprechung mit Skype und WebEx oder virtuelle Arbeitsräume über VPN oder ganz einfach verteiltes Arbeiten im Homeoffice, wir müssen uns umstellen. In diesem Kapitel erhalten Sie eine kurze Übersicht zu Kollaborationsumgebungen und IT-Infrastruktur, aber auch ganz praktische Tipps für Ihre eigene Arbeitsorganisation im Homeoffice und virtuellen Team. Natürlich liefern wir auch die nötigen Vorlagen, die Sie direkt nutzen können.

Wichtig: In einem verteilten Team ist jeder die IT. Entwickeln Sie ausreichend eigene technische Kompetenz. Es wirkt immer schlecht, wenn man in virtuellen Arbeitsräumen nicht klarkommt, oder gar wichtige Informationen verliert. Egal, ob im eigenen Unternehmen, oder als Freelancer: Bauen Sie die nötige Infrastruktur auf für Cybersecurity, gesicherte Backups, performante Internet-Anbindung, virtuelles Arbeiten, robuste SLA und 24/7 Notfall-Service.

© Springer Fachmedien Wiesbaden GmbH, ein Teil von Springer Nature 2020
C. Ebert, *Verteiltes Arbeiten kompakt,* IT kompakt,
https://doi.org/10.1007/978-3-658-30243-6_7

7.1   IT-Technologie und -Werkzeuge

Technologie ist Grundvoraussetzung für verteiltes Arbeiten. Sie erlaubt zu kommunizieren, zu koordinieren und erfolgreiche Arbeitsbeziehungen aufzubauen. Wenn Sie kein Technologe sind, ist es verlockend, diese Arbeit abzuwerten: „Ich bin Teamleiter und nicht die IT." Aber in einem virtuellen Team ist jeder die IT. Wenn Sie für eine kleine Firma arbeiten, wird niemand Ihre Verbindungsprobleme lösen oder Ihre Filesharingsoftware einrichten. Sie müssen bereit sein, Ihren Kollegen auch über Distanz bei diesen Dingen zu helfen. Wenn Sie Teil einer größeren Organisation mit mehr technologischen Ressourcen sind, müssen Sie die Anforderungen an die IT klar kommunizieren.

IT und Datenschutz sind in vielen Ländern stark eingeschränkt. Das sind nicht nur Diktaturen, sondern auch angeblich demokratische Länder in Osteuropa und Asien. So sind das Internet und vor allem Suchmaschinen in diesen totalitären Ländern nur zensiert verfügbar. Beispielsweise funktioniert WhatsApp oder Skype in China nur mit VPN. Man forciert dort die lokalen Dienstanbieter, die natürlich sehr riskant beim Datenschutz sind. Auch Ransomware und Trojaner werden in solchen Ländern gerne verteilt. Andere Länder haben schlichtweg nicht die Performanz in den lokalen Knoten und Zugangsservern. Beispielsweise in Afrika und Mittelamerika. Fairerweise muss man natürlich auch die US-amerikanischen und russischen Diensteanbieter nennen, die Fake News nicht nur protegieren, sondern wie in Russland auch mit ganzen Armeen von Autoren in Umlauf bringen. Die Google-Suchmaschine ist bereits berüchtigt für Zensur und Filter, die nach Geschmack und politischer Großwetterlage angepasst werden. Auch muss man in USA, China und Russland grundsätzlich davon ausgehen, dass Datenschutz nicht nur unbekannt ist, sondern auch, dass private Daten beliebig verknüpft werden. Die Wahlen der vergangenen Jahre, beispielsweise Trump mit Facebook, sind legendär für solche Manipulationen.

Betrachten wir wesentliche Techniken für verteiltes Arbeiten.

Offene-Punkte-Liste (OPL)

Das wichtigste Dokument für verteiltes Arbeiten ist neben dem formalen Vertrag die Offene-Punkte-Liste. Diese Liste transportiert Beschlüsse und Besprechungsprotokolle, aber auch Aufgaben und Anforderungen. In Besprechungen wird sie transparent geführt, sodass alle Teilnehmer direkt mitlesen können, was gerade notiert wird. Damit spart man sich lange Nacharbeit und verzettelt sich nicht in unübersichtlichen Besprechungsprotokollen in E-Mails. Zu meinen Büchern gibt es viele direkt nutzbare Vorlagen, die in jahrelanger Beratungspraxis optimiert wurden. Abb. 7.1 und 7.2 zeigen die Offene-Punkte-Liste (OPL) in der praktischen Nutzung.

Verwenden Sie ausreichend Zeit und Energie, eine eigene Vorlage an Ihre Bedürfnisse anzupassen und sie als verbindlich zu kommunizieren. Vorlagen lassen sich sehr leicht umsetzen und nutzen. Wir empfehlen Excel (oder ein anderes Tabellenprogramm), da es mehr zu Struktur und Systematik verpflichtet als eine reine Textverarbeitung. Attribute lassen sich in einer Tabelle leichter darstellen, filtern und verfolgen. Das macht später den Übergang zu einem professionellen Werkzeug einfacher. Weitere Projektinformationen, wie Aufgaben, offene Punkte, Beschlüsse und Infos, finden ebenfalls im Spreadsheet Platz. In größeren Projekten sind die Vorlagen umfangreicher, orientieren sich aber immer an der oben eingeführten Struktur.

Lassen Sie die Vorlagen von allen Anspruchsträgern prüfen, und zwar als konkretes Fallbeispiel und nicht als leere Vorlage. Fordern Sie die Gruppen auf, damit in einem Projekt zu arbeiten, um Erfahrungen zu sammeln. Vorlagen sollten sehr intensiv pilotiert werden, um sie vor dem breiten Einsatz zu optimieren.

Kommunikation und Kollaboration
Um mit anderen zu kommunizieren, gibt es eine Vielzahl kostenloser Programme für einfache Einzelgespräche, wie z. B. Skype, Apples FaceTime, Facebook Messenger und Google Hangouts. Viele erlauben es Ihnen, auch andere Benutzer einzubinden.

| Anforderungen | | | | Komponenten | | | | | | | Baselines / Baseline A | | | | | |
ID	Status	Kundenanforderung (LH)	Technische Spezifikation (PH)	Priorität	Eingabe	Anzeige	Speicherung	Menüführung	Betriebssystem	Fehlerbehandlung	Aufwand	Geplant für diese Baseline?	geplante Abweichung (zur Serienlösung)	Tatsächlich enthalten in dieser Baseline	Tatsächliche Abweichung (zur Serienlösung)	Testfälle	Testergebnis
R0001	tbd	Einfache Bedienung	Das Menü enthält max. 4 Ebenen.	1				x				partly	Menu hat noch 5 Ebenen	NO	Menu hat noch 6 Ebenen	Einschalten, Anzahl der Ebenen max 5	failed
R0001	acc	Einfache Bedienung	Der jeweils aktivierte Menüpunkt wird hervorgehoben dargestellt	2	x			x				YES	keine	YES	keine	Aktivierung aller Menüpunkte, der jeweils aktive muss gegenüber den passiven hervorgehoben dargestellt sein	ok

Abb. 7.1 Einfache Spreadsheet-Vorlage für Anforderungen (Vorlage: www.vector.com/Consulting-Bücher)

No.	Date, creation	Source	Type	Content
	Initial date; frozen	*Persons, not roles*	*Selection*	*Complete description of the agenda topic, action item, decision or information item*
1	17.03.2016	ce	Agenda topic	Kick Off
2	17.03.2016	ce	Action item	Finalize Template for book
3	22.03.2016	ce	Meeting	Client workshop
4	22.03.2016	ce	Information	Circuits and logic will be provided by supplier
5	22.03.2016	ce	Decision	Software will be implemented in C language

Responsible	Status	Target date, initial	Target date, latest	Date, closed	Results, Remarks
Responsible for closing the action item	*0 = open 1 = closed*	*initial target date to close*	*Latest target date to close*	*Completely finished / communicated*	*Information on status of action item, or details on progress, results*
ce	1	17.03.2016		17.03.2016	
					Agreed in client meeting

Abb. 7.2 Agile Vorlage für offene Punkte, Beschlüsse und Infos (Vorlage: www.vector.com/Consulting-Bücher)

In jüngster Zeit gibt es einen Trend zur Zusammenarbeit verteilter Gruppen unter Verwendung von Kommunikationsplattformen, die es ihnen ermöglichen, einen Projektarbeitsbereich als zentralen Knotenpunkt zu schaffen, in dem alle Gespräche innerhalb des Teams in separaten Kanälen/Räumen stattfinden können.

Bei Videokonferenzen bieten sich Skype, Zoom, FaceTime etc. an. Achten Sie darauf, dass die Werkzeuge auch außerhalb der Unternehmensgrenzen einfach zu nutzen sind. Skype for Business zum Beispiel reagiert auf verschiedene Versionen sehr empfindlich. Web-Anwendungen wie Zoom funktionieren sowohl im privaten wie auch professionalen Kontext als Rückfalllösung sehr gut. Die private Skypeinstallation wiederum funktioniert nicht mit der Skype for Business. Verzichten Sie in professionellen Umgebungen auf das private Skype und deinstallieren Sie es am besten. Zoom hat seine Security-Schwächen inzwischen abgelegt und lässt sich professionell nutzen. Es ist die einzige Lösung, die unabhängig von den komplexen Umgebungen von Microsoft, Google und Apple ist, und auf Knopfdruck funktioniert. Kostenlose Videokonferenzen mit vielen Beteiligten sind damit möglich. Die eingebaute Zeitgrenze lässt sich durch einfaches Klicken auf den

Zugangslink eliminieren. TeamViewer kam mit Blizz zwar spät, aber hat dafür im Vergleich die performanteste und robusteste Lösung der Kommunikations- und Kollaborationslösungen (https://www.blizz.com) – weit vor Skype, WebEx und Teams. Es lohnt sich also, regelmäßig Vergleiche anzuschauen, denn auch die Kosten ändern sich rasch.

Für Onlinezusammenarbeit ist Slack populär, dessen enormer Erfolg eine Reihe ähnlicher Tools geprägt hat, wie z. B. Microsoft Teams, ein ernst zu nehmender Mitbewerber insbesondere für Teams, die bereits Microsoftlösungen wie Skype für Unternehmen verwenden, und Google Hangouts, das von einem Tool für Gelegenheitschats zu einer Kommunikationslösung für Unternehmen umgestaltet wurde. Auf all diesen Plattformen kann die Interaktion sowohl schriftlich als auch per Audio/ Video erfolgen, sodass die Benutzer nahtlos von synchron auf asynchron und umgekehrt wechseln können, wodurch die E-Mail-Kommunikation innerhalb des Teams ersetzt wird.

Der Verlauf der Ereignisse wird in den Tools protokolliert und kann online durchsucht werden, wodurch ein Verlust von Wissen oder Silos verhindert wird. Alle diese Plattformen bieten eine native Unterstützung für grundlegende kollaborative Funktionen wie Kalender, Datei- und Bildschirmfreigabe; darüber hinaus ermöglichen sie die einfache Verbindung unzähliger Dienste für die Softwareentwicklung, mit denen Ingenieure durch einfache Eingabe von Befehlen über eine vertraute Benutzeroberfläche interagieren können. Diese Form der konversationsgetriebenen Entwicklung, oder ChatOps, hat sich als besonders vorteilhaft erwiesen, um die DevOps-Praktiken in verteilten Projekten zu fördern, indem sie die Ausführung von Operationsaufgaben für die Entwickler zugänglicher macht.

Die klassische Alternative zu diesen komplexen Kommunikationsplattformen ist der Einsatz von Webkonferenzlösungen wie Cisco WebEx (https://www.webex. com) und GoToMeeting (https://www.gotomeeting.com). Webkonferenztools bieten keinen in Kanälen angeordneten Arbeitsbereich für die Chatkommunikation. Außerdem bieten sie in der Regel nur kostenpflichtige Layer an, während Slack, Microsoft Teams und Google Hangouts Freemiumprodukte sind, deren kostenloser Layer besonders für kleine Teams interessant ist, die keine Gruppenkonferenzen benötigen.

Ein weiteres Kommunikationswerkzeug, das in dieser Post-E-Mail-Ära an Bedeutung gewonnen hat, ist Gitter (https://gitter.im), eine schlanke Open-Source-Kommunikationsplattform, die besonders für verteilte Projekte, die GitHub verwenden, interessant ist, weil sie es den Teammitgliedern ermöglicht, über Artefakte – Probleme, Commits, Pullanfragen – zu diskutieren, indem sie einfach direkte Links zum Repository hinzufügen. Wir weisen jedoch darauf hin, dass Gitter derzeit nur textbasierte Interaktion unterstützt.

Zoom erlaubt Videokonferenzen für viele Teilnehmer und ist für Einzelpersonen kostenlos. Dort sind Besprechungen auf maximal 40 min limitiert, was häufig genügt, da langes Starren auf den Bildschirm auch sehr anstrengend ist. Zoomanrufe sind von Ende zu Ende verschlüsselt, was bei Messenger- und Hangoutanrufen nicht immer der Fall ist.

Für kleine Umgebungen und kurze asynchrone Fragen mit wenigen Geschäftspartnern können auch Messenger von Facebook, WhatsApp oder Apple iMessages genutzt werden, um in Echtzeit in Kontakt zu bleiben und den ständig wachsenden E-Mail-Posteingang zu bändigen. Viele Unternehmen etablieren inzwischen eigene interne soziale Netze für Chats und Wissensmanagement. Microsoft-Teams ist eine solche Lösung, aber auch mit Jira und ähnlichen Werkzeigen sind solche Netzwerke möglich.

Alle diese Kommunikationsprodukte bieten voll funktionsfähige mobile Anwendungen, die es den Teammitgliedern an entfernten Standorten ermöglichen, auch unterwegs reibungslos zusammenzuarbeiten.

Ein Gewinn sind die reduzierten Kosten. Telefonate sind über Kollaborations-Werkzeuge ins Ausland viel billiger als mit einem Smartphone. Slack ist kostenlos und skaliert bei Telefon- oder Videoanrufen auf einige Euro monatlich.

Online Umfragen lockern Besprechungen auf und halten die Teilnehmenden aufmerksam. Fragen Sie als Moderator oder auch einfach als Teil Ihrer Kommunikation immer wieder in die Runde, ob alles verstanden ist, und welche Frage es gibt.

Häufige Zusammenfassungen und direkte Interaktion mit den Teilnehmern sind obligatorisch, um den Fluss zu unterbrechen und die Aufmerksamkeit hochzuhalten. Gruppenübungen erfordern mehrere parallele Skypesitzungen, die vom Trainer eingerichtet werden müssen, da Sie sonst die Kontrolle verlieren und nicht einfach jedem Team beitreten können. Nutzen Sie Umfragen, um die Teilnehmer am virtuellen Meeting mitzunehmen. Skype, WebEx etc. bieten dazu Abstimmungswerkzeuge sowie Chatmöglichkeiten. Werkzeuge wie Quizizz und SurveyMonkey lassen sich für Online- Verständnisfragen und Abstimmungen gut einsetzen. Menti zeigt sogar Ergebnisse direkt live in Echtzeit an.

Nutzen Sie Apps für Freiformzeichnungen, um spontane Ideen mit entfernten Teilnehmern zu teilen. Die meisten Kollaborationsumgebungen wie Skype oder WebEx haben Whiteboards mit Möglichkeiten, Texte und Zeichnungen direkt darzustellen. Es gibt auch dedizierte Werkzeuge dazu, beispielsweise Zapier und Web Whiteboard.

Konfigurationsmanagement

Gutes Konfigurationsmanagement ist der Schlüssel zum Erfolg bei einer räumlich verteilten Entwicklung. Gerade, wenn verteilt entwickelt wird (wobei es weniger auf die Distanz als auf die verschiedenen Teams ankommt), ist das Risiko groß, dass Varianten und Versionen nicht sauber gehalten werden. Ansatzweise gilt, was wir bereits über Anforderungsänderungen sagten: Was bisher durch Telefongespräche oder am gemeinsamen Mittagstisch ausgebügelt werden konnte, muss beim verteilten Arbeiten klar beschrieben werden. Etablieren Sie ein rigoroses Konfigurations- und Änderungsmanagement mit entsprechenden Werkzeugen. Setzen Sie für das Konfigurationsmanagement gute Werkzeuge ein, die nicht nur Versionen, Varianten und Änderungen verwalten (z. B. CVS, Synergy, Clearcase), sondern auch eine Verbindung mit anderen Werkzeugen erlauben (horizontale und vertikale Traceability). Legen Sie klare Regeln für Versionierung, Archivierung, Verfolgbarkeit von Änderungen zwischen Dokumenten, temporäre Verzweigungen von Versionen im Code, Beschreibungen von

Verzweigungen (z. B. bei Korrekturen), Fehlermeldeverfahren und Buildbeschreibungen fest. Stellen Sie einfache Regeln für das Konfigurationsmanagement auf, so beispielsweise, dass Änderungsanforderungen immer durch den Konfigurationsmanager geprüft und genehmigt werden müssen oder dass Aufwand auf der Lieferantenseite nur für genehmigte Inhalte oder deren Änderungen eingesetzt werden darf. Versichern Sie, dass entdeckte Fehler komplett berichtet und dann korrigiert werden. Korrekturen in Dokumenten müssen immer auf die geschlossene Fehlermeldung verweisen und gleichzeitig auf alle beeinträchtigten Stellen im Gesamtdesign und seiner Dokumentation (inklusive Testfälle). Setzen Sie ein professionelles Fehlermeldewerkzeug sowohl im eigenen Haus als auch bei Ihren Lieferanten ein, beispielsweise Bugzilla, ClearQuest, Synergy.

Regeln Sie die Zugriffsrechte klar auf Dokumente und Codekonfigurationen, beispielsweise rollenbasiert oder ID-basiert. Erlauben Sie aus Praktikabilitätsgründen schnelle Massenänderungen von Zugriffsrechten. Schützen Sie die Konfigurationsarchive strukturiert, sodass Sie Teilzugriffe relativ leicht einrichten und pflegen können. Je schwieriger das Konfigurationsmanagement administrativ wahrgenommen wird, desto eher wird es durch Schlupflöcher ausgehebelt. Sichern Sie regelmäßig komplette Konfigurationen (also Design, Code, Testfälle, Projektdaten, technische Daten) in verteilten Back-ups, die Sie periodisch auf Wiederherstellbarkeit prüfen.

Projektmanagement

Die grundlegende Tätigkeit eines jeden Teams ist die Entwicklung von Spezifikationen, Dokumenten und Software. GitHub (https://github.com) und GitLab (https://gitlab.com) sind Plattformen, die oft als Collaborative Development Environments bezeichnet werden und einen Projektarbeitsbereich bieten, der die Produktivität und den Komfort der Entwickler erhöht, indem an einer Stelle ein standardisiertes Toolset integriert wird, das aus einem Versionskontrollsystem wie Git zur kontrollierten gemeinsamen Nutzung von Softwareartefakten, einem Problemverfolgungssystem, d. h. einer Datenbank zur Verwaltung von Fehlerberichten und Änderungsanforderungen, und einem

Contentmanagementsystem zur Speicherung von explizitem Wissen besteht.

In agilen Projekten werden Anforderungen in natürlicher Sprache als Benutzergeschichten ausgedrückt, die dann in einem Problemverfolgungssystem gespeichert werden. Während Issue Tracker normalerweise dank Tools wie GitHub und GitLab in den Projektarbeitsbereich integriert sind, gibt es auch spezifische Produkte wie Pivotal Tracker (https://www.pivotaltracker.com) und Atlassian Jira (https://www.jira.com), die das Aufgaben-management durch Kanban- oder Scrumboards und Analysen zur Leistungsbewertung mit agilen Metriken (z. B. Burndown und Geschwindigkeitsdiagramme) unterstützen.

Bei der Zusammenarbeit in Softwareteams geht es nicht nur um die gemeinsame Nutzung von Dateien, sondern auch um den Austausch von Inhalten, wie im Fall von Designmodellen. Es sind einige webbasierte Werkzeuge für die kollaborative Dia-grammerstellung für UML verfügbar, wie z. B. Creately (https://creately.com), das sich nativ in Jira, Cacoo (https://cacoo.com) und GenMyModel (https://www.genmymodel.com) integriert. Papyrus ist ein kostenloses UML-Werkzeug. Vermeiden Sie reine Malwerkzeuge. Das wirkt unprofessionell und skaliert nicht.

ALM und PLM

Product Lifecycle Management (PLM) und Application Lifecycle Management (ALM) bieten Unterstützung für das gesamte Lebenszyklusmanagement eines Produkts. PLM berücksichtigt Produkte mit vielen verschiedenen Artefakten, wie z. B. kritische mechatronische Systeme und eingebettete Elektronik. ALM konzentriert sich in erster Linie auf IT- und Softwareanwendungen ohne die Anforderungen kritischer Systeme wie z. B. der funktionalen Sicherheit. Nur wenige Suiten unterstützen eine echte Zusammenarbeit mit gleich-zeitigen Änderungen und ordnen Änderungen automatisch den betroffenen Artefakten auf der Grundlage der vorgenommenen Änderungen zu.

Zu den derzeit populären Lösungen gehören: Microsoft Visual Studio Team Foundation Server (TFS, https://www.visualstudio.com/tfs), eine integrierte Suite für die Zusammen-arbeit mit Entwicklertools, Buildsystem und Versionskontrolle;

IBM Rational Collaborative Lifecycle Management (CLM, http://www-ment03.ibm.com/software/products/en/ratlclm), mit einer hochintegrierten Suite von Tools wie Team Concert, DOORS NG und Quality Manager; Siemens Teamcenter Polarion (https://polarion.plm.automation.siemens.com), eine integrierte Plattform zur Automatisierung der Entwicklungsprozesse in verschiedenen Projekten; Micro Focus Connect (ehemals Borland Connect, https://www.microfocus.com/products), die auf der Unterstützung von Design und Modellierung mit kollaborativen Lieferungen aufbaut, und Versionone (https://www.versionone.com), die auf einer agilen Projektmanagementlösung und einer Entwicklungssoftwareplattform aufbaut.

Bei der Auswahl einer Lifecycle-Management-Lösung sollten Sie sich über die gesamten Lebenszykluskosten und die potenziellen Lock-in-Mechanismen im Klaren sein, die es schwer machen, sich zu entziehen oder später zu ändern. Hochintegrierte ALM/PLM-Suiten wie IBM Rational bieten tief eingebettete Auslöse- und Konsistenzmechanismen, allerdings zu den Kosten, die eine Bindung der Benutzer mit einem hohen Aufwand für einen späteren Wechsel in eine andere Umgebung erfordern. Traditionelle agile Umgebungen wie Polarion werden schließlich in größere Suiten integriert, was die Chancen für kleine Installationen und erschwingliche Lizenzsysteme verringert. Daher empfehlen wir föderierte Ansätze, die eine flexible Entwicklung entsprechend dem Wachstum Ihres Unternehmens ermöglichen. Berücksichtigen Sie immer die Ausstiegsstrategie mit Exportmechanismen zu anderen Tools, wie z. B. Requirements Interchange Format (ReqIF) im Bereich der Anforderungswerkzeuge.

7.2   Tipps für optimale IT-Nutzung

„A fool with a tool remains a fool." Heißt es, und so ist es. Werkzeuge sind wichtig, aber sie ersetzen nie das Mitdenken. Werkzeuge sind Pflicht für komplexe Projekte und Governance. Wenn Sie zu einem späteren Zeitpunkt nachweispflichtig sind oder aber einem externen Audit Rede und Antwort stehen müssen, zeigt sich der Nutzen von Werkzeugen. Wer da lange nach einer Datei sucht oder gar E-Mails als Anforderungsliste kompiliert, hat bereits im Vorfeld verloren. Stand der Technik, und das zählt bei Haftungsfragen, sind professionelle Werkzeuge. Officeumgebungen und Projektwerkzeuge sind ein Start. Hier einige Tipps für Werkzeuge, egal, ob im großen Unternehmen oder im persönlichen Homeoffice.

- Machen Sie sich im Vorfeld klar, was genau Sie brauchen und wohin die Entwicklung führen wird, sodass das gewählte Werkzeug sich gut einführen und später erweitern oder ersetzen lässt.
- Vor dem Werkzeug stehen die richtigen Prozesse. Werkzeuge ermitteln keine Anforderungen, und sie sind kein Prozessersatz! Sie unterstützen die Umsetzung eines Prozesses, aber die Arbeit bleibt weiterhin bei den Benutzern. Prozesse schaffen Effektivität, Werkzeuge optimieren dann die Effizienz.
- Ein Werkzeug allein bringt keine Verbesserung. Die Basis für gute Ergebnisse sind Systematik und Disziplin. Zuerst muss ein schlanker Prozess für das RE für alle Projektbeteiligten, gerade auch in Produktmanagement und Vertrieb, verpflichtend vereinbart werden. Der Prozess kann durch sehr einfache Spreadsheets unterstützt werden. Werkzeuge werden dann eingeführt, wenn sie einen messbaren Vorteil bringen.
- Prüfen Sie sorgfältig, bevor Sie sich für ein Werkzeug entscheiden. Komplexe Werkzeuge sind teuer und werden bei schlechter Einführung viel weniger genutzt als einfache Tabellen. Arbeiten Sie für ein Jahr mit einem Prototyp, der sich an Ihre Bedürfnisse anpassen lässt, bevor Sie viel Geld ausgeben oder viele Benutzer mit einem unausgereiften oder unpassenden Werkzeug frustrieren.
- Beachten Sie bei Evaluierungen von Werkzeugen die „Total Cost of Ownership" über den Lebenszyklus. Die Kosten eines Werkzeugs resultieren nicht ausschließlich aus den (häufig) einmaligen Lizenzkosten, sondern aus Training, Einführung, Nutzung und Wartung des Werkzeugs.
- Seien Sie sparsam mit teuren Werkzeuglizenzen. Nicht alle Mitarbeiter, die Anforderungen bearbeiten, brauchen Schreibzugriff auf ein High-End-Werkzeug. Es ist primär für jene

Mitarbeiter vorgesehen, die Anforderungen spezifizieren. Reports lassen sich auch kostengünstiger verteilen.

• Achten Sie darauf, dass alle Benutzergruppen mit dem Werkzeug produktiv arbeiten können. Machen Sie Tests mit realen Szenarien und Prozessen, die diese verschiedenen Benutzergruppen später im Tagesgeschäft einsetzen.

• Greifen Sie bei der Auswahl und Einführung von Werkzeugen unbedingt auf externe Unterstützung zurück. Fehlentscheidungen bei Werkzeugen sind teuer und frustrierend für die Mitarbeiter. Externe Berater können aus der Vielfalt der Praxiserfahrungen in anderen Unternehmen schnell die richtigen Tipps geben, um das für Ihre Umgebung und zukünftige Anforderungen passende Werkzeug auszuwählen und einzuführen.

Egal, welche Werkzeuge Sie nutzen, planen Sie Rückfalllösungen, wenn es keine Internetverbindung gibt. Die zunehmend verbreiteten Cloudlösungen sind zwar bequem, da man sich nicht mehr um Installation und Lizenzen kümmern muss, aber sie erzwingen Stillstand, wenn sie nicht funktionieren. Wir erleben oft immense Zeitverschwendung, wenn Gesprächspartner eine schlechte Audioverbindung haben oder sich nicht einwählen können, weil ein Zugangspunkt oder das VPN überlastet sind. Halten Sie Ihr Smartphone oder einen dedizierten mobilen Hotspot bereit, den Sie notfalls nutzen können.

Machen Sie Back-ups für alle Dokumente. Back-ups sollen automatisch kontinuierlich im Hintergrund erstellt werden. Halten Sie einen verschlüsselten Back-up auf dem Memorystick griffbereit, falls die Unternehmenssoftware, das VPN oder Ihr eigener Rechner ausfallen.

7.3 Wissensmanagement

Wissensmanagement ist ein wesentlicher Erfolgsfaktor gerade in verteilten Teams. Woher sollen die verteilten Kollegen wissen, was nötig ist, wenn niemand dazu spricht? Wissen ist wie der berühmte Eisberg. Explizit sichtbar ist nur ein kleiner Teil. Der

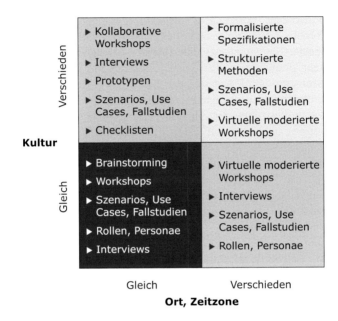

Abb. 7.3 Wissensmanagement in verteilten Teams

große Anteil an Wissen ist implizites Wissen. Abb. 7.3 zeigt verschiedene Techniken, um Wissen explizit und nutzbar zu machen
– abhängig von Entfernung, Kultur und Zeit. Wo aufgrund der
Distanz oder anderer Randbedingungen kein Vertrauen besteht,
da wird es auch keinen wirksamen Wissensaustausch geben.
Daher muss auch klar zwischen Methodik und Werkzeugen
unterschieden werden.

Wikis werden immer schnell genannt, wenn es um Wissensmanagement geht. Aber das sind reine Werkzeuge und noch
lange kein belastbarer Inhalt, der zudem auch Verantwortungen
und Budget für ständige Pflege und für Prüfung braucht.

Sobald Sie Software auslagern, bildet sich das nötige Wissen
in der Heimatbasis zurück, da kein täglicher Kontakt mehr
besteht. Anhaltende Sicherung Ihres eigenen Know-hows ist
unabdingbar, um dem Partner nicht irgendwann ausgeliefert

zu sein. Verteilen Sie das kritische Wissen zu Ihren Produkten oder Kunden auf verschiedene Personen innerhalb Ihres Unternehmens. Bringen Sie sich niemals in eine Situation, in der Ihr Partner plötzlich mehr weiß als Sie. Stellen Sie proaktiv sicher, dass für Schlüsseldisziplinen das Wissen in Personen gespiegelt und dokumentiert wird. Verlangen Sie eine saubere schriftliche, standardisierte und nachvollziehbare Dokumentation mit definierten Notationen und Vorlagen.

Replizieren Sie das komplette Änderungs- und Konfigurationsmanagement in Ihrer Heimatbasis. Prüfen Sie den Zustand und die Verfügbarkeit von Replikationen sowie deren Wiederherstellung regelmäßig. Führen Sie ein professionelles Dokumentenmanagement ein, das rollenbasierten Zugriff sichert und vor allem Zugriffe auch protokolliert. Etablieren Sie standardisierte Schutzrechte auf der Basis einzelner Dokumente und verschiedener Zugriffsmöglichkeiten. Stellen Sie sicher, dass die gleichen Mechanismen nicht nur für Dokumente, sondern auch für den Quellcode gelten. Oftmals sind Archivierungssysteme für Quellcode eher rudimentär konfiguriert und bieten die gesamte Codebasis als ein geschütztes File ohne strukturierte Zugriffsrechte an.

Geschäftsziele und Kennzahlen müssen die Entwicklungsprozesse, die Produktlinien und die Projektteams leiten und überwachen. Dazu müssen sie zunächst einmal übersetzt werden. Wissen muss explizit werden und danach greifbar. Nur so wird es aktiv genutzt.

Beispiel

Im virtuellen Teammeeting für Kunden setze ich grundsätzlich einen festen Zeitblock für Wissensmanagement fest. Das Teammeeting am Montag dauert eine Stunde. Zunächst beginnt das Team mit dem Scrum und dokumentiert die Ergebnisse im Kanbanboard. Das hat für jeden Mitarbeiter eine Zeile und daneben Spalten für abgeschlossene Aufgaben, laufende Aufgaben, eventuell vorhandene Kapazität und das Wissen, das man in der vergangenen Woche genutzt oder aufgebaut hat. Übergreifende Orientierung im Filtern für das Kanban bieten die Geschäfts- oder Projektziele. Was getan wird, muss ein Ziel erreichen. Beim Handy- oder Gaminghersteller könnten dies geschäftsorientierte Ziele wie Rücklaufquote oder Markentreue sein. Beim Internetshop die Verweildauer auf der Seite und der Anteil von Geschäftsabschlüssen. Softwarefehler reduzieren diese Ziele. Sie erhöhen die Rücklaufquote und verringern die Markentreue mit verheerenden Auswirkungen auf das Geschäft. Die Betrachtung von Projekten, Produkten und Prozessen verbessert das Design weg von einem allzu engen Fokus auf Technologie hin zu Benutzbarkeit und Benutzererfahrung. ◄

Das Wissen und die Erfahrung aus früheren Projekten werden in die zugrunde liegenden Designprozesse eingebettet. Wir betonen die Notwendigkeit eines angemessenen Wissensmanagements als Grundlage für den Erfolg bei der Produkt- und Lösungsentwicklung – ein Aspekt, der weit über die meisten kollaborativen Ansätze von heute hinausgeht. Dennoch wird immer ein persönlicher Kontakt notwendig sein, um Kontext und Analyse zu liefern. Kollaborative Technologien sollten daher die zwischenmenschliche Kommunikation und den Austausch von Artefakten erleichtern.

7.4   Arbeiten im Homeoffice

Arbeiten im Homeoffice, im „shared space" oder im Coffeeshop um die Ecke ist en vogue. Für Unternehmen war das für einige Jahre der wesentliche Türöffner, um Millennials zu begeistern. In den Jahren zwischen 2010 und 2020 war es der Traum vieler junger Menschen, von zu Hause zu arbeiten und damit den Wunsch nach eigener Flexibilität und Zeitplanung auf die Spitze zu treiben. Arbeitgeber überboten sich an teilweise stupiden Angeboten für flexible Arbeit, ohne zu bedenken, dass damit die Produktivität sinkt, da die meisten Menschen mit ihrer Zeit nicht vernünftig haushalten. Besonders schwierig wurde es für Freelancer und auf Zeit Beschäftigte, die nicht nur Aufträge bearbeiten, sondern parallel akquirieren und Marketing in eigener Sache machen müssen. 2020 wurde das Arbeiten zu Hause durch die Zwangspause in der Folge der Coronapandemie zum Regelfall – und spätestens jetzt sehnten sich praktisch alle Mitarbeiter ins Büro zurück. New Work ist offensichtlich mehr als nur der Coffeeshop und flexible Zeiteinteilung.

Homeoffice braucht Disziplin und Infrastruktur. Disziplin ist nötig, um seine Zeit einzuteilen, erreichbar zu sein und am Ende des Tages gute Ergebnisse zu liefern. Homeoffice unterstreicht weniger das „Home" als das „Office". Wer nicht erreichbar ist oder nicht liefert, hat es nicht verstanden, dass der Job im Homeoffice weitergeht. Freelancer wissen es schon lange, dass Homeoffice durchaus anstrengend sein kann. Wissensarbeiter lassen sich leicht durch niedrig priorisierte Aufgaben ablenken und von Nebensächlichkeiten stören. Wer kennt es nicht, dass man kurz etwas recherchiert, und plötzlich ist eine Stunde vorbei. Oder man lässt sich durch ständige Telefonanrufe stören und stellt abends fest, dass man eigentlich nichts erledigt bekommen hat.

Die für Homeoffice nötige Infrastruktur wird gerne unterschätzt. Der Arbeitsplatz im Homeoffice soll ruhig sein, die richtige Beleuchtung bieten und natürlich breitbandige Internetverbindung haben. Doch die Fallen lauern im Homeoffice überall, beispielsweise Datensicherheit. Die meisten zu Hause Arbeitenden sind bereits froh, wenn sie überhaupt eine stabile Internetverbindung nach außen haben. Im Folgenden geben wir einige Praxistipps für das Homeoffice, wo Sie ganz auf sich gestellt sind und trotzdem produktiv bleiben müssen.

Arbeitsraum

Profis können überall arbeiten. Dieses Buch ist an vielen verschiedenen Orten und Kontinenten entstanden, da der Autor seit zwanzig Jahren sprichwörtlich auf der Straße lebt. Arbeiten Sie, wenn irgend möglich unterwegs und zuhause an einem dedizierten Arbeitsplatz. Die Produktivität steigt messbar, wenn der Arbeitsplatz als solcher wahrgenommen und wertgeschätzt wird. Ihr Zuhause ist wahrscheinlich ruhiger und weniger überfüllt als der hochgelobte Coffeeshop. Dorthin geht man auch eher, um andere Leute zu treffen und gesehen zu werden, denn schon der Geräuschpegel lenkt ab, ganz zu schweigen vom Gesamteindruck, den der Kunde oder Kollege erhält, wenn man im Café arbeitet. Wichtig ist ein expliziter privater Raum, egal, wie klein er ist. Wir treffen Kunden, die zu Hause sprichwörtlich die Besenkammer umgebaut haben wie dereinst Harry Potter. Wenn es zu Hause zu laut ist oder Sie klar trennen wollen zwischen Office und Home, dann suchen Sie sich einen externen Büroraum, wie sie inzwischen überall angeboten werden. Viele Menschen sind in einem externen Raum sogar produktiver als zuhause, wo sie sich zu leicht ablenken lassen. Organisieren Sie Ihren Arbeitsplatz. Das machte selbst Joanne Rowling als sie „Harry Potter" im Café schrieb. Unordnung lenkt ab.

Achten Sie auf Zeitmanagement, in dem Sie an diesem Arbeitsplatz sitzen und arbeiten. Fokussieren Sie sich auf die Arbeit. Sie wollten nur kurz in die Küche und räumen plötzlich Wäsche auf? Dagegen hilft: Arbeitszeiten strikt einhalten, Ziele setzen und Pausen machen. Springen Sie nicht ständig auf, um aufzuräumen oder den Geschirrspüler abzustellen. Unterbinden Sie Störungen. Das könnte ein Post-it an der Tür während eines Anrufs oder einer Besprechung bedeuten. Stellen Sie die Glocke der Haustüre leise. Schließlich würden Sie auch nicht öffnen, wenn Sie im Büro sind. Außerdem sollten Sie Freunde und Familie informieren, da manche immer noch meinen, dass die Arbeit von zu Hause aus beliebig unterbrechbar ist.

Halten Sie Ihren Arbeitsplatz sauber, wie Sie das auch im Büro tun würden. Ein Laptop zwischen Brotkorb und Geschirrspüler mag ausnahmsweise gehen, nimmt Ihnen aber Fokus und Konzentration. Unordnung am Arbeitsplatz wirkt sich auch auf die Arbeit aus. Die wenigsten Menschen können Chaos systematisch organisieren und lassen sich sofort ablenken. Daher auch die geringere gemessene Produktivität im Durchschnitt des Homeoffice.

Kleidung und Stil
Am wichtigsten und grundsätzlich zwingend im Homeoffice: Kleiden Sie sich bei der Arbeit zu Hause wie im Büro. Nicht mal schnell aus dem Bett zur Videokonferenz. Man sieht es Ihnen

an, und man spürt auch, wie sie sich fühlen. Wenn eine plötzliche Videokonferenz ansteht, ist es zu spät. Kunden, Kollegen und Führungskräfte mögen es mit einem scherzhaften „Macht doch nichts" abtun, aber jeder weiß, dass Sie offensichtlich Ihre Prioritäten falsch setzen und unorganisiert sind. Achten Sie gerade als Freelancer, aber auch bei normaler Arbeit zu Hause auf Ihre Marke „Ich". Ihr Auftreten und Ihre Umgebung sind Ihre Visitenkarte – mehr als jede Präsentation [20].

Laptop und Telefon

Nutzen Sie einen professionellen Laptop und Bildschirm. Beim Laptop sollte man niemals sparen, denn Sie verschwenden sonst viel zu viel Zeit mit schlechter Qualität. Achten Sie beim Laptop auf die Qualität der Kamera, die Akku-Lebensdauer und vor allem die Geschwindigkeit. Nutzen Sie nur SSD Festplatten, denn schnell rumpelt es mal an den Laptop und dann kann eine klassische Festplatte bereits zerstört sein.

Schreiben Sie keine Mails mit dem Smartphone. Das dauert länger als am Laptop, und ist fehlerträchtig. Oft erhalte ich Mails, denen man sofort ansieht, dass sie kurz und schlampig eingetippt wurden. Wertschätzung der Kunden und Kollegen beginnt damit, dass man sich die nötige Zeit für Sie nimmt. Eine Mail mit einer Werbung am Ende „Send from my CoolPHone" ist Quatsch, außer Sie werden von „CoolPHone" bezahlt.

Zum Telefonieren brauchen Sie ein gutes Headset. Akku-betriebene Kleinstlösungen sind nett, aber oftmals sind die Akkus genau in der Mitte der Besprechung leer. Nutzen Sie Profi-Ausrüstungen mit guter Ton-Qualität und USB-Anschluss. Sofern Sie gelegentlichen Umgebungslärm haben, nehmen Sie ein Set mit einem Mikrofon für kurze Distanzen, wie sie von Musikern und von Rundfunksprechern verwendet werden.

Internetverbindung

Das Homeoffice braucht eine stabile breitbandige Internetverbindung. Arbeiten Sie in der Nähe des Routers, um das beste Signal zu erhalten. Nutzen Sie in einem größeren Gebäude ein „Meshsystem" wie Fritz Box, das das WiFi-Signal gleichmäßig verteilt und es im Haus verstärkt. Notfalls hilft ein mobiler Hotspot, den Sie leicht mit Ihrem Handy einrichten können. Das ist sinnvoll als Back-up-Lösung, wenn das WLAN oder der Knotenzugang überlastet ist, beispielsweise abends, wenn Familie und Nachbarn Filme von Netflix und Disney streamen. Kaufen Sie einen mobilen Datentarif, der für Ihren Bedarf ausgelegt ist, sowohl für Bandbreitebedarf als auch Datenvolumen. Video und Streaming braucht beides in großen Mengen.

Kommunikation und Kollaboration
Verkäufer wissen es, wir Normalsterblichen müssen es schnell lernen: Machen Sie am Telefon immer ein freundliches Gesicht und prägen Sie sich vor jedem Gespräch positiv. Telefonieren Sie im Stehen und straffen Sie Ihren Körper. Selbst wenn es „nur" Telefon ist, spürt man, ob Sie sich auf das Gespräch konzentrieren und positiv denken oder abgelenkt sind.

Schalten Sie Ihr Mikrofon immer stumm, wenn Sie gerade nicht sprechen. Es ist für alle anstrengend, wenn von einem Teilnehmer ständig Hintergrundgeräusche kommen, egal, ob das die Umgebung, Straßenlärm oder einfach nur schweres Atmen ist. Hier ist der Moderator gefragt, der das proaktiv als Regel zu Gesprächsbeginn formulieren sollte. Zudem hat er jederzeit die Möglichkeit, die störenden Teilnehmer stummzuschalten.

Für eine Videokonferenz gilt es einiges mehr zu beachten. Achten Sie auf Ihr Auftreten und Ihre Kleidung. Man sieht es Ihnen an, wenn Sie gerade husch, husch vom Frühstück in die Videokonferenz kommen. Ihr Gesprächspartner wird sich seinen Teil denken, zumindest, dass Sie offensichtlich nicht vernünftig priorisieren können. Suchen Sie sich einen Ort mit einem nicht ablenkenden Hintergrund und guter Beleuchtung. Setzen Sie sich vor ein Fenster, weil die Kamera aufgrund der Helligkeit für das Fenster belichtet und nicht für Ihr Gesicht, wodurch Sie in eine Silhouette verwandelt werden. Drehen Sie sich stattdessen um und lassen Sie sich vom Fenster aus belichten. Achten Sie auch auf den Hintergrund, den die Kamera überträgt. Der sollte ruhig sein und kein unaufgeräumtes Regal. Die meisten Videotools bieten heute die Möglichkeit, den Hintergrund frei zu wählen und sich davor zu setzen. Offensichtlich sollte das nicht gerade ein Strand oder Urlaubsort sein, sondern eher etwas Ruhiges, was die andren Gesprächsteilnehmer nicht ablenkt.

In Kollaborationsumgebungen wie Zoom und Teams haben Sie viele Möglichkeiten, Dokumente gemeinsam zu editieren. Das ist gerade im verteilten Team hochgradig produktiv, wenn man es richtig macht. Es beginnt mit der Freigabe. Überlegen Sie sich immer, was Sie zeigen. Oft macht man es sich einfach und gibt den Desktop komplett frei. Dann sehen Ihre Partner aber auch alles, was bei Ihnen gerade auf dem Bildschirm passiert, und das ist kaum in Ihrem Interesse. Geben Sie also nur Anwendungen frei. Schließen Sie aus Sicherheitsgründen alles, was Sie nicht brauchen. Gerade die Kollaborationswerkzeuge sind beliebte Einfallstore für Hacker.

Kalender

Nutzen Sie einen offenen Kalender, wo Ihre Kollegen erkennen, was Sie gerade machen. Gemeinsame Kalender vereinfachen die Terminabstimmung im Team. Teilen Sie mit Kollegen mit einem gemeinsamen Kalender, was Sie tun. Zu den kostenlosen Optionen gehören Google Calendar und Zoho. Geben Sie keine Sichtbarkeit auf die Details Ihrer Termine. Es genügt völlig, zu sehen, ob Sie arbeiten oder nicht. Nutzen Sie Doodle zur Terminabstimmung mit externen Partnern.

Security

Hacker lassen eine gute Krise nie ungenutzt verstreichen. Seien Sie immer (!) auf der Hut. Zu Hause wie auch auf der Arbeit klingelt Ihr Telefon, Ihre E-Mail ertönt, und am Internet werden parallel Betrügereien arrangiert. Vermischen Sie nicht Arbeit mit persönlicher E-Mail und Webbrowsing. Schnell klicken Sie auf einen gefährlichen Link. Nutzen Sie daher zwei verschiedene Rechner, einen geschäftlichen und einen privaten.

Jeder Homeofficearbeitsplatz ist ein Generalschlüssel in die Firma. Genauso, wie Ihre Firmentür gegen Unbefugte gesichert ist, muss jeder Homeofficearbeitsplatz durchgängig vom Endgerät bis zum VPN gesichert sein. Halten Sie Ihren Virenchecker und die Firewall aktuell auf allen Geräten und natürlich auch auf dem Smartphone. Mit einem simplen Update ist es aber nicht unbedingt getan, und außerdem ist Update nicht gleich Update. Nicht nur das Betriebssystem muss immer in der aktuellen Version laufen, sondern auch sämtliche Browser und Programme. Mit einem veralteten Rechner ist man nicht nur langsam, sondern öffnet auch die Türen für Hacker.

Versicherungsschutz
Versichern Sie sich privat gegen Unfälle, selbst wenn Sie auf Veranlassung Ihres Arbeitgebers zu Hause im Homeoffice arbeiten. Die gesetzliche Unfallversicherung unterscheidet zwischen privaten und beruflichen Tätigkeiten. Der Versicherungsschutz bei der Heimarbeit ist deutlich geringer als im Büro. Und wenn Sie als Selbstständiger arbeiten, brauchen Sie sowieso einen guten Versicherungsschutz, der nicht nur zu Hause, sondern auch auf allen Reisen greift.

Beispiel

Stolpert ein Arbeitnehmer im Büro auf dem Weg zur Kaffeeküche und verletzt sich, ist die Angelegenheit klar. Passiert der Unfall im Unternehmen, greift die gesetzliche Unfallversicherung. Im Homeoffice sind Arbeitnehmer nur direkt am heimischen Arbeitsplatz oder auf dem unmittelbaren Weg dorthin gesetzlich versichert. Ein Kaffeeholen in der Küche zählt aber nicht dazu. Verletzt sich ein Mitarbeiter auf dem Weg dorthin, haftet nicht der Arbeitgeber, sondern im Zweifelsfall der Mitarbeiter selbst. Seien Sie also auch zu Hause achtsam mit Arbeitsschutz – und einer guten privaten Unfallversicherung. ◄

Ergonomie und Arbeitsschutz
Im Büro gibt es klare Vorgaben zur Arbeitssicherheit und der Ergonomie eines Bildschirmarbeitsplatzes. Beachten Sie diese Regeln auch zu Hause. Also keine Kabel quer über den Teppich legen. Richten Sie Ihren Arbeitsplatz simpel, aber wohnlich ein. Schaffen Sie einen Bereich, den Sie bewusst betreten und verlassen. Am besten klappt das mit einem separaten Arbeitszimmer. Notfalls ein Raumteiler. In jedem Fall gehört zum

Heimarbeitsplatz ein eigener Tisch. Legen Sie Teppiche, denn die sind wohnlich und schlucken Geräusche.

Schauen Sie entspannt von oben auf den Bildschirm herab, so als würden Sie ein Buch lesen. Der Abstand zwischen Bildschirmunterkante und Tischoberfläche sollte so gering wie möglich sein. Für optimales Sehen sollte der Monitor so weit nach hinten geneigt sein, dass Ihr Blick senkrecht auf den Bildschirm trifft. Halten Sie einen halben Meter Abstand zwischen Auge und Bildschirm. Fenster und Lichtquellen sollten sich nicht spiegeln. Tageslicht kommt am besten von der Seite, denn Gegenlicht strengt an.

Kaufen Sie einen guten Bürostuhl beim Händler für Bürobedarf. Rückenschmerzen und die damit verbundenen Qualen sind sicher teurer. Gönnen Sie sich einen ergonomischen Stuhl, den Sie nach Funktion und Komfort aussuchen. Die Rückenlehne sollte in allen Sitzpositionen unterstützen, Unterarme waagerecht auf dem Tisch aufliegen. Ober- und Unterschenkel sollten einen rechten Winkel bilden, die Füße ganz auf dem Boden, ggf. mit Fußstütze. Sitzen Sie richtig auf den „vier Buchstaben" auf dem Stuhl, und nicht mit überschlagenen Beinen auf dem Sofa. Ihr Rücken und Ihre Beinvenen danken, wenn Sie die volle Sitzfläche nutzen. Die Rückenlehne sollte in allen Sitzpositionen unterstützen, Armlehnen sollten Tischniveau haben.

Entspannen Sie sich häufig – ohne sich komplett ablenken zu lassen. Also öfter aufstehen und um den Tisch herumgehen. Telefonate im Stehe führen. Immer wieder kleine Sportübungen machen. Schultern entspannen. Die Oberarme bleiben locker und bilden mit den Unterarmen einen rechten Winkel, ebenso Ober- und Unterschenkel. Unterarme waagerecht auf den Tisch, Füße ganz auf den Boden, zur Not mit Fußstütze.

Wohin geht die Reise?

8

Übersicht

Jeder war Zeuge dieser ungeheuren Verwandlungen, jeder war genötigt Zeuge zu sein. Für unsere Generation gab es kein Entweichen, kein Sich-abseits-Stellen wie in den früheren." Stefan Zweig hat im Déjà-Vu die aktuelle Epoche vorweggenommen. In den vorigen Kapiteln haben Sie die Werkzeuge für die gigantischen Veränderungen unserer Arbeitswelt bekommen. Zeit für einen Ausblick. Ist verteiltes Arbeiten ein Zwischenschritt oder das neue Normal? Sind prekäre Verhältnisse von freien festen Mitarbeitern zwingend? Wie der Taylorismus seine Blüte hatte und heute fast ganz verschwunden ist, gilt das auch für die klassischen Organisation, wie sie die Management-Gurus des 20. Jahrhunderts gepredigt hatten. Blicken Sie in diesem Kapitel über den Tellerrand auf die wesentlichen Trends der neuen Normalität rund um VUCA (Volatile, Uncertain, Complex, Ambiguous) und ACES (Autonomy, Convergence, Ecology, Services), und was sie für unser Arbeiten bedeuten.

Wichtig: Jeder ist ersetzbar, nur viele merken es zu spät. Vermeiden Sie, dass aus Ihren Kunden oder Lieferanten von heute die Wettbewerber von morgen werden. Halten Sie kontinuierlich Vorsprung durch eigenes Wissen, Innovationen und besondere Dienstleistungen, die nicht leicht kopierbar sind.

© Springer Fachmedien Wiesbaden GmbH, ein Teil von Springer Nature 2020
C. Ebert, *Verteiltes Arbeiten kompakt,* IT kompakt,
https://doi.org/10.1007/978-3-658-30243-6_8

8.1   Industrietrends

Das neue Normal ist ständige Veränderung. Die aus dem staatlich verordneten Lock-Down resultierende Wirtschaftskrise
hat zwar keine neuen Probleme geschaffen, aber bekannte
Schwächen von Unternehmen und Ländern vertieft. Ver-
änderungsprozesse sind in kurzer Zeit zu einem Standardwerk-
zeug in vielen Unternehmen geworden. Virtuelle Meetings und
mobiles Arbeiten, früher eher die Ausnahme und ständig auf-
geschoben, wurden in kurzer Zeit weltweit realisiert und für
praxistauglich befunden.

Über ein Jahrzehnt waren Unternehmen weltweit sehr erfolgreich und in ständigem Wachstum begriffen. Seit Mitte 2019
verdunkelte sich die Weltwirtschaft. Das war vor der Pandemie,
die den Prozess nur beschleunigt hat. Die Wirtschaft und unsere
Gesellschaft sind in der schnellsten Veränderung, die wir
jemals auf diesem Globus hatten. Handelsbarrieren und lokaler
Protektionismus werden durchgesetzt, die digitale Kluft wächst
schnell, und die zunehmende Verbreitung von Infektionskrank-
heiten behindert die globale Zusammenarbeit und die Lieferketten erheblich.

Globalisierung hat sich vom Modewort der neunziger Jahre
zu einem Unwort entwickelt. Politisch steht Globalisierung für
Naivität. Viele Konzerne nutzten die Globalisierung, um Steuern
zu vermeiden und Umweltgesetze zu umgehen. Die Hoffnung,
im Zuge der Globalisierung würden politische Systeme in
Richtung Demokratie konvergieren, war dumm. Große Länder
wie USA und China nutzten die globalen Wertschöpfungsketten,
um seine politische, wirtschaftliche und militärische Hegemonie
auszubauen. Der weltweite Austausch von Waren und Dienstleistungen hat die sozialen Ungleichgewichte entgegen aller
naiver Hoffnungen verstärkt. Entwicklungsländer sind zwar
wohlhabender, doch ist die Migration aufgrund von Armut und
Umweltverschmutzung gleichzeitig explodiert.

Wäre die Thermodynamik Pflicht an Schulen, dann wäre
klar, warum Globalisierung nicht funktionieren kann. Es geht
um Entropie, also Unordnung, die ständig steigt. Wenn niemand

seine bisherigen Errungenschaften aufgeben will, und dazu gehören der ungleiche Lebensstandard oder auch die Umwelt- verschmutzung, dann bleibt Globalisierung unerreichbar. Ungleichgewichte werden geschützt, um die frühere Ordnung aufrechtzuerhalten und damit die Entropie niedrig.

Einfach so weiterzumachen wie bisher, ist keine Option mehr. Schneller-höher-weiter muss sich wandeln zu einem Besser-Gerechter-Nachhaltiger. Gleichzeitig wird die Rolle von Software und IT in Frage gestellt, da der Missbrauch in den so genannten sozialen Medien, die in der Praxis ziemlich asozial sind, zunimmt und unsere Demokratie mit gefälschten Inhalten zerstören kann. Die Digitalisierung treibt heute einen Digital Divide, der das Ungleichgewicht verstärkt und die Benachteiligten erst recht frustriert und damit Probleme ver- stärkt.

Inmitten solcher globalen wirtschaftlichen und gesellschaft- lichen Trends hat Vector Consulting weltweit Industriepartner gebeten, ihre Meinung zu den Herausforderungen der Industrie zu äußern. Wir haben fast zweitausend Entscheidungsträger in Unternehmen im weltweiten B2B-Kontext zu den drei größten Herausforderungen befragt, denen sie sich stellen müssen. Wir haben auch mit führenden Unternehmen gesprochen, um heraus- zufinden, wohin sich die Technologien entwickeln und welche Themen kurz- und mittelfristig relevant sind. Auf der Grundlage der Ergebnisse haben wir konkrete Empfehlungen aus unseren eigenen Projekten skizziert.

Die Technologietrends nähern sich branchenübergreifend an [6–10]. Was früher eine klare Differenzierung war, lässt sich heute durch die Suche nach ACES zusammenfassen, d. h. auto- nome Systeme, Konvergenz, Ökologie und Dienstleistungen. Die Wirtschaftstrends sind sowohl in den entwickelten als auch in den aufstrebenden Volkswirtschaften ähnlich. Vor zehn Jahren waren nur zwei der zehn nach Marktkapitalisierung wertvollsten Aktiengesellschaften Technologieunternehmen. Heute sind fast alle in hohem Maße von der Softwaretechnologie getrieben und von ihr überwältigt. Das Versagen, zukünftige Trends und Herausforderungen zu erkennen, kommt einem Eintritt in das nächste Jahrzehnt mit geschlossenen Sinnen gleich.

Die Teilnehmer an unserer Umfrage beobachten drei signi-
fikante Veränderungen. Kosten und Effizienz haben sich als die
wichtigste kurzfristige Herausforderung herauskristallisiert,
was auf die Notwendigkeit hinweist, in einer sich schnell ver-
ändernden Welt mit unklaren Geschäftsfaktoren erfolgreich zu
sein. Gleichzeitig nimmt die Qualität im Vergleich zu unserer
letztjährigen Umfrage als kurz- und mittelfristiges Ziel weiter
zu. Offensichtlich haben die Gefahren der Produkthaftung und
der globalen Sichtbarkeit unzureichender Qualität die Technologieunternehmen erreicht. Die Zeit ist vorbei, in der Software
reifen konnte und die ersten Anwender an der blutigen Kante
standen. Was geliefert wird, muss reif sein. Innovation ist natürlich für alle Unternehmen wichtig.

Die Kosten sind ein Rezept für das Scheitern. Ein einfaches
Beispiel ist die Absage von Schulungen für Ingenieure, um
Kosten zu sparen. Diese wiederum sind demotiviert und haben
nicht die nötige Energie und das Know-how, um die Krise zu
meistern. Ein zähflüssiger Kreis wird beginnen.

Abb. 8.1 zeigt dieses negative Muster, das wir derzeit
wachsen sehen. Mit dem alleinigen Fokus auf Kostendruck und

Abb. 8.1 Der   Teufelskreis   aus   Kostendruck   und   unzureichenden
Kompetenzen

Kostensenkungsprogramme leiden Innovation und Qualität. Gleichzeitig beginnen gute Leute, nach Alternativen zu suchen, was Innovation und Kompetenzen weiter reduziert. Nacharbeit und Verzögerungen bedeuten mehr Kosten, was zu mehr Kostendruck führt. Es ist ein Abwärtsbewegungszyklus, den viele Unternehmen derzeit spüren. Rot-Ozean-Szenarien werden unweigerlich wachsen, wenn Unternehmen sich zu sehr auf die Kosten konzentrieren. Tatsächlich haben wir gesehen, wie mehrere einst starke Akteure in Kosteneinsparungsprogrammen, die im letzten Jahr begonnen haben, untergehen und sich jetzt nicht mehr mit der notwendigen Softwareinnovation erholen können. Einstmals große Unternehmen wie Thyssen-Krupp müssen wertvolle Vermögenswerte verkaufen, um zu überleben.

Die Beherrschung dieses magischen Dreiecks erfordert verteiltes agiles Arbeiten, d. h. „time boxing" und „cost boxing" mit einem restriktiven Portfoliomanagement, um zu vermeiden, dass knappe Ressourcen bei Feuerwehreinsätzen verschwendet werden.

Verteiltes Arbeiten ist der Schlüssel. Die Optimierung des Lebenszyklus muss das Ingenieurwesen mit anderen Disziplinen verbinden. Es reicht nicht aus, nur auf die Entwicklung zu schauen, denn die klassische Entwicklung verschwindet. Entwicklung, Betrieb und Dienstleistungen werden zu einem kontinuierlichen Prozess. Agile Entwicklungsmethoden wie Scrum haben die Branche längst durchdrungen, erscheinen aber oft mehr als Slogan denn als Lebensart. Viele Unternehmen wollen die Effizienz verbessern. Allerdings ist nur ein Drittel von ihnen mit ihren bisherigen Ergebnissen zufrieden. Warum? Effizienzprojekte, die auf Produktivitätssteigerung und Gemeinkostenreduzierung abzielen, scheitern bitter und kostspielig vor allem an undiszipliniertem und unerfahrenem Veränderungsmanagement.

Suchen Sie vor allem nach effizienten Kooperationsprogrammen in Ihren global verteilten Ingenieurteams, Lieferketten und Ökosystemen. Virusinfektionen wie Corona und SARS zeigen nicht nur unsere Verwundbarkeit, sondern unterstreichen auch die Bedeutung des globalen Softwareengineerings. Agiles Teamwork mit Kollaborationsplattformen,

verteilte Scrummeetings und restriktives Wissens- und
Konfigurationsmanagement haben dafür gesorgt, dass Unternehmen wie Bosch, Huawei und Siemens ihre globalen Soft-
warezentren weiterführen konnten, obwohl die Ingenieure zu
Hause bleiben mussten.

Schaffen Sie eine Kultur und eine Mentalität der Furcht-
losigkeit – um neue Ideen, neue Ansätze und eine Risikobereit-
schaft anzunehmen. Warum ist es so wichtig, furchtlos zu sein?
Weil es die Innovation vorantreibt. Sie definiert die Standards
der Zukunft neu. Sie ermöglicht es Ihren Talenten, zu lernen,
zu wachsen und sich zu entfalten. Sie zieht die richtigen Fähigkeiten und Talente für diesen Wandel von der produktions-
basierten Innovation zur Dienstleistungsinnovation an.

Das magische Dreieck aus Wettbewerbsfähigkeit, Qualität und Innovation, das sich aus unserer Umfrage ergibt, schafft
Herausforderungen, die völlig neue Lösungen in den Bereichen
Wirtschaft, F&E und Technik erfordern. Wir hatten noch nie
einen so starken Impuls für Effizienz, Qualität und Kompetenzen
gleichzeitig gesehen.

ACES ist die kurze und glänzende Abkürzung dafür, wie wir
die Perspektiven in einem hochtechnologischen Wettbewerbs-
umfeld wie dem Automobil-, IT-, Industrie- und Medizinbereich
wahrnehmen (Abb. 8.2). Die vier Buchstaben stehen für Autonomie, Konvergenz, Ökologie und Dienstleistungen. Diese vier
Themen als Hauptantriebskräfte für Innovation, nachhaltige
Führung und – nicht zuletzt – Bildung und Kompetenzzuwachs
von Ingenieuren und Management.

Dienstleistungen bleiben der Hauptantrieb. Nicht wirklich
sexy, da wir seit vielen Jahren über Dienstleistungen sprechen.
Aber sie sind sehr gewinnbringend, wenn sie gut gemacht
werden. Anders als früher haben wir jetzt die Technologie. Sie
folgt dem Kano-Modell in seiner besten Form, denn ein guter
Service auf einem mittelmäßigen Produkt kann eine echte Auf-
regung sein. Wenn Sie rund um die Uhr Onlineunterstützung
leisten, verdienen Sie ein großes „Wow", wenn Sie liefern.

Ihre Zukunft basiert auf Ihrer eigenen Wettbewerbsfähigkeit –
sowohl für Unternehmen als auch für Privatpersonen [20]. Nicht
diejenigen, die Erfolg haben, schrumpfen heute in den Bereichen

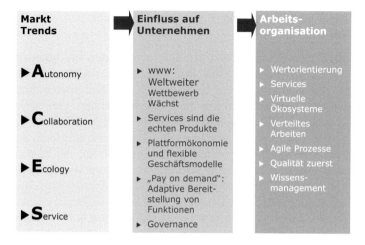

Abb. 8.2 Die Zukunft – ACES und künftige Arbeitsorganisation

Technik und IT-Innovation, sondern diejenigen, die sich gut im magischen Dreieck von Qualität, Wettbewerbsfähigkeit und Innovation bewegen. Der Denker, Politiker und Schriftsteller Goethe hat es klargestellt: „Wissen ist nicht genug, wir müssen uns anwenden. Wollen ist nicht genug; wir müssen es tun." Dies ist der Weckruf, Innovation und Mut zu nutzen, um inmitten der kargen Wirtschaftsaussichten wettbewerbsfähig zu bleiben. Die Unternehmensgeschichte ist übersät mit den Skeletten derjenigen, die weder Eigentum noch Risiken eingehen.

8.2   Das Ende klassischer Zusammenarbeit?

Die Weltbevölkerung explodiert weiterhin: von 1 Mrd. im Jahr 1820 auf 2 Mrd. im Jahr 1930, 3 Mrd. im Jahr 1960, 4 Mrd. im Jahr 1974, 5 Mrd. im Jahr 1987, 6 Mrd. im Jahr 1999 und 7 Mrd. im Jahr 2012. Für das 21. Jahrhundert weckt dieses anhaltende Wachstum in Wissenschaft und Technik sowohl Hoffnungen für Fortschritte in Medizin und Ernährung als auch Befürchtungen wie Wasserknappheit, Umweltverschmutzung, Landflucht, Migration und Kriege.

Verteiltes Arbeiten ist mit der wachsenden Bevölkerung ein Geschäftsprinzip, das sich selbst verstärkt. Es ist heute der Normalfall für viele Unternehmen. Aus Wettbewerbsdruck müssen alle Unternehmen ihre Standortfaktoren optimieren. Viele Unternehmen beginnen wegen der niedrigeren Kosten. Die Kostenreduzierungen werden an den Markt weitergegeben, was zu einem Wettbewerbsdruck für diejenigen führt, die es noch nicht machen. Beim Umsetzen werden weitere Vorteile greifbar, vor allem die wachsende Flexibilität bei Arbeitszeiten, Mitarbeitern, Fähigkeiten. Daraufhin werden Geschäftsprozesse und Produkte ausgelagert, was den Innovationsdruck in der Heimatbasis steigert. Innovative Produkte und neue Dienstleistungen werden in diesem Zyklus die primären Wachstumsfaktoren. Dienstleistungen und Entwicklungsphasen werden anhand des Werts ausgelagert, den sie generieren. All das führt zu mehr Druck, Software auszulagern und gleichzeitig innovativer zu werden.

Um mit der verteilten und ausgelagerten Arbeit erfolgreich zu sein, sollten die folgenden Kriterien beachtet werden:

- Ausgelagert wird das, was man gut kennt, was wenig Gewinn abwirft und was zunehmend standardisiert wird. Ziehen Sie immer eine Linie zwischen den Bereichen, die strategisch relevant sind, und jenen, die auch andere Unternehmen leicht machen können. Standardisieren Sie Schnittstellen, damit Komponenten leichter ausgelagert werden können.
- Typischerweise werden jene Dienstleistungen ausgelagert, die wenig Spezialkenntnisse erfordern und die nicht zum Kerngeschäft gehören. Beispiele sind: Codierung, Verifikation, Test, Wartung, Pflege etc. Behalten Sie die Kontrolle über Strategie, Architektur und Spezifikationen.
- Der Schutz von eigenen Rechten an der Software ist beim Auslagern kritisch. Beachten Sie bei der Auswahl von Ländern und Lieferanten, wie diese mit Urheberrechten und Eigentumsrechten umgehen. Verlassen Sie sich nicht allein

auf einen Vertrag, sondern betrachten Sie, welche Ziele ein Land oder ein Lieferant haben und wie diese Ziele zu Ihren eigenen Zielen passen. Manche Länder sind nur pro forma in der WTO, um als weltweite Lieferanten auftreten zu können, bieten aber wenig Rechtssicherheit bei der Umsetzung grundlegender Schutzrechte.

- Vermeiden Sie, dass aus Ihren Lieferanten von heute die Wettbewerber von morgen werden! Teilen Sie Ihre Dokumenten- und Softwarearchitektur in Komponenten oder Module, die sie getrennt und durch verschiedene Parteien entwickeln lassen können. Markt- und Produktwissen ist Ihr eigener Vorteil und sollte niemals zum Lieferanten übergehen. Geben Sie keine Unterlagen an Lieferanten, von denen Ihre eigene Zukunft abhängt.
- Verteiltes Arbeiten ist nur dann wirtschaftlich sinnvoll, wenn man seine Prozesse im Griff hat. Verbessern Sie zunächst Ihre Prozesse. Was an einem Standort, in einer Zeitzone und in einer Kultur gerade noch funktioniert, weil Mitarbeiter notfalls nacharbeiten können, verursacht bei einem externen Dienstleister Probleme, für deren Lösung er sich bezahlen lässt.
- Ihre Infrastruktur muss eine verteilte Entwicklung unterstützen. Neben den üblichen Lösungen für Konfigurationsmanagement, Dokumentenverwaltung oder Workflowunterstützung brauchen Sie vor allem sichere und zuverlässige Kommunikationsinfrastrukturen. Dazu gehören redundante, performante Netzverbindungen, verteilte Back-up-Mechanismen sowie sichere Verbindungen.
- Verteiltes Arbeiten ist eine Kompetenz und braucht damit ständiges Lernen und Wissensmanagement. Das braucht Zeit, Geduld und eine klare Linie. Unterschätzen Sie nicht die Lernphase, die leicht ein bis zwei Jahre dauern kann.

Verteiltes Arbeiten wird Ihre Wettbewerbsfähigkeit und Produktivität verbessern, wenn Sie es richtig anpacken. Es zeigt aber auch rigoros Ihre Fehler auf und verstärkt sie!

8.3   Coronomics und das neue Normal

Noch nie zuvor hat sich die Menschheit in solch kurzer
Zeit so schnell verändert wie im Frühjahr 2020. Mit der
Coronapandemie haben sich unsere Arbeit, unsere Gesellschaft
und unser Leben auf einen Schlag radikal geändert. Alther-
gebrachte Paradigmen, wie Teamarbeit, Konferenztische, Hinter-
zimmer und Reisen, waren vergessen. Mit Corona war verteiltes
Arbeiten plötzlich möglich, denn es wurde zur Pflicht. Weltweit.
Man arbeitete verteilt – und es klappte.

Spätestens die Coronakrise hat allerdings auch gezeigt, dass
nur diejenigen überleben, die sich an sich ändernde Situationen
anpassen können und ihre Arbeitsweise schnell und flexibel
gestalten können. Plötzlich ist klar geworden, dass nur ein
Lieferant oder nur eine Region unzureichend sind. Vertraute
Lieferanten in der eigenen Umgebung sind verlässlicher als ein
komplexes Netz von Billiganbietern, das im Ernstfall nicht liefern
kann. Doch diese Lösungen müssen in guten Zeiten aufgebaut und
gepflegt werden. Unternehmen, die nur auf Kosten schauen, waren
die klaren Verlierer in der Krise, denn sie waren weder vorbereitet
noch vertrauenswürdig für alternative Lieferanten. Wir sehen drei
wichtige Triebkräfte, die verteiltes Arbeiten verstärken: Effizienz,
Flexibilität und Innovation – mit wesentlichen Folgen.

Flexibilität treibt verteiltes Arbeiten. Die wachsende Standardisierung von Prozessen, Produkten, Schnittstellen und IT-Infrastruktur erlaubt eine Auslagerung eher, als dies früher der Fall war.
Entscheidungsfaktoren sind Zuverlässigkeit und Kosten. Vor allem
kleinere Unternehmen werden auch in Zukunft kaum Ressourcen
zum „Atmen" haben. Nötige Skills können nicht immer intern
aufgebaut werden, wenn nicht klar ist, ob eine bestimmte Technologie überhaupt längerfristig gebraucht wird. Daher suchen gerade
kleine Unternehmen nach Möglichkeiten, genau dann Dienstleistungen zu beschaffen, wenn der konkrete Bedarf besteht. Das
ist sicherlich nicht billig, aber aus der Sicht der Gesamtkosten
immer noch attraktiver als die Einstellung von Mitarbeitern.

**Alle operativen Tätigkeiten werden künftig flexibel aus-
gelagert.** Wettbewerb und Kostendruck beschleunigen diese

Entwicklung. Gleichzeitig wachsen Abhängigkeiten inner-
halb dieser komplexen Netzwerke und die Frustration darüber.
Gerade die Coronakrise mit dem weltweiten Stillstand aller
Lieferketten hat die Empfindlichkeit dieses Systems gezeigt.
Aber sie hat uns auch die Augen geöffnet, dass es häufig auch
einfacher geht, mit vertrauten und verlässlichen Lieferanten vor
Ort.

**Virtuelle Projekte und Ökosysteme statt klassischer Organi-
sation.** Unternehmen kennen ihre Geschäftsprozesse und
deren Kostenstruktur und Nutzenprofile. Sie fokussieren auf
das Kerngeschäft. Im Extremfall verbleibt einzig die Strategie-
entwicklung im Unternehmen. Das kann dazu führen, dass ein
Unternehmen nur noch eine Marketingstrategie und ein Produkt-
konzept entwickelt, während das Produkt selbst von Lieferanten
entwickelt, produziert, vertrieben und gewartet wird. Hewlett
Packard praktiziert dieses Vorgehen bereits seit vielen Jahren
sehr erfolgreich für einige seiner Druckerproduktlinien.

**Prozesse werden standardisiert, flexibilisiert und auto-
matisiert.** Unternehmensweite Standards, Richtlinien, Lizenzen
und Rahmenverträge werden das Lebenszyklusmanagement
für Produkte und Dienstleistungen entscheidend definieren.
Nur solch optimierte Prozesse können bewertet und optimal
ausgelagert werden. Ein gutes Beispiel hierfür sind Dienstleistungen rund um die Dokumentation. Dabei geht es um die
Entwicklung, die Zusammenfassung, die Lagerung (Knowledge
Management), die Übersetzung, die Produktion und die Verteilung von Dokumenten. Bisher werden diese Tätigkeiten in den
meisten Unternehmen fragmentiert ausgeführt und stehen unter
unterschiedlicher Verantwortung. Beschaffungsentscheidungen
werden auf Abteilungsebene für einen Teilprozess getroffen.
Häufig treten in größeren Unternehmen verschiedene Lieferanten
gleichzeitig und konkurrierend in Aktion. Hier ist die Entwicklung offensichtlich, denn durch das konsistente Auslagern
des gesamten Geschäftsprozesses an nur einen Anbieter kann ein
Unternehmen die Dokumentationskosten halbieren. Ähnlich wird
es bei anderen fragmentierten Prozessen geschehen.

Managen verteilter Teams als Schlüsselkompetenz. Das globale Engineering wird sich zu einer standardisierten Engineering-Management-Methode entwickeln, die von jedem F&E-Manager beherrscht werden muss. Prozesse und Produktkomponenten werden zunehmend in einem globalen Kontext verwaltet werden. Anbieter aus vielen Ländern werden sich entwickeln, um die Gründung und den Betrieb von globalem Softwareengineering auch für kleine und mittlere Unternehmen in den Hochkostenländern zu erleichtern. Es werden Makler entstehen, die dabei helfen, Partner in verschiedenen Teilen der Welt zu finden und die Offshoringkosten zu verwalten.

Verteiltes Arbeiten prägt die Ausbildung. Anforderungen an Ausbildung und ständige Weiterbildung wachsen, um dem ständig wachsenden Innovationstempo gewachsen zu bleiben. Bestimmte Tätigkeiten sind geradezu prädestiniert, konsolidiert und ausgelagert zu werden. Mit einer reduzierten Fertigungstiefe werden bestimmte Tätigkeiten unwirtschaftlich und damit obsolet. Soweit sie noch gebraucht werden, müssen sie zu den geringstmöglichen Lohnkosten produziert werden. Die Ausbildung wird sich hierfür anpassen und nicht nur stärker auf Projektmanagement und Lieferantenmanagement fokussieren, sondern auch zunehmend den standardisierten Betriebswirt, Ingenieur oder Informatiker klassischen Zuschnitts durch einen „Bindestrichberuf" ablösen, der Grundlagen und Anwendungsbereiche gleichermaßen beherrscht.

Qualität wird zum globalen Wettbewerbsfaktor. Mit zunehmender Standardisierung von Prozessen können sie verbessert und automatisiert werden. Viele Länder haben gelernt, dass Produkte oder Dienstleistungen schnell transferiert werden, wenn erst einmal die Qualität nicht mehr stimmt. Insofern wird ein Preiskrieg nur temporär von Interesse sein, bis die Lieferanten sich etwas konsolidiert haben. Übertragen auf die Entwicklungsprozesse heißt dies für jeden Teilprozess Kundenorientierung und Fokus auf die erwartete Qualität.

Lieferantenmanagement und Beschaffung sind Kern-geschäft. Einkäufer bestimmen in Zukunft die Produkt-entwicklung mehr als reine Softwareentwickler. Beim Lieferantenmanagement geht es darum, anhaltende Beziehungen zu internen und externen Leistungserbringern zu entwickeln und zu pflegen. Unternehmen und Manager, die zu technisch orientiert sind, werden hierbei verlieren, denn sehr viel wichtiger sind soziale Fähigkeiten und die Kunst, aus sich ständig ändernden Personen effektive Teams zu bilden. Wichtig ist es für IT- und Softwareabteilungen, diese Fähigkeiten aufzubauen, *bevor* mit dem Sourcing begonnen wird. Verteiltes Arbeiten ohne Vorbereitung und entsprechenden Prozess hat eine sehr teure Lernkurve.

Märkte und Plattformen für Dienstleistungen. Während die großen Dienstleistungsanbieter vor allem von großen Unter-nehmen genutzt werden, fehlen den vielen kleinen und mittleren Anbietern die Plattformen, um ihre Dienste vergleichbar anzu-bieten. Das ändert sich mit der wachsenden Gig Economy zunehmend. Hier wird eine neue Spezies von kleinen Domänen-experten entstehen, die vor Ort das Consulting rund um die Beschaffung und das Management von Verträgen anbieten. Sie werden zu Brokern, die verschiedene Partner vertreten, wie es heute im Anlage- oder Versicherungsmarkt bereits der Fall ist. Verträge werden dann nicht mehr unbedingt mit einem indischen oder chinesischen Unternehmen geschlossen, sondern mit dem lokalen Partner vor Ort, der dann wiederum seine Partner optimal einsetzt.

Jeder Mitarbeiter muss seinen Wert ständig neu definieren. Wir alle sind ersetzbar und müssen daher ständig neu definieren, wieso jemand in unsere Leistung investieren soll. Die Marke „Ich" und unser eigener USP wird zum Über-lebenskampf. Kein Unternehmen kann heutzutage Geld und Ressourcen in teure Mitarbeiter gerade in Hochlohnländern stecken, ohne dafür einen Return zu erhalten. IT und Software-entwicklung müssen daher das gesamte Produkt- oder Dienst-leistungsgeschäft profitabler machen. Jede Aktivität, jedes

Produkt und jedes Projekt müssen die Profitabilität eines Unternehmens messbar erhöhen. Vereinbaren Sie eine gemeinsame Vision, die in eine Strategie umgesetzt wird, von der operative Ziele abgeleitet werden. Wenn Strategie und Ziele nicht zueinander passen, werden Sie scheitern.

Wettbewerb und Prekariat durch Coronomics. Hungrige Unternehmen und deren Mitarbeiter werden so lange versuchen, Weltmarktanteile an sich zu reißen, wie es Differenzen im Wohlstand und in der Motivation gibt. Wohlstand und Demotivation gehören oftmals zusammen und bedeuten das Ende vieler Gesellschaftsformen und Kulturen, wie bereits Paul Kennedy in seinem hervorragenden Buch *The Rise and Fall of the Great Powers* ausführte. Satte Hochkulturen, wie wir es beispielsweise momentan in Westeuropa erleben, sind nicht motiviert, Angriffe abzuwehren. Reformen benötigen zu lange, und engmaschige soziale Netze reduzieren den Anreiz, sich auf Neues einzustellen. Da die Eintrittsschwellen niedrig sind, kommt es unweigerlich zum erbarmungslosen Angriff von immer neuen Wettbewerbern. Der wachsende Wettbewerb von Freelancern und Dienstleistern spielt den Einkäufern in die Hände. Mit Coronomics ist zwar die Geldmenge gestiegen, erreicht aber nicht die breite Masse der Bevölkerung. Die Millennials, die als die Gewinner des Arbeitsmarkts hofiert wurden, sind heute fast alle in prekären Verhältnissen gelandet, da sie jederzeit austauschbar sind.

Entwickelte Entwicklungsländer. Länder wie Deutschland werden wirtschaftlich zurückfallen, wenn sie nicht endlich beschleunigen. Globale Entwicklung bedeutet, dass alle Länder und Standorte ihre faire Chance haben, ein Akteur zu werden und in Bezug auf Fähigkeiten, Arbeitskosten, Innovationsfähigkeit und Qualität zu konkurrieren. Die Kosten pro Mitarbeiter werden einige Jahre lang niedrig bleiben und in den nächsten Jahren aufgrund des steigenden Lebensstandards in den Schwellenländern, die zum weiteren Wachstum des GSE beitragen, stetig steigen. Der GSE leistet einen starken Beitrag zur Verbesserung der Lebensbedingungen auf der ganzen Welt. Die

Überbrückung der Kluft lässt sich am besten durch das Teilen von Werten und das Verständnis von Kulturen erreichen. Ein derart steigender Lebensstandard in China, Indien und vielen anderen der heutigen Niedrigkostenländer wird Hunderte von Millionen neuer Menschen aus der Mittelschicht hervorbringen, die mehr Informationstechnologie nachfragen werden.

Nichts erfolgt ohne Risiko, aber ohne Risiko erfolgt auch nichts. Unsere Zukunft ist unsicherer denn je. Dazu braucht es kein Buch, aber das Buch hat gezeigt, wie wir sie erfolgreich gestalten können, bevor das andere tun. Die Reise hat begonnen, aber es ist noch lange nicht klar, wie die stabilen Endpositionen aussehen werden. Softwareengineering basiert auf einer reibungsfreien Wirtschaft, wobei jede Arbeitskraft an den Standort (oder in das Ingenieurteam) versetzt wird, der unter einer Reihe von Einschränkungen am besten geeignet ist. Kein Kunde ist mehr in der Lage, zu beurteilen, ob eine Software von einem bestimmten Standort besser oder schlechter ist als die gleiche Software, die irgendwo anders auf der Welt produziert wird. Im Wesentlichen ist die Old-Economy-Kennzeichnung „Made in Country x" zu einem veralteten Denken geworden, das sich nicht auf die Softwareindustrie bezieht. Was zählt, sind die Auswirkungen und die Leistung des Unternehmens, wie z. B. die Verfügbarkeit von Ressourcen, Produktivität, Innovationsfähigkeit, Qualität der geleisteten Arbeit, Kosten, Flexibilität, Fähigkeiten und Ähnliches.

Innovation passiert, während du noch dein Hamsterrad optimierst. Verteiltes Arbeiten ist spätestens mit der Coronapandemie bei uns allen angekommen. Schnell mussten wir alle lernen, wie wir möglichst wirksam und effizient auf Distanz arbeiten. Geschäftsmodelle wurden angepasst, und Unternehmen wie Mitarbeiter konnten plötzlich auf das traute Büro – nebst Kaffeeküche – verzichten. Was vorher bereits ein wesentliches Instrument vor allem größerer Unternehmen war, wird nun unser aller Zukunft bestimmen. Taylorismus hat das 20. Jahrhundert massiv bestimmt, von Wiederholbarkeit zu Effizienz zu Agilität. Verteiltes Arbeiten baut darauf auf und bestimmt das 21. Jahrhundert. Wir müssen es im Unternehmen schaffen und persönlich – bei allem, was wir anpacken.

Verteiltes Arbeiten ist irreversibel und wird wachsen. Es basiert auf zwei sich verstärkenden Antrieben, nämlich einem gewaltigen Druck für Kosten, Qualität und Kompetenzen auf der einen Seite und sehr niedrigen Eintrittsschwellen für neue Anbieter auf der anderen Seite. Gewinner sind jene Unternehmen, welche die Kosten reduzieren und die Eintrittsschwellen in ihrem Schwerpunkt genügend hoch ansetzen können, um den Vorsprung zu halten. Je nach Position eines Produkts im Innovationszyklus und Produktlebenslauf wird Sourcing opportunistisch eingesetzt, um Kosten und Flexibilität zu optimieren. Unternehmen, die nicht mithalten können, werden vom Markt verschwinden. Das Überleben der Industrie in Hochlohnländern und damit unser Wohlstand hängen davon ab, ob wir als Unternehmen, Politiker und als Mitarbeiter mit diesen Herausforderungen intelligent umgehen. Kurzfristig gedachte, immer engere Vorschriften für Arbeitsbedingungen, Mindestlöhne und Infrastruktur werden in einer Welt hochgradig verteilten Arbeitens dazu führen, dass Arbeit dorthin verlagert wird, wo die Randbedingungen und Gesetze weniger strangulierend sind als bei uns. Es ist das Gesetz der wachsenden Entropie, dem sich niemand entziehen kann. In sich schnell ändernden Ökosystemen überlebt, wer sich anpasst.

„Kooperation beherrscht alle Welt" war der Wahlspruch der Bauhausepoche vor genau hundert Jahren. Heute sind es Kollaboration und verteiltes Arbeiten, die unsere Zukunft definieren. Die Geschichte hat immer wieder gezeigt, dass die Vermischung der Gene das Beste ist, was auf dem Weg der Evolution getan werden kann. Die Welt der Coronomics wird Distanz wieder schätzen und dadurch Verbundenheit neugestalten. Lieferwege und Lieferanten, Autonomie und Abhängigkeit, Öffnung und Schließung von Märkten werden neu ausbalanciert. Unser Leben wird damit komplexer, denn es gibt in diesem evolutionären Prozess keine vorher gedachten Antworten. Zukunftsfähig ist das, was allfällige Unwägbarkeiten und Risiken auf einer neuen Ebene verbindet. Oder mit den Worten von Charles Darwin, der einer der ersten wirklich global agierenden Wissenschaftler war: „Es sind nicht die Stärksten der Spezies, die überleben, oder die Intelligentesten, sondern diejenigen, die am besten auf Veränderungen reagieren." Wer langfristig wettbewerbsfähig bleiben will, muss auf die Herausforderungen schnell und flexibel reagieren. Nutzen auch Sie jede Krise als Chance und gestalten Sie die Ihre Zukunft und die Ihres Unternehmens ständig neu.

Glossar

Das Glossar basiert auf den aktuellen ISO-Standards, sowie das SWEBOK (Software Engineering Body of Knowledge) und das PMBOK (Project Management Body of Knowledge. Englische Bezeichnungen werden in Klammern aufgeführt, da sie oftmals gebräuchlicher sind, als die deutsche Bezeichnung. Aufgrund der vielen Überlappungen wurden die jeweiligen Standards nicht einzeln zitiert. Wo es dem Verständnis dient, verweisen Erklärungen rekursiv aufeinander. Solche Querverweise innerhalb des Verzeichnisses sind mit dem Symbol → markiert.

© Springer Fachmedien Wiesbaden GmbH, ein Teil von Springer Nature 2020
C. Ebert, *Verteiltes Arbeiten kompakt,* IT kompakt, https://doi.org/10.1007/978-3-658-30243-6

Deutsch (englisch): Definition deutsch

ACES (Autonomy, Convergence, Ecology, Services): Akronym für die industrielle Innovationsthemen des 21. Jahrhunderts.

Agile Entwicklung (Agile Development): Entwicklung mit Fokus auf Flexibilität, Vertrauen, Personen und mit möglichst wenig als unnötig angenommenen Zusatzarbeiten. Die wesentlichen Elemente agiler Entwicklung sind: Fokus auf Wert, Reduzierung von Blindlast, Optimierung der wertströme, Störung der Teams, und kontinuierliche Verbesserung. Beispiele agiler Methoden sind → Scrum, → Feature Driven Development, → Testgetriebene Entwicklung.

Agiles Requirements Engineering: Ermittlung, Analyse, Dokumentation und Verwaltung von Anforderungen im Projektgeschäft auf Basis von agilen Vorgehensweisen. Dazu gehören die kundenorientierte Arbeit mit User Storys, die frühzeitige Priorisierung von Anforderungen, Analyse und Verwaltung von → Backlogs in Projekten sowie nutzerorientierte Akzeptanztests. Im Unterschied zu → Lean Requirements Engineering betrachtet das agile Requirements Engineering ein einziges Projekt und den Kontext im Kleinen.

Aktivität (Activity): Tätigkeit, die ein Ergebnis liefert. Wird typischerweise im Projektmanagement eingesetzt.

Akzeptanzkriterien (Acceptance Criteria): Die Kriterien, die ein System oder eine Lösung erfüllen muss, um durch einen Benutzer, Kunden oder einen anderen autorisierten → Anspruchsträger akzeptiert zu werden

Änderungsanforderung (Change Request): Formalisierte → Anforderung, in einem Projekt, Prozess oder Produkt eine Änderung durchzuführen. Typischerweise das Ergebnis einer Entscheidung im Verlauf eines Entwicklungsschritts, die sich auf die → Konfigurationsbasis auswirkt.

Anforderung (Requirement): (1) Eigenschaft oder Bedingung, die von einem → Benutzer (Person oder System) zur Lösung eines Problems oder zur Erreichung eines Ziels benötigt wird. (2) Eigenschaft oder Bedingung, die ein

System oder eine Systemkomponente erfüllen muss, um einen Vertrag, eine Norm, eine Spezifikation oder andere formell vorgegebene Dokumente zu erfüllen. (3) Eine dokumentierte Repräsentation einer Eigenschaft oder Bedingung wie in Teil (1) oder (2) beschrieben. Drei verschiedene Sichten auf Anforderungen werden unterschieden: → Marktanforderungen, → Produktanforderungen und → Komponentenanforderungen. Drei verschiedene Arten von Anforderungen werden unterschieden: → funktionale Anforderungen, → Qualitätsanforderungen und → Randbedingungen. Anforderungen sind Bestandteil von Verträgen, Entwicklungsaufträgen, Projektplänen, Teststrategien etc. Sie dienen als Basis für Schätzung, Planung, Durchführung und Verfolgung der Projekttätigkeiten. Siehe → Requirements Engineering.

Anspruchsträger (Stakeholder): Natürliche oder juristische Personen, die Ansprüche an Ergebnisse haben und daher Einfluss auf Entscheidungen nehmen. Aufgrund ihrer Ansprüche an Projekte werden sie als Anspruchsträger oder im Plural Anspruchsgruppen bezeichnet. Beispielsweise vertritt ein → Projektmanager Budget- oder Qualitätsziele. Ein Kundenvertreter vertritt die Geschäftsziele des Kunden. Zum Risikomanagement sind eine → Stakeholderanalyse und das kontinuierliche Management der Anspruchsträger zwingend nötig

Arbeitsablauf (Workflow): Siehe → Workflow.

Arbeitsergebnis (Work Product): Ergebnis, das aus dem Abschluss eines Prozesses resultiert (z. B. → Lastenheft).

Arbeitspaket (Work Package): Ein einzelner Schritt mit zugehörigem → Arbeitsergebnis der untersten (detailliertesten) Ebene einer Arbeitsgliederung. Ein Arbeitspaket kann in Aktivitäten untergliedert sein.

Audit: Formale und systematische Aktivität, um festzustellen, in welchem Ausmaß Forderungen an ein Arbeitsergebnis oder einen Prozess erfüllt werden, durchgeführt von Personal, welches nicht verantwortlich für die auditierte Einheit ist.

Aufgabenbeschreibung (Customer Requirements Specification): Siehe → Lastenheft.

Aufwand (Effort): Die Arbeitseinheiten, die nötig sind, um eine Aktivität oder eine andere Projekteinheit abzuschließen. Wird typischerweise ausgedrückt in Personenstunden, -wochen oder -jahren. Darf nicht mit der Dauer verwechselt werden.

Aufwandschätzung (Effort Estimation): Schätzung von Aufwand, Kosten oder Dauer eines zu realisierenden → Projekts oder einer Aufgabe zum Zeitpunkt vor oder während der Projektausführung. Sollte immer eine Angabe der Genauigkeit beinhalten (z. B. ± x %). Siehe → Schätzung.

Backlog: Im → Scrum die Anforderungsliste des zu entwickelnden → Produkts. Vor jedem → Sprint werden die Elemente des Product Backlogs neu bewertet und priorisiert, dabei können bestehende Elemente entfernt sowie neue hinzugefügt werden. Hoch priorisierte → Anforderungen werden von den Entwicklern im → Aufwand geschätzt und in den Sprint Backlog übernommen. Sie werden im Gegensatz zu niedrig priorisierten sehr detailliert beschrieben. Somit wird die verfügbare Zeit primär für die wesentlichen Elemente verwendet.

Benchmarking: Das systematische Lernen von den Besten. Benchmarking besteht aus zwei Schritten, nämlich der Messung von Produkten, Dienstleistungen und Praktiken an Unternehmen und der Umsetzung konkreter Verbesserungen. Benchmarking braucht wirksame Netzwerke und ist daher ein klassisches Beratungsprodukt (Kontakt zum Autor für Details).

Beschaffung (Acquisition): Der Prozess, um mittels eines Vertrags Güter oder Ressourcen zu erhalten. Eine Form des → Einkaufs, bei der Dienstleistungen von einem externen → Lieferanten bezogen werden. Dazu gehören die Auswahl, Bewertung, vertragliche Bindung und das Management von Lieferanten für Waren und Dienstleistungen. Die Beschaffung umfasst verschiedene Arten von Waren, Komponenten und Lizenzmodellen. Eine wichtige Differenzierung ist das zugrunde liegende Vertragsmodell, beispielsweise ein Dienstvertrag für eine Dienstleistung, ein Werkvertrag für ein definiertes Ergebnis oder Arbeitnehmerüberlassung mit den Randbedingungen des Kunden.

Beste Praxis (Best Practice): Der Begriff „Best Practice"
(wörtlich: „bestes Verfahren", „Erfolgsrezept") beschreibt
den Einsatz bewährter Verfahren, technischer Systeme und
→ Geschäftsprozesse im Unternehmen. Beste Praxis wird
durch → Standards beschrieben und kann in Haftungsfragen
wichtig werden, wenn ein Unternehmen nachweisen muss,
dass es den Stand der Technik beherrscht und einsetzt.

Bewertung (Evaluation): Systematische Bestimmung, zu
welchem Grad ein System oder ein Objekt seine spezifizierten Kriterien erfüllt.

Beziehung (Relation): Eine Beziehung ist die Verbindung
oder Relation zwischen Objekten oder Individuen. Sie hat
immer eine semantische Bedeutung. Zwei oder mehrere
Objekte können zueinander in verschiedenen Beziehungen
stehen. In der → Stakeholderanalyse werden beispiels-
weise Beziehungen mit Lieferanten und Kunden betrachtet.
In der Modellierung werden vor allem → Assoziationen
→ Aggregationen und → Generalisierungen verwendet.
Grafisch wird eine Beziehung mit für den jeweiligen
Beziehungstyp unterschiedlichen Linien dargestellt.

BPO: Siehe → Business Process Outsourcing.

Brainstorming: Methode zur Ideenfindung, die die Erzeugung
von neuen, ungewöhnlichen Ideen in einer Gruppe von
Menschen fördern soll. Nachteilig ist, dass Meinungsführer
die Gespräche dominieren können und dass der Lösungsraum
frühzeitig eingeengt werden kann.

Business Case: Bewertung der Kosten und Nutzen einer Ent-
scheidungsvorlage. Wird auch für Bewertungen eines →
Produkts oder für Anforderungen an ein → Projekt eingesetzt. Im Gegensatz zur reinen Wirtschaftlichkeitsrechnung
ist der Business Case ein „Fall" (engl. „case"), der vom →
Produktmanager operativ im Geschäft verfolgt wird.

Business Continuity Management (BCM): Vorgehensweisen,
um kritische Geschäftsprozesse zu schützen bzw. alternative Abläufe zu ermöglichen. Ziel ist die Sicherstellung
des Fortbestands des Unternehmens im Sinne ökonomischer
Nachhaltigkeit im Angesicht von Risiken mit hohem

Schadensausmaß, wie Terroranschläge oder Pandemien. Teil des → Risikomanagements zum Schutz des Unternehmens.

Business Process Outsourcing:Business Process Outsourcing: Geschäftsmodell des → Outsourcings, wenn ein Geschäftsprozess (oder eine Funktion im Unternehmen) davon an einen externen Dienstleister vergeben wird. BPO umfasst das Outsourcing von Aktivitäten und Aufgaben dieses Prozesses oder dieser Funktion. Beispiele sind → Geschäftsprozesse wie Supply Chain, Wartung, Welcome Desk, Finanzdienstleistungen oder Personalwesen aus. Historisch war Coca Cola der Erste, der BPO für die Auslagerung von Teilen seiner Supply Chain nutzte.

Checkliste (Check List): Abgestimmte Liste von Prüfkriterien, die binär entscheidbar sind. Checklisten werden für wesentliche Arbeitsergebnisse situativ angepasst. Sie liefern Nachvollziehbarkeit in der Qualitätssicherung. Compliance wird durch elektronische Signaturen und Zeitstempel bzw. Ablage der Ergebnisse erreicht. Siehe → Definition of Done.

Claim Management: Siehe → Nachforderungsmanagement.

COBIT: COBIT (Control Objectives for Information and Related Technology) ist ein internationales Rahmenwerk zur IT-Governance. Es gliedert die Aufgaben der IT in Prozesse und Control Objectives. Es werden drei Dimensionen betrachtet, nämlich die IT-Prozesse, IT-Ressourcen und geschäftliche Anforderungen.

Community-Source-Software   (CSS): Community-Source-Software (CSS) ist ein verteiltes Geschäftsmodell, in dem Dienstleistungen von einer externen Gruppe erstellt werden. Die typischerweise beschränkte und geschlossene B2B-Community ermöglicht, schnell und flexibel auf exakt definierte Bedürfnisse zu reagieren. Beispiele für CSS sind von Kunden durchgeführte Produktverbesserungen entlang der Wertschöpfungskette. Siehe → Crowdsourcing, → Outsourcing.

Crowdsourcing: Verteiltes Geschäftsmodell, das Dienstleistungen von einer freiwilligen Onlinecommunity erwirbt anstatt von traditionellen Arbeitnehmern oder Lieferanten.

Beispiele für Crowdsourcing sind Apps für Smartphones. Siehe → Community-Source-Software, → Outsourcing.

Cybersecurity: Ein Attribut eines cyberphysikalischen Systems, das sich darauf bezieht, unangemessene Risiken durch einen Angriff zu vermeiden. Siehe → Sicherheit.

Data Dictionary: Beschreibung von Datenelementen mit Struktur, Syntax, Wertebereichen, Abhängigkeiten und einer kurzen inhaltlichen Beschreibung.

Definition of Done: Die Definition of Done (DoD) hilft Arbeit zu planen und durchzuführen. Die ursprünglich aus der → agilen Entwicklung stammende Methodik liefert als abgestimmte → Checkliste eine Reihe von Kriterien, die das Produkt erfüllen muss, um als fertig zu gelten. Als Freigabekriterien (engl. „exit criteria") stellt sie klare Ausgangskriterien, um ein Arbeitsergebnis oder Produkt mit der richtigen Qualität zu liefern.

Demand Management: Demand Management bzw. Nachfragemanagement bezeichnet allgemein Konzepte, mit denen versucht wird, die Nachfrage nach Produkten oder Dienstleistungen über → Geschäftsprozesse hinweg zu orchestrieren. Nach → ITIL ist das Ziel, den Bedarf des Kunden an Services zu verstehen, vorherzusehen und zu beeinflussen, um sicherzustellen, dass ausreichend Kapazität bereitsteht, um den Bedarf flexibel zu erfüllen

Dienstgüteniveau (Quality of Service QoS): Ein → Maß für die Qualität einer gelieferten Dienstleistung. Beispiel: Reaktionszeit eines Lieferanten bei einer bestimmten Fehlerklasse.

Dienstleistung (Service): Siehe → Service.

Digitale Transformation (Digital Transformation): Kontinuierlicher Veränderungsprozess unserer Gesellschaft, der von der digitalen Technologie und automatisierten Wertströmen angetrieben wird. Digitale Transformation braucht eine Kulturänderung, die alles Etablierte infrage stellt und nach wirksamen digitalen Geschäftsmodellen sucht. Nur wer hier an der Spitze ist, wird als Unternehmen überleben.

Distanz (Distance): Distanz ist die Basis aller verteilten Arbeit. Distanz kann räumlich sein als Abstand und Entfernung. Es gibt auch zeitliche Distanz, beispielsweise bei Zeitzonen in verschiedenen Regionen der Welt. Zudem gibt es kulturelle Distanz, die sich in verschiedenen Handlungsmustern äußert. Distanz entsteht zwischen verschiedenen Gruppen beziehungsweise zwischen Angehörigen dieser Gruppen, beispielsweise Mitarbeiter an einem Standort gegenüber jenen an einem anderen Standort.

Dokument (Document): Informationen und das sie transportierende greifbare Medium. Dokumente beschreiben → Arbeitsergebnisse.

Due Diligence: Systematische Bewertung eines Unternehmens vor der Zusammenarbeit oder Übernahme. Die Bewertung umfasst eine systematische Stärken- und Schwächenanalyse. Siehe → SWOT-Analyse.

Earned Value (EV): Der Wert einer abgeschlossenen Arbeit ausgedrückt als zugewiesenes Budget für exakt diese Arbeit (Planwert, Arbeitspaket). Wird auch als „Budgeted Cost of Work Performed" (BCWP) bezeichnet. Um den extern wahrnehmbaren Wert der Arbeit zu erfassen, kann der Earned Value durch den Marktwert der Anforderungen gewichtet werden. Siehe → Earned-Value-Management.

Earned-Value-Management: Projektmanagement auf Basis des Werts der bisher erreichten Ergebnisse in einem Projekt im Vergleich zu den projektierten Kosten und dem geplanten Abschlussgrad zu einem Zeitpunkt. Maß für den Fortschritt, der sich aus den bereits verbrauchten Ressourcen und den damit gelieferten Ergebnissen zu einem bestimmten Zeitpunkt durch Vergleich mit den jeweiligen Planwerten zu diesem Zeitpunkt berechnet.

Eberts Gesetz zur Produktivität (Ebert's Law on Productivity): RACE: Reduce Accidents, Control Essence. Die Produktivität wird verbessert, wenn Zufälle verringert werden (z. B. durch verbesserte Prozesse und diszipliniertes Arbeiten) und wenn das Wesentliche kontrolliert wird (z. B. zu verstehen, was ein Markt oder Kunde wirklich braucht, und es dann auch zu liefern).

Effektivität (Effectiveness): Wirksamkeit (lat. „effectivus": „bewirkend"). Verhältnis von erreichtem Ziel zu definiertem

Ziel, also Zielerreichungsgrad. Effektiv ist, wenn man „die richtigen Dinge tut". Effektivität betrachtet ausschließlich, ob das definierte Ziel erreicht wird, und nicht, wie es erreicht wird.

Effizienz (Efficiency): Wirtschaftlichkeit (lat. „efficere": „zustande bringen") ist das Verhältnis zwischen Ergebnis (→ Effektivität, Wirksamkeit) einer Maßnahme und dem Aufwand, um dieses Ergebnis zu erreichen. Effizient ist, wenn man „die Dinge richtig tut". Als Maß definiert ist Effizienz gleich Nutzen geteilt durch Aufwand. Ein effizientes Verhalten führt wie auch ein effektives Verhalten zur Zielerreichung, hält aber den dafür notwendigen Aufwand möglichst gering. Siehe → Produktivität.

Einkauf (Purchasing): Beschaffung ist der → Geschäftsprozess, der die Tätigkeiten im Einkauf zusammenfasst. Er umfasst Auswahl, Bewertung, vertragliche Verpflichtung und Management des Lieferanten von Waren und Dienstleistungen.

Freie Mitarbeiter (Freelancer): Im Arbeitsrecht selbstständige Arbeitskräfte, die aufgrund eines freien Dienst- oder Werkvertrages Aufträge selbstständig und in der Regel persönlich ausführen, ohne dabei Arbeitnehmer des Auftraggebers zu sein. Siehe → Gig Economy.

Geschäftsanforderung (Business Requirement): Siehe → Marktanforderung→ Lastenheft.

Geschäftsfall (Business Case): Siehe → Business Case.

Geschäftsprozess (Business Process): Ein Geschäftsprozess ist eine Folge zusammengehöriger Aktivitäten, die schrittweise ausgeführt werden, um ein geschäftliches oder betriebliches Ziel zu erreichen. Geschäftsprozesse modellieren, wie das System intern operiert, um die Anforderungen der Umwelt zu erfüllen. → Use Cases dagegen beschreiben, was die Umwelt vom System erwartet.

Geschäftsszenario (Business Case): Siehe → Business Case.

Geschäftsvorfall (Business Transaction): Ein Geschäftsvorfall ist ein Vorgang, der die Vermögenszusammensetzung in einem Unternehmen beeinflusst oder verändert. Beispiele: Geld wird eingenommen oder ausgegeben; ein Ereignis führt zu Aufwand oder Ertrag; das Vermögen oder die Schulden verändern sich.

Geschäftsziel (Business Objective): Siehe → Ziel.

Gig Economy: Flexibler Arbeitsmarkt, in dem Aufträge kurzfristig an Einzelpersonen vergeben werden. Ein Gig ist ursprünglich englisch und steht für „Auftritt". Die „Gig Economy" bezeichnet einen Teil des Arbeitsmarktes, bei dem kleine Aufträge kurzfristig an unabhängige Selbstständige, Freiberufler oder geringfügig Beschäftigte vergeben werden. In der Regel werden diese Aufritte über Plattformen vergeben. Siehe → Plattformökonomie.

Globale Softwareentwicklung (Global Software Engineering): Softwareentwicklung an verschiedenen weltweit verteilten Standorten. Verschiedene Geschäftsmodelle und Arbeitsverteilungen werden eingesetzt, beispielsweise → Outsourcing, → Offshoring, → Rightshoring, → Community Source, → Crowdsourcing.

Governance: Führungsprinzipien und deren operative Umsetzung im Unternehmen zur Sicherstellung, dass → Standards und → Prozesse eingehalten werden.

Guanxi: Chinesisch für ein Netzwerk persönlicher → Beziehungen und deren aktive Nutzung, die viele Entscheidungen beeinflusst.

Hard Skills: Fach- und Faktenwissen, also Know-how und Know-what.

HCL: High Cost Location: Hochlohnland.

IEEE: Institute for Electrical and Electronics Engineers. Größte weltweit aktive Interessenvertretung für Ingenieure verschiedener Bereiche und Informatiker.

IT-Outsourcing: Information Technology Outsourcing (ITO) ist die Form des → Outsourcings, wenn Software- und IT-Dienstleistungen an einen externen Dienstleister vergeben werden. ITO ist eine Form des → Business Process Outsourcings (BPO) für Aktivitäten im Rahmen von Software- und Informationstechnologie. Historisch war EDS der erste ITO-Lieferant. Beispiele sind die Auslagerung von Softwarewartung oder Bereitstellung von IT-Dienstleistungen.

Informationssicherheit (IS) (Security): Die Summe der Eigenschaften eines Systems, die dazu beitragen, dass es weder versehentlich noch absichtlich manipuliert oder angegriffen werden kann.

Interessenausgleich (Quid pro quo): Rechtsgrundsatz und ökonomisches Prinzip, nach dem eine Partei, die etwas gibt, dafür eine angemessene Gegenleistung erhält. Kommt bei Verhandlungen und zur Beilegung von Konflikten zum Einsatz.

Interimmanagement: Zeitlich befristetes Management (lateinisch „ad interim" = „unterdessen"). Interimmanager übernehmen Ergebnisverantwortung für ihre Arbeit in einer Linienposition. Sie verlassen das Unternehmen, sobald das Problem gelöst ist.

ISO: International Standards Organization. Von der UNO eingesetzte Organisation, um weltweit gültige → Standards zu vereinbaren und durchzusetzen.

IT: Siehe → Informationstechnik.

IT Portfolio: IT-Vermögenswerte (statisch / dynamisch) und deren Bezug zur Unternehmensstrategie.

ITIL: Die IT Infrastructure Library (ITIL) ist eine Sammlung von → bester Praxis zur Umsetzung eines IT-Service-Managements (ITSM). Sie ist als ISO/IEC 20000 (IT-Service-Management) weltweit verbindlich. Die für den Betrieb einer IT-Infrastruktur notwendigen Prozesse, die Aufbauorganisation und die Werkzeuge werden beschrieben. Dazu werden die notwendigen Mindestanforderungen an → Prozesse spezifiziert und dargestellt, die eine Organisation etablieren muss, um IT-Services in definierter → Qualität bereitstellen und managen zu können.

ITO: Siehe → IT-Outsourcing.

Key Performance Indicator (KPI): Quantitatives → Maß oder → Indikator, das im Performanzmanagement dazu genutzt wird, um ein Ziel vorzugeben und den Grad der Zielerreichung im Berichtszeitraum zu messen. Oft mit Bonuszahlungen verknüpft.

Kollokation (Collocation): Mitglieder eines Teams sind räumlich nahe beieinander angesiedelt, um die Kommunikation, die Arbeitsbeziehungen und die Produktivität zu verbessern.

Kompetenz (Competence): Kompetenz (lat. „competere" = „zu etwas fähig sein") bezeichnet die Befähigung eines Menschen, bestimmte Aufgaben durchzuführen.

Konformität (Conformity): Erfüllung einer → Anforderung.

Korrektive Aufgabe (Corrective Action): Aufgabe, die durchgeführt wird, um die Ursachen einer entdeckten Nichtkonformität (z. B. Planabweichung) oder einer anderen ungewünschten Situation zu beheben.

Kosten (Cost): Ausgaben für Entwicklung, Produktion, Marketing, Vertrieb etc. eines → Produkts oder eines → Services. Für Softwaresysteme sind dies primär Arbeitskosten plus Ausgaben für Marketing und Vertrieb. Kosten werden typischerweise im Jahr, in dem sie anfallen, mit direktem Einfluss auf Gewinnrechnung und Cashflow berücksichtigt. Bei längerfristigen Investments können diese Kosten mit Einfluss auf den Cashflow (nicht den Gewinn) kapitalisiert werden

Kostenkontrolle (Cost Control): Überwachung der Ausgaben und Änderungen im Vergleich zum zugewiesenen Budget. Siehe → Earned Value Management.

Kostenschätzung (Cost Estimation): Siehe → Schätzung.

KPI:KPI: Key Performance Indicator

Krisenmanagement (Crisis Management): Der systematische Umgang mit Krisensituationen. Dazu gehören Identifikation und Analyse von Krisensituationen, die Entwicklung von Strategien, sofern nicht bereits im Rahmen des → Risikomanagements geschehen, zur Bewältigung einer Krise sowie die Einleitung und Verfolgung von Gegenmaßnahmen

Kritischer Pfad (Critical Path): Der Pfad durch alle diejenigen Aktivitäten in einem → Netzplan eines Projekts, die durch ihre Dauer und Abhängigkeiten die Gesamtdauer des Projekts bestimmen

Kunde (Customer): Organisation oder Person, die eine → Lösung, ein → Produkt oder einen → Service erhält. Das Verhältnis ist durch den Vertrag präzise definiert, der zwischen → Lieferant und Kunden existiert. Nicht immer ist der Kunde auch der → Benutzer

Kundenzufriedenheit (Customer Satisfaction): Meinung des → Kunden über den Erfolg einer Transaktion mit dem

→ Lieferanten (z. B. Erfüllungsgrad der Erwartungen oder Anforderungen des Kunden).

Lastenheft (Requirements Specification): Die → Spezifikation, die alle → Anforderungen an das zu entwickelnde System in einem Dokument zusammenfasst. Beschreibt, was und wofür etwas gemacht werden soll. Gehört dem Auftraggeber und ist vertragsrelevant. Das Lastenheft darf nicht die → Lösung vorwegnehmen (→ Pflichtenheft) und damit die Aufgabe („Was ist zu tun?") mit der Lösung („Wie wird es gemacht?") vermischen.

LCL (Low Cost Location): Niedriglohnland.

Lean Development: Entwicklung mit einem durchgängigen und übergreifenden Fokus darauf, Kundenwert zu schaffen, Verschwendung zu vermeiden, Wertflüsse zu optimieren, Eigenverantwortung zu stärken und kontinuierlich zu verbessern.

Lean Management: Denkprinzipien, Methoden und Verfahrensweisen zur optimalen Gestaltung der gesamten Wertschöpfungskette eines Unternehmens. Das Ziel ist, mit durchgängigem Management sowohl unternehmensintern als auch unternehmensübergreifend eine stärkere Kundenorientierung zu erreichen und gleichzeitig Performanz und Effizienz zu verbessern.

Lebenszyklus (Life-Cycle): Die Evolution eines → Systems oder eines → Produkts ab der Initiierung durch ein Benutzerbedürfnis oder einen Kundenvertrag über die Auslieferung an den Kunden bis zur Außerbetriebnahme. Beinhaltet alle (Zwischen-)Ergebnisse, die im Laufe dieser Evolution entstehen. Siehe → Produktlebenszyklus (PLC) und → Produktlebenszyklusmanagement (PLM).

Leistung (Performance): Quantitatives → Maß eines Produkts, Prozesses oder Projekts oder einer Person, die beschreibt, wie gut ein definiertes Ziel oder eine Funktion innerhalb einer Aufgabe oder Erwartung erreicht wird. Leistungsangaben enthalten Komponenten der Quantität („Wie viel wird erreicht?"), Qualität („Wie gut?"), Vollständigkeit („Wie weit?"), Rechtzeitigkeit und Verfügbarkeit. Siehe → Effizienz.

Leistungsbeschreibung (Statement of Work SOW): Vertragsrelevante Beschreibung von zu erbringenden Leistungen bei
einem technischen oder betriebswirtschaftlichen → Projekt.
Häufig Teil der → Anforderungen und des → Lastenhefts.

Leistungsvereinbarung (Service Level Agreement SLA): Eine
Leistungsvereinbarung (engl. SLA) bezeichnet eine → Vereinbarung zwischen Auftraggeber und Dienstleister für einen
zu liefernden → Service und dessen → Dienstgüteniveau
(z.B. Reaktionszeiten, Verfügbarkeit, Fehler etc.). Sie hat
vier Elemente: die Servicebeschreibung, eine Messvorschrift,
eine Zielsetzung und eine Verrechnungsgrundlage, die Ziel-
erreichung/Leistung und Preis in Beziehung setzt.

LESS (Large-Scale Scrum): Framework für unternehmensweite Agilität auf Basis des → Scrum. Prinzipien des Scrum
werden dazu hierarchisch verknüpft, um große Projekte zu
unterstützen. Komplex in der Umsetzung. Siehe → skalierbare Agilität.Framework für unternehmensweite Agilität
auf Basis des → Scrum. Prinzipien des Scrum werden dazu
hierarchisch verknüpft, um große Projekte zu unterstützen.
Komplex in der Umsetzung. Siehe → skalierbare Agilität.

Lieferant (Supplier): Ein Lieferant (franz.: „livrer") ver-
sorgt einen Abnehmer mit Waren oder Dienstleistungen. Es
gibt verschiedene Arten von Lieferanten: (1) Teilematerial-
lieferant, (2) Komponenten-, Funktionsgruppen-, Modul-
lieferant, Entwicklungsdienstleister, (3) Systemlieferant,
Geschäftsprozesse. Die Positionierung im Lieferantennetz-
werk (auch Lieferantenpyramide) gibt an, wie der Lieferant
positioniert ist, und wird häufig nummeriert (OEM, Tier-1,
Tier-2, … Tier-N-Lieferant).

Lösung (Solution): Kundenspezifisches → Produkt, das verschiedene Produkte, → Prozesse und → Ressourcen
kombiniert, um spezifische Geschäfts- oder Kundenbedürfnisse zu adressieren.

Managementsystem: System, um → Regeln (auch Regelung /
Verhaltensweisen) und Ziele zu schaffen und zu erreichen.

Marketing: Die verschiedenen Aufgaben, Funktionen und
Prozesse, die das Unternehmen und seine Position am →
Markt bewerten und verbessern (z. B. Werbung, → Preis-

gestaltung, → Produktvision). Marketing betrachtet das gesamte Geschäft aus der Perspektive des Ergebnisses, also des → Kunden. Marketing ist so grundlegend, dass es nicht als separate Funktion betrachtet werden darf – und daher alle Bereiche des Unternehmens durchziehen muss.

Markt (Market): Eine Gruppe von Personen oder Institutionen mit einem nicht befriedigten Bedarf und ausreichend Ressourcen, um diesen Bedarf zu stillen.

Meilenstein (Milestone): Definierter und geplanter Bewertungspunkt innerhalb des → Lebenszyklus.

Multiprojektmanagement (Multi-Project Management): Optimale Verteilung von Ressourcen auf unterschiedliche Projekte.

Nachforderungsmanagement (Claim Management): Nachforderungsmanagement ist die Überwachung und Beurteilung von Änderungen und Abweichungen anhand der wirtschaftlichen Folgen mit dem Ziel der Ermittlung und Durchsetzung von weiter gehenden Ansprüchen. Auftraggeber wie Auftragnehmer verfolgen Nachforderungen zum eigenen → Risikomanagement. Ziel ist für beide Seiten, die zum Vertragsabschluss unvorhersehbaren Ereignisse in ihren kommerziellen Folgen einvernehmlich zu klären.

Nachverfolgbarkeit (Traceability): Erkennbare Bezüge zwischen zwei oder mehr logischen Einheiten (z. B. → Arbeitsergebnissen) durch beschriebene Verknüpfungen. Ziel der Nachverfolgbarkeit ist ein vereinfachtes → Änderungsmanagement sowie eine bessere Qualität von Arbeitsergebnissen, z. B. durch Konsistenzsicherung. Man unterscheidet die → horizontale und die → vertikale Nachverfolgbarkeit. Beispiel: Nachverfolgbarkeit von → Kundenanforderungen zu Testfällen. Siehe → bidirektionale Nachverfolgbarkeit.

Nearshore Outsourcing: Der Outsourcingdienstleister kommt aus einem Nachbarland. Hierbei spielen vor allem Zeitzonen, kulturelle Ähnlichkeiten und kurze Reisewege eine Rolle. Siehe → Outsourcing, → Offshoring.

Nichtfunktionale Anforderung (Nonfunctional Requirement): Siehe → Qualitätsanforderung.

Notfallplan (Emergency Plan): Beschreibung der Aufgaben und Verantwortungen, die beim Eintreten eines Risikos erfolgen. Er wird für die kritischen Risiken bereits als Teil der Risikoverfolgung festgelegt. → Risikomanagement, → Ausweichplan.

Nutzen (Benefits): Wahrgenommener positiver Einfluss eines Produkts oder einer Dienstleistung. In der → Wirtschaftlichkeitsrechnung als Einnahmen in einer Periode auch zur Gegenrechnung der Kosten eingesetzt. Nutzen beeinflussen den → Wert.

Offshore Outsourcing: Große geografische Distanz zum Lieferanten (z. B. Vietnam). Siehe → Outsourcing → Offshoring.

Offshoring: Die Ausführung einer betrieblichen Aktivität über Marketing und Vertrieb hinaus außerhalb des Stammlands des Unternehmens. Traditionell wurde Offshoring in einem Land fern der eigenen Küste (engl. „off shore") getan. Offshoring kann innerhalb des Unternehmens (z. B. Tochtergesellschaften in einem Niedriglohnland) oder außerhalb des Unternehmens (z. B. übertragene Aktivitäten/Geschäftsprozesse an dafür spezialisierte Unternehmen im Ausland) bestehen. Offshoring im eigenen Unternehmen wird als „captive offshoring" bezeichnet. Offshoring sollte daher nicht mit → Outsourcing verwechselt werden.

Ökosystem (Eco System): Der Biologie entnommener Begriff für ein System unterschiedlicher Spezies, die sich gegenseitig nutzen. Beispiel: Lieferant A bietet Dienstleistungen für ein Softwareprodukt des Herstellers B an, von denen B abhängt. Beide Lieferanten unterstützen sich gegenseitig.

Onshore Outsourcing: Der Dienstleister kommt aus dem gleichen Land wie der Kunde. Siehe → Outsourcing → Offshoring.

Outsourcing: Eine ergebnisorientierte → Beziehung mit einem Lieferanten, der Aktivitäten übernimmt, die traditionell innerhalb des Unternehmens ausgeführt wurden (deutsch: „auslagern"). Outsourcing hängt nicht vom Standort des Lieferanten ab. Der Lieferant kann in der direkten Nachbarschaft des Unternehmens sitzen oder in einem weit entfernten Land.

Pflichtenheft (Solution Specification): Die → Spezifikation der → Lösung mit dem Ziel, die → Anforderungen an das System (→ Lastenheft) abzudecken. Wird in IT-Projekten auch als Fachkonzept bezeichnet. Beschreibt, wie etwas gemacht werden soll. Gehört dem Auftragnehmer und ist die Basis für alle weiteren Entwicklungsschritte. Umfasst mindestens ein Systemmodell und eine Systemspezifikation als Antwort auf gegebene Anforderungen. Das Lastenheft und Pflichtenheft werden versioniert und kontrolliert.

Plan: Dokumentierte Sammlung von Aufgaben, die ein Ziel erreichen sollen. Typischerweise verbunden mit einer Zeitvorgabe, einem Budget, Ressourcen, Beschreibung der ausführenden Organisation und Detaillierung der Aufgaben.

Planungspoker (Planning Poker): Agiles Schätzverfahren zur iterativen teamorientierten Abstimmung von Randbedingungen und Aufwand.

Plattformökonomie (Platform Economy): Internetbasiertes Geschäftsmodell, das Anbieter im weitesten Sinne mit Interessenten bzw. Kunden auf einem digitalen Marktplatz zusammenbringt. Beispiel: Selbstständige werden durch Freelancer- und Projektseiten mit Auftraggebern zusammengebracht. Die Transaktionskosten sind gering. Preise und Qualität durch Bewertungen oder Kommentare sind transparent. Flexible Bezahlmodelle erlauben innovative Geschäftsmodelle, z. B. Pay-per-Use oder Fahrdienstleister. Siehe → Gig Economy.

PMBOK: Siehe → Project Management Body of Knowledge.

PMI: Project Management Institute. Weltweit tätiger Verband, der Projektmanager unabhängig vom Anwendungsbereich ausbildet und zertifiziert.

Portfolio: Menge aller Unternehmenswerte mit ihrer Beziehung zur Unternehmensstrategie und der jeweiligen Marktposition.

Portfoliomanagement: Portfoliomanagement ist der dynamische Entscheidungsprozess mit dem Ziel, die Mischung aus Produkten, Projekten und Investitionsvorschlägen so zu optimieren, dass der Gesamtwert für das

Unternehmen maximiert wird. Es besteht aus drei Schritten, nämlich die Gewinnung von Informationen zu den Portfolioelementen, die Bewertung dieser Elemente und schließlich die Entscheidung, in welche Elemente weiter investiert wird.

Preis (Price): Der Betrag, den ein → Kunde für eine oder mehrere Instanzen eines → Produkts oder dessen Nutzung bezahlen muss. Für interne Produkte (z. B. IT-Services) wird üblicherweise ein interner Preis festgesetzt, der sich an Transaktionskosten und marktüblichen Preisen orientiert.

Priorisierung (Prioritization): Sortieren von Aktionen, offenen Fragen, Risiken oder Anforderungen nach ihrer relativen Relevanz auf der Grundlage definierter Kriterien.

Priorität (Priority): Grad der Wichtigkeit einer → Anforderung, eines Ereignisses, einer Aufgabe oder eines → Projekts.

Produkt (Product): Ein Produkt (lat. „produco" = „erzeugen", „liefern") ist ein Wirtschaftsgut (oder Ergebnis, engl. „output"), das in einem Wertschöpfungsprozess geschaffen wird, in dem Produktionsfaktoren (engl.: „input") in einen Output umgewandelt werden. Es liefert einen Wert und eine Erfahrung für seine Benutzer. Ein Produkt kann eine Kombination von Systemen, Lösungen, Materialien und Dienstleistungen sein, die intern (z. B. interne IT Lösung) oder extern (z. B. SW-Anwendung) direkt genutzt werden oder als Komponenten für ein anderes Produkt (z. B. IP-Stack) dienen. Siehe auch: → Softwareprodukt, → Arbeitsergebnisse.

Produktivität (Productivity): Verhältnis zwischen dem, was produziert oder entwickelt wird (Output), und den dafür beim Produktionsprozess eingesetzten Mitteln. Der Output hängt nicht nur von eingesetzten → Ressourcen ab (z. B. Mitarbeiter, Kapital), sondern auch von einer Anzahl (teilweise unbekannter) Umgebungsfaktoren (z. B. Ausbildungsgrad, Motivation, Entwicklungsumgebung). Produktivität verknüpft Effizienz und Effektivität: Produktivität heißt, einen hohen Wert bei geringem Ressourceneinsatz zu liefern.

Produktlebenszyklus (Product Life-Cycle): Der Produktlebenszyklus (engl. „product life-cycle" oder „PLC") beschreibt alle wichtigen Aktivitäten, um ein → Produkt oder eine → Lösung und deren Varianten und Versionen zu definieren, zu entwickeln, zu produzieren, zu betreiben, zu pflegen, zu warten, zu erweitern und schließlich aus dem Betrieb zu nehmen. Er wird in einzelne Phasen aufgeteilt, die durch → Meilensteine getrennt sind. Mit dem Fokus auf Ein- und Ausgangskriterien an den Meilensteinen werden → Risikomanagement und auditierbare Entscheidungsbildung erreicht (z. B. wegen Produkthaftung oder Sarbanes-Oxley Act).

Produktlebenszyklusmanagement (PLM) Product Life-Cycle Management (PLM): PLM ist der → Geschäftsprozess, der → Produkte und → Lösungen von ihrer Konzeption bis zum Lebensende leitet. Der gesamte → Lebenszyklus von Produkten wird als Einheit betrachtet, als ein Prozess, der vereinheitlicht, überwacht, gesteuert, automatisiert und verbessert werden kann. Typischerweise steht dahinter ein Produktdatenmanagement, das es erlaubt, die Wertschöpfungskette und deren individuelle → Werkzeuge von den → Anforderungen bis zur gelieferten Lösung und deren Wartung zu verbinden. Siehe → Vorgehensmodell.

Produktmanagement (Product Management): Produktmanagement ist das Business Management eines → Produkts (inkl. Lösung und Dienstleistungen) über den gesamten → Lebenszyklus, mit dem Ziel, dass der größtmögliche Geschäftsnutzen entsteht.

Programm (Program): Gruppe von → Projekten.

Programmmanagement (Program Management): Erreichen eines übergeordneten Ziels mit einer Gruppe von → Projekten.

Project Management Body of Knowledge (PMBOK): PMBOK (Project Management Body of Knowledge) ist eine prozessorientierte und skalierbare Projektmanagementmethode. Die zugrunde liegenden Elemente folgen dem Best-Practice-Gedanken. Eigentümer ist das kommerziell orientierte Project Management Institute (PMI). Geschäftsmodell ist die Zertifizierung zum „Project Management Professional" (PMP). Die Verwendung der Methode ist frei.

Projekt (Project): Ein Projekt ist ein temporäres Bestreben, um mit Menschen etwas Einzigartiges ($\rightarrow$ Produkt, $\rightarrow$ Lösung, $\rightarrow$ Service etc.) zu entwickeln. Einzigartig bedeutet, dass man das exakt Gleiche nicht einfach von der Stange kaufen kann. In der Softwaretechnik werden verschiedene Projekttypen unterschieden (z. B. Produktentwicklung, Outsourcing, Pflege).

Projektcontrolling (Project Controlling): Analyse und Steuerung eines Projekts und seiner Aktivitäten auf der Basis von Kennzahlen zur Planung und Überwachung.

Projektlebenszyklus (Project Life-Cycle): Die Menge von sequenziellen Projektphasen, die durch den Kontrollbedarf der in das $\rightarrow$ Projekt involvierten Organisationen bestimmt wird. Typisch sind vier Phasen, nämlich Initiierung, Konzept/ Plan, Realisierung und Abschluss. Der Projektlebenszyklus und der $\rightarrow$ Produktlebenszyklus beeinflussen sich, d.h., ein Produktlebenszyklus kann verschiedene Projekte beinhalten, und ein Projekt kann aus verschiedenen $\rightarrow$ Produkten bestehen.

Projektmanagement (Project Management): Der zielgerichtete und systematische Einsatz von Menschen und die Anwendung von Wissen, Fähigkeiten, $\rightarrow$ Werkzeugen und $\rightarrow$ Methoden auf Aktivitäten, um konkrete $\rightarrow$ Anforderungen an das $\rightarrow$ Projekt zu erreichen oder zu übertreffen. Es umfasst Planung, Führung, Kontrolle und Kommunikation.

Projektplan (Project Plan): Das formale, abgestimmte Dokument, um die Projektausführung und das Projektmanagement zu leiten. Der hauptsächliche Zweck eines Projektplans ist, Annahmen und Entscheidungen zu dokumentieren, sie an unterschiedliche $\rightarrow$ Anspruchsträger zu kommunizieren und die abgestimmten Vorgaben für Zeiten, Kosten und Inhalte zu dokumentieren.

Prozess (Process): Abfolge zusammengehöriger Tätigkeiten, die Eingangsgrößen in Ausgangsgrößen transformiert, um ein Ziel zu erreichen (Beispiel: Prozess für $\rightarrow$ Reviews, um Fehler frühzeitig und diszipliniert zu finden).

Prozessbeschreibung (Process Description): Dokumentation von Aktivitäten, die zur Erreichung eines bestimmten Zwecks durchgeführt werden. Die Beschreibung spezifiziert in einer vollständigen, präzisen und überprüfbaren Weise die Anforderungen, das Design, das Verhalten oder andere Merkmale eines Prozesses. Sie kann auch Verfahren zur Bestimmung der Erfüllung dieser Bestimmungen enthalten.

Prozessfähigkeit (Process Capability): (1) Die Menge erwarteter Ergebnisse aus der Anwendung eines → Prozesses. (2) Fähigkeit einer Organisation, → Produkte gemäß vorher definierten Prozessen zu entwickeln und zu liefern.

Qualität (Quality): (1) Die Menge aller Eigenschaften eines → Produkts oder eines → Services und deren Ausprägung, die der Erreichung von vorher festgelegten → funktionalen Anforderungen und von → Qualitätsanforderungen dient. (2) Grad, in dem ein Produkt oder ein Dienst vorher festgelegte Eigenschaften und deren Ausprägungen besitzt. (3) Vollständigkeit von erfüllten Erwartungen an Merkmale eines Produkts oder eines Dienstes.

Qualitätsanforderung (Quality Requirement): Eine → Anforderung für eine qualitative Eigenschaft, die das betrachtete → System oder einzelne → Komponenten des Systems aufweisen müssen. Ergänzt die → funktionalen Anforderungen. Beispiele: Wartbarkeit, → Informationssicherheit, Verlässlichkeit. Manchmal auch nichtfunktionale Anforderungen genannt. Siehe → Anforderung, → Anforderungsanalyse, → Requirements Engineering.

Qualitätskontrolle (Quality Control QC): Die Techniken und Aktivitäten, die zur Erreichung von vorher definierten → Qualitätszielen nötig sind. Teil des → Qualitätsmanagements. Beispiele: → Test, → Inspektionen.

Qualitätsmanagement (Quality Management QM): Gesamtheit der geplanten, systematischen Tätigkeiten und Prozesse zur Schaffung von Qualität und deren Kontrolle. Siehe → Qualitätskontrolle, → Qualitätssicherung.

Qualitätsmaße (Quality Measurements): Quantitative Verfahren zur Messung der Erreichung von Qualitätszielen.

Direkte Qualitätsmaße bewerten diese Qualitätsziele direkt (z. B. Fehlerdichte, Zuverlässigkeit). Indirekte Qualitätsmaße sind Indikatoren für direkte Qualitätsmaße, bevor sie messbar sind (z. B. Programmkomplexität für die Wartbarkeit). → Maß.

Qualitätssicherung (Quality Assurance QA): Teil des Qualitätsmanagements, das der Prüfung von vorher definierten → Qualitätszielen oder der Einhaltung von definierten → Prozessen dient (z. B. Audits).

Qualitätsziel (Quality Objective): Spezifisches Ziel, das im Falle der Erreichung bestätigt, dass die → Qualität eines → Produkts oder eines → Arbeitsergebnisses ausreichend ist. Siehe → Qualitätsanforderung.

R&D: Research and Development, also Forschung und Entwicklung. Umfasst typischerweise alle Ingenieursaktivitäten im → Produktlebenszyklus. Umfasst nicht das Produktmanagement, Marketing oder die Herstellung von Produkten.

RACI: Abkürzungen in einer Verantwortungsmatrix: Responsible (entspricht Durchführung), Accountable (entspricht Verantwortung), Consulted (entspricht Mitwirkung) und Informed (entspricht Information).

Randbedingung (Constraint): Eine → Anforderung, die die Art und Weise einschränkt, wie das betrachtete System realisiert werden kann. Randbedingungen ergänzen die → funktionalen Anforderungen und die → Qualitätsanforderungen. Beispiele: Zielkosten, Geschäftsprozesse, Gesetze. Siehe → Anforderungsanalyse, → Requirements Engineering.

Reifegrad (Maturity Level): Definiertes evolutionäres Plateau auf dem Weg zu einem guten und reifen → Prozess. Wird zur Bewertung der Prozessreife und zur → Prozessverbesserung (→ Prozessbewertung) sowohl für die eigenen Prozesse als auch für jene der Zulieferer verwandt. Die fünf typischen Reifegrade werden bezeichnet als: initial, wiederholbar, definiert, gemanagt und optimierend.

Request for Information (RFI): Initiale Anfrage an mögliche → Lieferanten durch den Auftraggeber. Darin werden der Auftraggeber, der Bedarf sowie die nachgefragte Dienstleistung oder das nachgefragte Produkt vorgestellt. Ziel ist ein erstes Kennenlernen des Lieferanten. Der RFI wird häufig als Fragebogen verteilt. Anhand der Antworten wird eine Kurzliste möglicher Lieferanten für den → RFP erstellt.

Request for Proposal (RFP): Anfrage an mögliche → Lieferanten durch den Auftraggeber. Darin werden die Anforderungen an die nachgefragte Dienstleistung oder das nachgefragte Produkt vorgestellt. Ziel ist ein Lösungs- oder Projektvorschlag des Lieferanten mit Kosten- und Zeitrahmen. Anhand der Antworten wird eine Kurzliste möglicher Lieferanten für den → RFQ erstellt.

Request for Quotation (RFQ): Anfrage an mögliche → Lieferanten durch den Auftraggeber. Die Anforderungen werden komplett spezifiziert. Ziel ist ein verbindliches Angebot des Lieferanten. Anhand der Antworten wird der Lieferant ausgewählt.

Requirements Engineering (RE): Das disziplinierte und systematische Vorgehen (d. h. Engineering) zur Ermittlung, Dokumentation, Analyse, Prüfung, Abstimmung und Verwaltung von → Anforderungen unter kundenorientierten, technischen, wirtschaftlichen Zielvorgaben. Das Ziel von RE ist es, qualitativ gute – nicht perfekte – Anforderungen zu entwickeln und sie in der Umsetzung risiko- und qualitätsorientiert zu verwalten.

Ressource (Resource): Einfluss- oder Verbrauchsgröße, die auf einen → Prozess wirkt (z. B. Personal, Zeit, Budget, Infrastruktur).

Return on Investment (ROI): (1) Kennzahl für die Rentabilität einer Unternehmung oder betrieblichen Einheit. Definiert als Verhältnis von Gewinn (aus einem Kapitaleinsatz) und dem Kapitaleinsatz, der diesen Gewinn ermöglicht. (2) Das Ergebnis oder der Gewinn aus einem Investment gemessen in Geldwert. Definiert als Verhältnis aus dem Ergebnis einer Investition und der dazu direkt zugehörenden Investition (Aufwand). Siehe → Return on Assets (ROA), → Return on Capital Employed (ROCE).

Review: (1) Geplante und strukturiert durchgeführte Prüfung. (2) Prüfung eines → Arbeitsergebnisses mit dem Ziel, dessen

$\rightarrow$ Qualität zu verbessern (siehe $\rightarrow$ Qualitätskontrolle, $\rightarrow$ Verifikation). (3) Prüfung eines Projekts oder Meilensteins mit dem Ziel der reproduzierbaren Fortschrittskontrolle (siehe $\rightarrow$ Projektmanagement).

Richtlinie (Guideline): Praktisch nutzbare Erläuterung, wie ein Prozess oder ein Werkzeug in einer konkreten Situation eingesetzt wird.

Rightshoring: Die optimale globale Zuweisung von Entwicklungsleistungen zum richtigen Standort mit dem Ziel, den Nutzen für das Unternehmen zu maximieren. Mischung aus $\rightarrow$ Outsourcing, $\rightarrow$ Offshoring and $\rightarrow$ Nearshore Outsourcing.

Risiko (Risk): Auswirkung von Unsicherheit auf Ziele. Ein mögliches zukünftiges Ereignis, das im Falle seines Eintritts negative oder positive Auswirkungen haben kann. Wird berechnet als Produkt der Eintrittswahrscheinlichkeit einer Situation und deren Auswirkungen. Siehe $\rightarrow$ Risikomanagement.

Risikoabschwächung (Risk Mitigation): Teil des $\rightarrow$ Risikomanagements. Auch als Risikominderung bezeichnete Tätigkeiten, die ausgeführt werden, um zu verhindern, dass ein $\rightarrow$ Risiko zum Problem wird. Vier Techniken zur Risikoabschwächung werden unterschieden: Vermeiden, Begrenzen, Behandeln, Ignorieren.

Risikomanagement (Risk Management): Risikomanagement umfasst sämtliche Maßnahmen zur systematischen Erkennung, Bewertung, Abschwächung und Kontrolle von Risiken. Risikomanagement betrachtet die Auswirkungen heutiger Entscheidungen auf die Zukunft. Ziel von Risikomanagement ist die Erreichung eines bestimmten Sicherheitsniveaus mit minimalem Aufwand bzw. die Optimierung des Gesamtrisikos bei gegebenem Aufwand. Wird sowohl im Projektmanagement für Projektrisiken als auch im Portfolio- oder Produktmanagement für Kunden-, Markt- oder Unternehmensrisiken eingesetzt.

SAFe (Scaled Agile Framework): Proprietäre Methodik für unternehmensweite Agilität. Verknüpft bekannte agile Methoden, wie Inkremente, in einem mehrstufigen

hierarchischen Prozesse mit definierten Rollen und Arbeitsergebnissen. Schwerfällig und komplex in der Umsetzung.

Schätzung (Estimate): Quantitative Bewertung eines erwarteten
Betrags oder Ergebnisses. Wird typischerweise für Aufwände,
Kosten, Umfang oder Dauer eines → Projekts eingesetzt.
Sollte immer eine Angabe der Genauigkeit beinhalten (z. B.
± x %). Siehe → Aufwandschätzung.

Scrum: Agile Methodik für → Projektmanagement und für →
agile Entwicklung. Steht für Gedränge und kommt aus dem
Rugby. Dabei organisiert sich ein Team oder (Teil-)Projekt
selbst. Das Team übernimmt im extern vorgegebenen Rahmen
die gemeinsame Verantwortung für die Fertigstellung der
Aufgabenpakete. Geliefert wird anhand des sogenannten →
Product Backlogs, der die → Anforderungen priorisiert und
für die Detailplanung im Team und Abstimmung nach außen
sorgt. Das tägliche kurze Scrum meeting dient der Tages-
planung und technischen Abstimmung im Team und damit
auch der Selbstverpflichtung jedes Mitarbeiters.

Service: (1) Nicht greifbares, temporäres → Produkt, das das
Ergebnis der gemeinsamen Wertschöpfung durch mindestens
eine Aktivität an der Schnittstelle zwischen → Kunden
und → Lieferant darstellt und keinen Eigentumsübergang
beinhaltet. Beispiele: Beratung, Installation, Training, Pflege,
kundenspezifische Anpassungen. (2) Service als Phase des →
Produktlebenszyklus umfasst alle Aktivitäten, die den Wert
eines Produkts erhalten oder steigern.

Service Level Agreement (SLA): Siehe → Leistungsvereinbarung.

Service Liefersystem (Service Delivery System): Für die
Lieferung eines Service benötigte physische Ressourcen,
Prozesse und Fähigkeiten.

Servicequalität (Quality of Service oder QoS): Siehe →
Dienstgüteniveau.

Six Sigma: Methodik zur Prozessverbesserung mittels der
statistischen Prozesskontrolle, die Prozesse mit ausreichender
Genauigkeit und Kontrolle steuert, um die Standardabweichung der Ausgänge (Sigma) innerhalb eines Bereichs zu

halten, der es erlaubt, dass das Sechsfache der Standardabweichung gerade das zulässige Kontrollintervall erreicht.

Skalierbare Agilität (Scaling Agile): Agile Techniken mit einem Methodenbaukasten, um agile Unternehmensprozesse auf unterschiedliche Randbedingungen anzupassen. Aufgrund ihrer Komplexität erfordern sie viel Unterstützung in der Einführung. Frameworks wie → DAD, → LESS, → SAFe und → SoS sind aufgrund ihrer Komplexität wie auch das → CMMI primär auf Zertifizierung ausgerichtet.

SLA: Siehe → Leistungsvereinbarung.

SMART: Eigenschaften von Zielvorgaben. Ziele sollten SMART sein, also spezifisch (präzise, fokussiert), messbar (greifbar, klar definiert), attraktiv (für eine konkrete Person mit diesem Ziel), realistisch (erreichbar, anwendbar in einer konkreten Umgebung) sowie terminiert (pünktlich, zur aktuellen Situation passend).

Soft Skills: Soziale Kompetenzen zum Umgang mit anderen Menschen und um sein eigenes Leben zu organisieren. Beinhaltet Selbstmarketing, Selbstmanagement, Kommunikation, Führung.

Software Engineering Body of Knowledge (SWEBOK): Eine Basis der aktuellen Grundlagen des Wissens in der → Softwaretechnik. Wird eingesetzt zur Gestaltung von Lehrplänen und Zertifizierungen.

SoS (Scrum of Scrums): Framework für unternehmensweite Agilität auf Basis des → Scrum. Prinzipien des Scrum werden dazu hierarchisch verknüpft, um große Projekte zu unterstützen. Unter den agilen Frameworks noch eines der einfacheren in der Umsetzung. Siehe → Skalierbare Agilität.

Spezifikation (Specification): Beschreibung eines Arbeitsergebnisses, das als Eingabe für einen weiteren Prozessschritt genommen werden kann. Im Englischen werden in der „pecification" häufig das → Lastenheft (Aufgabe) und das → Pflichtenheft (Lösung) zusammengefasst.

Sprint: Im → Scrum das zentrale Element des Entwicklungszyklus. Ein Sprint bezeichnet die Umsetzung einer → Iteration mit einer typischen Dauer von einer bis vier Wochen. Vor dem Sprint werden die → Produktanforderungen in einem → Product Backlog gesammelt. Am Ende eines Sprints steht immer ein lauffähiges, getestetes, inkrementell verbessertes → System.

Stakeholder: Siehe → Anspruchsträger.

Stakeholderanalyse (Stakeholder Analysis): Systematische Identifizierung von → Anspruchsträgern und Bewertung deren Interessen. Die Stakeholderanalyse ist die Grundlage dafür, Anspruchsträger gezielt adressieren zu können, und verbessert das Verständnis der oft divergierenden Interessen. Sie trägt zum → Risikomanagement bei, da offensichtliche, schwelende oder bislang unbekannte Konflikte früher erkannt werden.

Strategisches Outsourcing (Strategic Outsourcing): Form des → Outsourcings mit einem eher langfristigen und auf Nachhaltigkeit zielenden Fokus. Ein Geschäftsprozess wird nachhaltig ausgelagert, um die eigenen Ressourcen auf Kernkompetenzen zu fokussieren. Dies kann in Entwicklungsprojekten eine Aufgabe (z. B. Wartung, Test) oder ein System sein. Strategisches Outsourcing soll die Wertschöpfung nachhaltig ändern.

SWEBOK: Siehe → Software Engineering Body of Knowledge.

SWOT-Analyse (SWOT Analysis): Analyse der Stärken, Schwächen, Chancen und Bedrohungen (engl. für „strengths", „weaknesses", „opportunities" and „threats"). Analyse des eigenen Profils am Markt und Herausarbeitung von Angriffs- und Verteidigungsplänen in der Umsetzung der Strategie.

Taktisches Outsourcing (Tactical Outsourcing): Form des → Outsourcings mit einem kurzfristigen Fokus (sog. Just in Time). Lieferanten werden fallweise für begrenzte Aktivitäten in Projekte eingebunden. Auf Projektbasis werden Lieferanten ausgewählt, die die Aufgabe am besten erledigen können. Taktisches Outsourcing dient der operativen Effizienzverbesserung. Es ähnelt dem Unterauftragsmanagement.

Use Case (1) Konzept zur Systembeschreibung, das die → Beziehung einer Systemleistung durch die Außenwelt darstellt. Beschreibt, was die jeweilige Umwelt vom → System oder einer → Komponente erwartet. (2) Notation aus der → UML, um ein Szenario (Vorgehen, Anwendungsfall) aus Benutzersicht zu beschreiben. Ein Use Case ergänzt → Anforderungen, er ist kein Ersatz.

Veränderung (Change): Eine Veränderung (oder Transformation) ist der gesteuerte Übergang von Personen, Teams und Organisationen von einem aktuellen Zustand zu einem gewünschten zukünftigen Zustand. Beispiele: Einführung einer neuen Kultur, Umsetzung einer neuen Strategie, Prozessverbesserung, Fusion, Akquisition, Kostenreduzierung, Outsourcing.

Veränderungsmanagement   (Change-Management): Systematische Vorgehensweise, um eine Veränderung kontrolliert umzusetzen. Umfasst Ziele, Vorgehensweisen und Maßnahmen, die zur Veränderung eingesetzt werden (z. B. Einführung einer neuen Kultur, Umsetzung von neuen Strategien, Strukturen, Systemen, Prozessen oder Verhaltensweisen). Siehe → Organisationsentwicklung, → Prozessverbesserung.

Vereinbarung (Commitment): Bindende Verabredung, die freiwillig geschlossen wird. Eine Vereinbarung, eine Übereinkunft, ein Übereinkommen, eine Abmachung kann in der Form eines Vertrages fixiert sein.

Verteiltes Arbeiten (Distributed Work): Während klassische Zusammenarbeit auf direkte Kommunikation aufbaut, wie im traditionellen Büro, hat sich dieses Paradigma grundsätzlich gewandelt. Zusammenarbeit braucht keine räumliche Nähe und geht auch über Distanz, selbst zeitlicher und kultureller Natur. Bei allen Vorteilen lokaler Teams wie kurze Wege und spontane Meetings sind Remoteteams im Zweifel kreativer, produktiver und kostengünstiger.

Vertrag (Contract): Eine rechtlich verbindliche gegenseitige Übereinkunft, die einen → Lieferanten dazu verpflichtet, ein spezifiziertes → Produkt oder eine → Dienstleistung zu liefern, und den Auftraggeber dazu verpflichtet, es abzunehmen und dafür zu bezahlen. Beispiele: Kaufvertrag, Werkvertrag oder Dienstvertrag.

Virtuelles Team (Virtual Team): Gruppe von Personen mit einer gemeinsamen Zielsetzung, die ihre Rollen und Aufgaben ausführen, ohne sich zu sehen oder direkt an einem Ort zusammenzuarbeiten. Sie können geografisch getrennt sein (z. B. Offshoring) oder auch in verschiedenen Organisationen arbeiten (z. B. verschiedene Lieferanten). Virtuelle Teams arbeiten über regionale, nationale und kulturelle Grenzen sowie Zeitzonen hinweg zusammen. Die Zusammenarbeit wird durch Kollaborationstechniken erleichtert. Siehe → Distanz.

VUCA: Englische Abkürzung für „volatility", „uncertainty", „complexity", „ambiguity".

WBS: Work Breakdown Structure. Die hierarchische Verfeinerung eines Projekts in Arbeitspakete.

Werkzeug (Tool): Instrumentierte und (teilweise) automatisierte Unterstützung bei der praktischen Arbeit mit → Methoden → Konzepten und → Notationen zur Unterstützung von Ingenieursaufgaben. Siehe → PLM.

Wiki: Eine im Internet oder Intranet verfügbare kollaborative Arbeitsumgebung, die von den Benutzern gelesen und bearbeitet werden kann. Der Name stammt von wikiwiki, dem hawaiianischen Wort für „schnell". Es gibt verschiedene wikibasierte Werkzeuge, um kollaborative → Workflows (z.B. Anforderungsdarstellung oder Testfallplanung) einfach zu realisieren.

Win-win-Methode (Win-Win Method): Verhandlungsstrategie zur Erzielung eines maximalen Ergebnisses für alle beteiligten Parteien. Ziel ist, dass alle beteiligten Parteien mit dem Gefühl die Verhandlung beenden, dass sie einen Gewinn für sich und ihre Position erreicht haben.

Wissensmanagement (Knowledge Management): Der Prozess, der sich mit der systematischen Gewinnung, Strukturierung und Erleichterung des effizienten Abrufs und der effektiven Nutzung von Wissen befasst, sowohl implizit als auch explizit, und der sich vom Know-how bis zum Wissen-Was und Wissen-Warum erstreckt.

Work in Progress (WIP) Limits: Die obere Grenze für die Arbeitsaufgaben in den Kanbanstufen eines Arbeitsablaufs.

Die Implementierung von WIP-Limits ermöglicht es, einzelne Arbeitsaufgaben schneller zu erledigen, indem sich das Team nur auf die aktuellen Aufgaben konzentrieren kann.

Workflow: Inhaltlich abgeschlossene, zeitlich zusammenhängende Folge von Aktivitäten, die zur Bearbeitung eines betriebswirtschaftlich relevanten Objektes notwendig sind und deren Funktionsübergänge von einem Informationssystem gesteuert werden. Der Workflow beschreibt eine Prozesssicht, während der → Geschäftsprozess betriebswirtschaftliche Faktoren betrachtet.

Workshop: Moderierte Besprechung oder Training. Workshops gehen über reine Wissensvermittlung und Erfahrungsaustausch hinaus und schaffen Neues oder geben den Teilnehmern Anregungen für weitere Entwicklungen.

Ziel (Goal): Intentionale Beschreibung eines von → Anspruchsträgern gewünschten charakteristischen Merkmals. Beispiele: Ziele an ein zu entwickelndes System, Geschäftsziele, Verbesserungsziele.

Zulieferer (Supplier): Siehe → Lieferant.

Zuweisung (Allocation): Eine → Anforderung wird einem → Projekt, einem → Prozess oder einem Teil eines → Systems zur Erfüllung zugewiesen.

Kommentierte Literaturliste

Verteiltes Arbeiten

1. Ebert, C. und Ph. DeNeve: **Surviving Global Software Development**, IEEE Software, Vol. 18, No. 2, pp. 62–69, Apr. 2001.

   Beschreibung: Der „Klassiker" zu allen Aspekten verteilter Entwicklung. Im Unterschied zu vielen anderen Veröffentlichungen ist hier eine komplette Fallstudie aus Indien mit konkreten Beispielen. Die Autoren haben Entwicklungszentren weltweit aufgebaut und optimiert. Sie wissen, wovon sie sprechen. Dieser Artikel erschien bereits 2001, fasst aber die Herausforderungen des Themas global verteilter Softwareentwicklung gut zusammen und bietet konkrete Hilfestellungen zur Beherrschung einer weltweit verteilten Softwareentwicklung.

2. Schüller, A. und A, Steffen: **Die Orbit-Organisation: In 9 Schritten zum Unternehmensmodell für die digitale Zukunft**. Gabal Verlag, 2. Auflage, 2019.

   Beschreibung: Alle reden von der Digitalisierung und wie schwer man sich damit tut. Doch zahllose Unternehmen bleiben einem tradierten Organisationsmodell verhaftet. Tatsächlich geht es ja gar nicht um die Digitalisierung per se, sondern um die bahnbrechend neuen Geschäftsideen, die durch sie machbar werden. Und dazu braucht es eine passende organisationale Struktur. Die Autoren stellen ein

© Springer Fachmedien Wiesbaden GmbH, ein Teil von Springer Nature 2020
C. Ebert, *Verteiltes Arbeiten kompakt,* IT kompakt,
https://doi.org/10.1007/978-3-658-30243-6

Service-orientiertes Organisationsmodell vor und füllen es mit Beispielen aus der Praxis.

3. Boos, M., T.Hardwig, M.Riethmüller: **Führung und Zusammenarbeit in verteilten Teams**. Hogrefe Verlag, 2016.
Beschreibung: Flexible Formen der Zusammenarbeit an wechselnden Orten und zu unterschiedlichen Zeiten spielen heute eine zentrale Rolle. Mit der wachsenden räumlichen Entfernung der Teammitglieder steigt aber auch die Wahrscheinlichkeit kultureller Unterschiede im Team. Gleichzeitig nimmt der Anteil mediengestützter Kommunikation zu, und es kommt in der Folge zu schwächeren sozialen Bindungen und Einschränkungen in der Intensität der sozialen Interaktionen. Räumlich verteilte Teamarbeit stellt damit vielfältige Herausforderungen, gerade an Führungskräfte. Dieses Buch geht auf die besonderen Anforderungen ein, die sich aus der Führung räumlich verteilter Teams ergeben. Als Orientierung für die Personalentwicklung und Arbeitsgestaltung wird ein Modell vorgestellt, das die zur Führung verteilter Teams notwendigen Kompetenzen systematisiert. Analytisch, aber brauchbar.

4. Willcocks, L.P., M.C.Lacitity, C.Sauer: **Outsourcing and Offshoring Business Services**. Palgrave Macmillan, 2017.
Beschreibung: Business Process Outsourcing in einem Guss. Dieses Buch bringt Studien aus dem Journal of Information Technology zusammen. Unter besonderer Berücksichtigung des Information Technology Outsourcing (ITO) und des Business Process Outsourcing (BPO) werden aufschlussreiche Denkweisen über die verschiedenen Facetten des Outsourcings untersucht. Ergebnisse von 405 Forschungsstudien über die Risiken und Erfolge der Beziehungen zwischen Kunde und Anbieter sind berücksichtigt.

5. Ebert, C., M.Kuhrmann and R.Prikladnicki: **Global Software Engineering – Evolution and Trends**. 11th IEEE International Conference on Global Software Engineering, pp. 105-108. IEEE Comp. Soc. Press, Los Alamitos, USA, 2016.

Beschreibung: Die Autoren, allesamt Führungskräfte und Leiter internationaler Tagungen, fassen die empirischen Studien aus zehn Jahren der weltweit prominenten IEEE Tagung ICGSE (International Conference on global Software Engineering) zusammen. Fazit: Verteiltes Arbeiten braucht Methodik, Führung und Werkzeuge. Insbesondere werden Industrieerfahrungen betrachtet, denn nur aus der Praxis kann man lernen.

Industrietrends
6. Ebert, C. and C.H.C. Duarte: **Digital Transformation**. IEEE Software, ISSN: 0740-7459, vol. 35, no. 4, pp. 16-21, Jul/ Aug 2018.
   Beschreibung: Gute Übersicht zu den praktischen Auswirkungen der digitalen Transformation. Ausgehend von technologischen Aspekten wird auch beschrieben, wie sich Geschäftsmodelle ändern und wie die Ausbildung nachziehen muss. Beispiele aus verschiedenen Branchen wie Industrie und Finance zeigen die Trends in der Praxis.
7. Ebert, C. and A. Dubey: **Convergence of Enterprise IT and Embedded Systems**. IEEE Software, ISSN: 0740-7459, vol. 36, no. 3, pp. 92-97, May 2019.
   Beschreibung: Die Konvergenz von IT und verteilten Systemen zum Internet of Things (IoT) verschmilzt derzeit ganze Disziplinen zu völlig neuen Geschäftsmodellen und Technologien über alle Branchen hinweg. Was früher eingebettete Systeme waren, mit ihren spezifischen Zwängen aus der physischen Umgebung einerseits und der IT andererseits, verschmelzen. Dies wird sich sowohl auf die Ausbildungsprogramme als auch auf die klassischen Geschäftsmodelle auswirken.
8. Lewicki, P., J. Tochowicz and J. van Genuchten: **Are Robots taking our Jobs?** IEEE Software, vol. 36, no 3, pp. 101-104, 2019.
   Beschreibung: Werden Menschen zukünftig überhaupt noch gebraucht? Allerorten gibt es Ängste zur Übernahme durch Roboter. Der Beitrag bringt die Diskussion auf den Boden zurück und zeigt Entwicklungsstränge aus der Industrie mit

vielen Beispielen für die Arbeitsteilung zwischen Robotern und Menschen.

9. WIPO Report Patents. https://www.wipo.int/pressroom/en/articles/2019/article_0004.html

   Beschreibung: Übersicht zu den weltweiten Patentanmeldungen. Wird vom World Intellectual Property Office (WIPO) jährlich aktualisiert. Wenig überraschend: Asien wächst schneller, und China zieht davon. 3,3 Mio. Patente wurden 2018 weltweit angemeldet, berichtet die Weltorganisation für Geistiges Eigentum (WIPO) in ihrem Report 2018 zu IP-Statistiken. Dies bedeutet eine Steigerung um 5,2 % zum Vorjahr.

10. **Industry Trends**. https://www.vector.com/trends/.

    Beschreibung: Jährlich erscheinende Übersicht zu Trends aus der Hightechindustrie. Die Daten basieren auf einer jährlichen Kundenumfrage, die dann in konkrete Handlungsanleitungen übersetzt wird. Die aktuelle Studie in 2020 beschreibt die vier Asse oder englisch ACES (Autonomy, Convergence, Ecology und Services). Doch wie verschieben sich die Prioritäten angesichts des sich abschwächenden Wirtschaftsklimas und der Coronapandemie? Wenig überraschend der Drang für bessere Qualität und Kompetenzen bei niedrigeren Kosten. Der resultierende Trendbericht zeigt praktische Aktionsvorschläge für das Engineering.

Agiles Arbeiten, Projekte und rechtliche Fragen

11. Triest, S. und J.Ahrend: **Agile Führung. Mitarbeiter und Teams erfolgreich führen und coachen**. Mitp Verlag 2019.

    Beschreibung: Agilität ist die wesentliche Managementmethode, um auf einen veränderten Markt flexibel zu reagieren. Führung ist dabei entscheidend. Wie führt man Mitarbeiter, die sich selbst steuern? Das Buch beschreibt für einen agilen Prozess die beteiligten Personen sowie die damit verbundenen Führungsaufgaben. Schwerpunkte sind sich selbst führende Mitarbeiter, das selbstorganisierte Team sowie die verschiedenen Varianten von Leadership. Praxisbeispiele erläutern die unterschiedlichen Denk- und Handlungsmuster und zeigen, wie Sie als Führungskraft coachen und die Entwicklung von Mitarbeitern und Teams unterstützen können.

12. Ebert, C.: **Risikomanagement kompakt: Risiken und Unsicherheiten bewerten und beherrschen**. Springer, Taschenbuch, 2. Auflage, 2014.

Beschreibung: Risikomanagement ist ein Schlüsselwerkzeug in jedem Projekt. Es hilft dabei, Chancen, Unsicherheiten und Gefahren bewusst und proaktiv anzupacken, und damit kritische Probleme zu vermeiden. Sein pragmatischer Einsatz ist heute überlebensnotwendig und aufgrund von wachsenden Anforderungen an Produkthaftung und Governance für die Unternehmensführung verpflichtend. Das handliche Buch fasst praxisnah und verständlich zusammen, was Risikomanagement ist, wie es eingeführt und eingesetzt wird und was die Besonderheiten bei IT-Projekten und Softwareentwicklungsprojekten sind. Der Autor beschreibt auf Basis internationaler Projektarbeit, Führungserfahrung und Beratung in der Industrie die Anwendung professioneller Techniken, mit denen Risiken erkannt, bewertet, abgeschwächt und kontrolliert werden. Der Leser profitiert von praxiserprobten Verfahren und wird in die Lage versetzt, die aktuellen Techniken und Trends optimal für sein Unternehmen zu nutzen und erfolgreich und zielorientiert umzusetzen.

13. Ebert, C.: **Systematisches Requirements Engineering**: Anforderungen ermitteln, dokumentieren, analysieren und verwalten. dPunkt.verlag, 6. Auflage, 2019.

Beschreibung: Anforderungen zu kennen und sie richtig zu managen bestimmt den Erfolg von Outsourcingprojekten. Dieses Grundlagenbuch fasst die Techniken des Requirements Managements zusammen und enthält viele Praxisbeispiele. Direkt anwendbare Checklisten und Praxistipps runden jedes Kapitel ab. Lesen Sie das Buch, um Requirements Engineering kennenzulernen, Ihre Projekte und Produkte erfolgreich zu liefern, agile Entwicklung beispielsweise mit testorientierten Anforderungen umzusetzen sowie industrieerprobte Techniken des Requirements Engineering produktiv zu nutzen. Diese 6. Auflage vertieft

Themen wie agile Entwicklung, Design Thinking, verteilt arbeitende Teams sowie Soft Skills.

14. Gutmann, J.: **Flexible Arbeit – Zeitarbeit, Werkvertrag, Outsourcing**. Haufe Lexware, 2017.
Beschreibung: Unsere Art zu arbeiten hat sich in den letzten 20 Jahren grundlegend verändert, gleichgeblieben hingegen ist unser Verständnis von Arbeit. Moderne Arbeitsmodelle wie die freie Mitarbeit oder Projektarbeit gelten noch heute als „atypisch". Dieses Buch gibt einen Überblick über mögliche Flexibilisierungsformen beim Personaleinsatz, die den heutigen Ansprüchen von Unternehmen und Mitarbeitern gerecht werden. Es beschreibt den gesetzlichen Rahmen sowie die tariflichen Bestimmungen. Insbesondere sind viele rechtliche Tipps zusammengefasst.

15. Kupjetz, J.: **Verträge verstehen für Nicht-Juristen: Worauf man im Arbeitsalltag achten muss**. Redline Verlag, 2017.
Beschreibung: Verträge sind komplex, kaum verständlich und bieten daher jede Menge Fallstricke. Trotzdem sollten vor allem Freelancer und Selbstständige sich mit Vertragsrecht auskennen. Nur leider haben die wenigsten von uns Jura studiert – die Folge sind Unsicherheit und die Angst, wichtiges zu übersehen. Für alle Nichtjuristen beschreibt der Autor auf verständliche und auch humorvolle Weise, worauf es bei der Gestaltung von Verträgen und im geschäftlichen Alltag ankommt. Er klärt über Gefahren und Tücken bei der Vertragsgestaltung auf, die nicht nur im Kleingedruckten lauern können. Er gibt ganz konkrete Empfehlungen, worauf man beispielsweise bei Dokumentationsverpflichtungen gegenüber dem Kunden achten sollte, welche Bedeutung dem Gerichtsstand beizumessen ist oder wo der vertragliche Teufel im Detail beim Einsatz von Subunternehmern liegt.

Kulturen, Länder und ich selbst

16. The Culture Map: **Decoding How People Think, Lead, and Get Things Done Across Cultures**. Public Affairs, USA, 2016.

Beschreibung: Amerikaner sind politisch korrekt und lügen; Franzosen, Niederländer, Israelis und Deutsche kommen direkt auf den Punkt; Lateinamerikaner und Asiaten leben strenge Hierarchien; Skandinavier lehnen Chefs ab; Inder können nicht Nein sagen. Wenig überraschend, dass in globalen Projekten Chaos herrscht. Das Buch hilft, kulturelle Unterschiede zu verstehen, und ist damit für die Arbeit wie auch persönlich hilfreich. Die Autorin stellt ein praxiserprobtes Modell vor, um zu entschlüsseln, wie sich kulturelle Unterschiede auf das internationale Geschäft auswirken, und kombiniert einen analytischen Rahmen mit praktischen Ratschlägen.

17. Jamrisko, M., L.J. Miller and W.Lu: **These Are the World's Most Innovative Countries**. https://www.bloombergquint. com/global-economics/germany-nearly-catches-korea-as-innovation-champ-u-s-rebounds.
    Beschreibung: Jährlich aktualisierte Übersicht zu den innovativsten Ländern der Welt. Bloomberg wie auch andere Studien betrachten einen Mix aus Faktoren, wie Wirtschaftsleistung, Ausbildung, aber auch soziales Klima. Deutschland und Korea werden von Bloomberg als die innovativsten Länder der Welt eingestuft.

18. WTO: **World Trade Statistical Review 2019**. https://www. wto.org/english/res_e/statis_e/wts2019_e/wts19_toc_e.htm.
    Beschreibung: Jährlich erscheinender Bericht der WTO (World Trade Organisation). Der weltweite Waren-, Daten-, und Dienstleistungsverkehr wird charakterisiert, mit Trends, Empfehlungen und jeder Menge Details zu Ländern, Regionen und Industriebranchen. Nützlich zum Nachschlagen für spezielle Handelssituationen und Trends. Die WTO publiziert eine Menge weiterer frei zugänglicher Studien, beispielsweise zur Entwicklung des Servicesektors.

19. **Studien zu Wirtschaft und Gesellschaft:** Pew Research: https://www.pewresearch.org/global/Industrie- und Handelskammern (IHK). https://www.ihk.de
    Beschreibung: Zugang zu regionalen Informationen aber auch eine Menge von Tipps zu aktuellen Fragen aus der Wirtschaft.

20. Schick, E.: **Der Ich-Faktor: Erfolgreich durch Selbstmarketing**. Hanser Verlag, 2010.
Beschreibung: Für jeden von uns gilt, dass man sich nur durch eigene Leistung und Selbstmarketing von der Masse abheben kann. Da geht es nicht um Ellenbogen und Lautsprecher, sondern um Substanz: Was sind meine persönlichen Fähigkeiten und Begabungen – und wie mache ich Sie für die Außenwelt sichtbar? Wie kann ich ein klares Profil entwickeln? Wie kann ich mich differenzieren? Wie schaffe ich es, dass meine Leistung auch gesehen und gewürdigt wird? Diese Fragen beantwortet das Buch und geht dabei auch auf schwierige Themen ein – etwa den Umgang mit „Lorbeerdieben" und Selbstmarketing in Krisensituationen. Zahlreiche Beispiele und Abbildungen machen das Buch anschaulich, Fragen und Selbstübungen machen es für den Leser sofort nutzbar. Das Buch ist zeitlos und hält einem nicht nur den Spiegel vor, sondern zeigt auch proaktiv, wie man sich selbst besser aufstellt.

Trainings zum Thema verteiltes Arbeiten und verwandten Gebieten des Projekt- und Portfoliomanagements bietet Vector Consulting an. Informationen finden Sie unter: www.vector.com/consulting-training.

Kostenlose Studien und Podcasts zu Technologiethemen: www.vector.com/media-consulting.

Stichwortverzeichnis

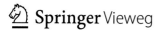
springer-vieweg.de

Christof Ebert

Risiko-
management
kompakt

Risiken und Unsicherheiten
bewerten und beherrschen

2. Auflage

Springer Vieweg

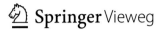

IT kompakt

Stefan Brassel
Andreas Gadatsch

Softwarelizenz-
management
kompakt

Einsatz und Management des
immateriellen Wirtschaftsgutes
Software und hybrider Leistungsbündel
(Public Cloud Services)

Springer Vieweg

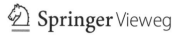

Printed in the United States
By Bookmasters